普通高等教育“十一五”国家级规划教材

新编21世纪高等职业教育精品教材·法律类

公司法

（第七版）

隋彭生　朱晓娟◎著

中国人民大学出版社

·北京·

第七版前言

公司是市场主体，是最重要的营利法人，了解公司法的基本知识，对掌握公司运作及市场规则是非常必要的。

2023 年 12 月 29 日，第十四届全国人民代表大会常务委员会第七次会议第二次修订了《中华人民共和国公司法》，这次修订的幅度非常大，也非常重要。本书也随之作了重大修订。

本版以党的二十大精神为指导，以修订后的《中华人民共和国公司法》为依据，并参考了最高人民法院的相关司法解释。第七版反映了立法的最新变化，进一步增强了实务性。

此次修订保持了前一版的风格和特点，内容又有所补充。

第一，大体按修订后的《中华人民共和国公司法》的章节顺序来编写，简明扼要，逻辑线索更加清晰。

第二，内容以法条为基础，适当突出重点，注重理论、条文、实务的三结合。

第三，设计了一些"提问"、随手案例，更加贴近课堂教学的场景，这是教材与教学紧密结合的尝试。

第四，新增了判例要点和社会热点，以二维码的形式呈现在相关知识点处，可以有效帮助读者扩展知识点，理解公司法律制度，提高解决问题的能力。

第五，每章均附有练习题，读者通过练习题的训练，可以达到强化记忆、加深理解的效果。

本书适合作为高等职业院校的教材，也可以作为法律实务工作者的参考书。

隋彭生（中国政法大学教授）

朱晓娟（中国政法大学教授、民商经济法学院副院长）

2025 年 1 月

缩略语和条文引注

（一）缩略语

1.《中华人民共和国民法典》——《民法典》

2.《中华人民共和国公司法》——《公司法》

3.《中华人民共和国外商投资法》——《外商投资法》

4.《中华人民共和国证券法》——《证券法》

5.《中华人民共和国保险法》——《保险法》

6.《中华人民共和国合伙企业法》——《合伙企业法》

7.《中华人民共和国企业破产法》——《企业破产法》

8.《中华人民共和国商业银行法》——《商业银行法》

9.《中华人民共和国民事诉讼法》——《民事诉讼法》

10.《中华人民共和国公务员法》——《公务员法》

11.《最高人民法院关于适用〈中华人民共和国民法典〉合同编通则若干问题的解释》——《民法典合同编通则解释》

12.《中华人民共和国市场主体登记管理条例》——《市场主体登记管理条例》

13.《中华人民共和国市场主体登记管理条例实施细则》——《市场主体登记管理条例实施细则》

（二）条文引注

引用条文注明引自何部法律或司法解释，条文采用尾注方式，未注明来源的，均引自《中华人民共和国公司法》。分为加引号和不加引号两种，加引号的为引用原文，不加引号的为引用其意。

例 1：“本法所称公司，是指依照本法在中华人民共和国境内设立的有限责任公司和股份有限公司”（第 2 条）。

例 2：对于有限责任公司，注册资本为在公司登记机关登记的全体股东认缴的出资额（见第 47 条第 1 款）。对于股份有限公司，注册资本为在公司登记机关登记的已发行股份的股本总额（见第 96 条）。

目 录

第一章　公司法概述

【本章引例】

甲企业（有限责任公司）欠被服有限责任公司货款100万元，乙企业（合伙企业）欠被服有限责任公司货款120万元，丙企业（个人独资企业）欠被服有限责任公司货款50万元。

(1) 被服有限责任公司向甲企业的股东张某、李某要求偿还100万元，理由是甲企业无力偿还。张某和李某均表示，他们设立公司时，出资已经到位，没有偿还100万元的义务。

(2) 被服有限责任公司向乙企业的合伙人赵某要求偿还120万元。赵某提出，自己与另一合伙人王某有约定，二人各自对外承担50%的债务，因此只愿意偿还被服有限责任公司60万元。

(3) 被服有限责任公司向丙企业业主黄某要求偿还50万元。黄某提出，自己的注册资金是10万元，因此应当在10万元内承担责任。

问题：

1. 对甲企业的债务适用哪部法律的规定？甲企业的股东承担有限责任还是无限责任？张某和李某的主张是否正确？

2. 对乙企业的债务适用哪部法律的规定？合伙企业的合伙人承担的是无限连带责任还是有限责任？赵某的主张是否正确？

3. 对丙企业的债务适用哪部法律的规定？对个人独资企业的债务，出资人承担无限责任还是有限责任？黄某的主张是否正确？

【本章学习目标】

通过本章的学习，你应该能够：

1. 掌握公司法的概念；
2. 了解公司法的性质；
3. 了解公司法与相关法的关系；
4. 理解公司法的原则。

第一节　公司法的概念、性质及适用

一、公司法的概念

“公司法”有狭义和广义之分。狭义的公司法是指一部以“公司法”命名的法律——《中华人民共和国公司法》，该法由 1993 年 12 月 29 日第八届全国人民代表大会常务委员会第五次会议通过，2023 年 12 月 29 日第十四届全国人民代表大会常务委员会第七次会议第二次修订①。狭义的公司法是形式意义上的公司法。广义的公司法是指规定公司设立、组织、活动和解散以及其他对内对外关系的法律规范的总称。广义的公司法是实质意义上的公司法，包括法律、行政法规、司法解释中关于公司的规范。

公司法调整的对象和范围，从公司生命线视角出发，可以分为公司设立过程中的行为和关系（发起人之间以及设立过程中发起人与第三人之间的关系）、公司存续期间的行为和关系（股东之间、股东与公司之间、公司与管理机关之间、股东与管理机关之间、公司与第三人之间、股东与第三人之间的关系等）以及公司终止期间的行为和关系（股东与清算组织之间、清算组织与第三人之间的关系等）；从组织体和公司活动视角出发，可以分为公司的全部组织关系（发起人之间、股东与公司之间、公司内部组织机构之间、公司与管理机关之间的关系等）和一部分经营关系（公司与债权人之间、公司与交易相对人之间的关系、公司社会责任等）。

《公司法》的配套法规有《市场主体登记管理条例》等；调整外商投资公司的法律有《外商投资法》等；调整特种公司的法律有《商业银行法》《保险法》等。我国的商业银行是公司制企业，既受《公司法》调整，也受《商业银行法》调整。我国的保险公司亦如此，既受《公司法》调整，也受《保险法》调整。

二、公司法的性质

（一）公司法是组织法，兼有行为法的性质

公司是由股东等利益相关者组成的具有独立人格的法人组织，公司法作为调整公司组织关系的法律具有组织法的性质。认为公司法是组织法，主要是从以下几点考虑的：

（1）公司法是有关市场主体的法。公司是参与市场交易的组织体，公司法规定了公司的法律地位，确立了公司的人格，即确立了公司的法人资格。

（2）公司是财产的组织形式，公司本质上是基于出资和经营而形成的人的组织关系，公司法对财产的组织和人的组织进行了规范。具体而言，公司法对公司的设立、公司的组织机构、公司财产的构成、股东与公司的关系等作出了规范。

公司法兼有行为法的性质，公司法的行为法属性是指公司法对公司的有关交易行为进行了规范。申言之，公司法也规范公司与外部的关系，公司的外部关系是指公司与其交易当事人之间的关系。如公司法对公司股票、债券的发行、转让等作出了规定。公司法虽具有调整公司活动的行为法的性质，但并不是指公司法要规范公司的全部交易活动。事实

① 为正确适用新修订的《公司法》，最高人民法院制定了《关于适用〈中华人民共和国公司法〉时间效力的若干规定》（法释〔2024〕7 号），该规定自 2024 年 7 月 1 日起施行。

上，公司法主要是规范与公司特点密切相关的交易活动，其他一些与公司特点无直接关系的活动，如一般商品的买卖、金钱的借贷、财产的租赁、工作的承揽、服务的提供等，我国公司法并未予以规定。这类活动通常由《民法典》等法律加以调整。

（二）公司法是强制法，兼有任意法的性质

法律规范有强制性规范（也称为强行性规范）和任意性规范。强制性规范是必须遵守的；而任意性规范则可以适用，也可以不适用，也就是说，当事人可依照自己的意志排除对其的适用。

为了保障交易安全和社会公共利益，我国公司法的规定主要体现为强制性规范。公司的成败或经营活动涉及面广，甚至会引起社会的波动，造成比较大的影响，因此，公司法对公司的组织机构和财务会计制度、分配制度、股票的发行等都有严格的规定。这些规定，当事人都必须遵守，不得排除适用。

公司法中也有任意性规范，对此类规定，当事人可以适用，也可以排除适用。但这并不否定任意性规范的意义，任意性规范仍有规范和指导作用。任意性规范使公司有更大的自主活动空间，但这并没有改变公司法作为强制法的基本性质。

（三）公司法是实体法，兼有程序法的性质

公司法就公司内部主体相互之间的财产利益关系、责任等作出了规定，还就公司与其他主体的财产利益关系等作出了规定，这些都是实体法的内容。公司法除了规定实体内容以外，还规定了保障权利实现、追究法律责任的程序内容，也就是说，公司法中也有程序性的规范。

三、公司法的适用

（1）公司法适用于在中国境内设立的有限责任公司和股份有限公司。我国的公司类型仅限于有限责任公司和股份有限公司两种。

（2）公司法适用于中国境内的外商投资的有限责任公司和股份有限公司。有关外商投资的法律另有规定的，适用其规定。

第二节　公司法与相关法的关系

一、公司法与民法

民法是调整平等主体之间人身关系和财产关系的基本法。《民法典》规定了自然人、法人、非法人组织三类民事主体，法人包括营利法人、非营利法人和特别法人。公司是一种营利法人，是重要的民事主体。商法是民法的特别法，公司法属于商法，公司也称为商法主体、商事主体。

民法关于民事主体的制度，以及围绕民事主体建立的相关制度，如交易制度、物权制度、责任制度等均适用于公司。民法的原则，如诚实信用原则、公平原则等同样适用于公司法。公司法被认为是民法的特别法。

二、公司法与经济法

经济法是国家通过政府调节、干预、管理市场的法。我国没有“经济法”这样一部法典，经济法是相关法律规范的总称。公司作为民事主体、市场主体，也要接受政府的管理。如公司法中对有违法行为的公司给予罚款的规定等，都属于经济法规范，而不属于民法规范。因政府管理而发生的法律关系不是平等民事主体之间的关系，而是政府与有关当事人之间的关系。

提问：“公司法是民法的特别法”，怎么会有经济法的内容呢？

答：实际上，我国现代法律是“诸法合体”，一部法律之中有不同部门的法律规范是很正常的事情。

三、公司法与证券法

证券法是规范证券发行和交易行为的法律。《证券法》最新修订版自 2020 年 3 月 1 日起施行。

广义上的证券，是各种财产权利（如所有权、股权、债权）格式化的书面凭证，如股票、债券、票据、提单、保险单等。证券法所规范的证券是狭义上的证券，主要是股票和公司债券。股票和公司债券的发行主体是公司。股票由股份有限公司发行；公司债券由股份有限公司和有限责任公司发行。公司法和证券法均对股票、公司债券的发行作出了规定，而证券发行的条件、证券交易等则主要由证券法作出规定，进行调整，由此可见，两法的关系十分密切。

四、公司法与外商投资法

外商投资法是规范外国投资者在中国境内投资活动的法律。《外商投资法》自 2020 年 1 月 1 日起施行。

外商投资方式，包括在中国境内设立公司或取得公司的股份、股权，这些投资活动适用《外商投资法》和《公司法》。外商投资的有限责任公司和股份有限公司适用《公司法》；有关外商投资的法律另有规定的，适用其规定。例如，公司章程、组织机构、表决比例、出资期限等适用《公司法》的规定。

五、公司法与企业破产法

企业破产法是调整因企业法人破产而发生的债务清偿关系的法律。《企业破产法》自 2007 年 6 月 1 日起施行。

企业破产法要保障在债务人的财产无法清偿到期债务的情况下，就债务人现有财产实现对多数债权人的公平清偿。企业破产法的适用对象是企业法人。《公司法》规定的公司是企业法人，破产是公司终止的原因之一。公司不能清偿到期债务且资不抵债或者明显缺乏清偿能力，公司债权人或者公司自己可以根据《企业破产法》的规定向人民法院申请破产。公司的设立，是进入市场的方式；公司的破产，是退出市场的方式之一。

第三节　公司法的原则

公司法的原则，体现了公司立法的基本思想和价值目标，是公司法的根本准则，也是公司法对公司进行规制的出发点和依据。公司法的原则是具有普遍约束力的规范，它是公司从设立到终止，内部行为（管理、监督）和外部行为（对外经营交易）都必须遵循的强制性规范。公司法的基本原则有：有限责任原则；资本确定原则、资本充实原则和资本不变原则；保护股权原则；科学管理与相互制约原则；弘扬企业家精神原则。

一、有限责任原则

“有限责任公司的股东以其认缴的出资额为限对公司承担责任；股份有限公司的股东以其认购的股份为限对公司承担责任”（第 4 条第 1 款）。我国公司法规定了两大类公司，一类是有限责任公司，另一类是股份有限公司。这两类公司都是股东以出资（认缴的出资额或认购的股份）为限对公司承担责任，公司以其全部财产对公司的债务承担责任。公司制度在创造了融资方式的同时，又限制了出资者的责任。例如，某股东以现金 5 万元出资，那么该股东仅以 5 万元为限对公司承担责任，其家庭财产、个人财产，以及公司分红都不被追及。

参考案例 1－1

甲乃金融界巨亨，出资 50 万元与朋友共同投资成立了 A 公司，注册资本 100 万元。成立后第二年，A 公司与 B 公司签订了买卖钢材的合同，货款为 150 万元。由于 A 公司经营不善，无力支付货款。为讨要货款，B 公司将 A 公司和甲列为共同被告，起诉于法院。B 公司提出，之所以列股东甲为共同被告，是因为相信甲的财力，否则自己绝不会与 A 公司签订标的额为 150 万元的合同。原来 B 公司以为有甲这棵“摇钱树”在，即使 A 公司无法偿债，也可以向甲请求偿还货款。问：B 公司的主张能否成立？

——公司成立后，具有法人资格，公司行为的责任由公司自己承担，而不能将公司的债务认作是股东的债务，从而要求股东偿还。为成立 A 公司，甲已投资了 50 万元，按照有限责任原则，甲作为股东已经履行了对 A 公司的出资责任，甲仅以自己的出资额为限对 A 公司的债务承担责任，A 公司以其全部资产对公司的债权人承担清偿责任。故 B 公司主张由甲承担 A 公司债务的主张不能成立。

为了实现责任的有限性，法律赋予有限责任公司和股份有限公司以法人资格，使这两类公司成为拟制的人。目的之一，是将出资人（自然人、法人）的财产做等量的分割，投入公司之中，形成两个财产权（股权和公司的法人财产所有权），以便承担有限责任；目的之二，是将财产集中进行优化组合（出资人将财产集中在公司之中），以便获得经营上的优势；目的之三，是使出资人脱离对公司的直接管理和亲自管理，而委托有专长的人进行管理，以便获得更多的收益。希望既获得收益，又能规避风险，这是人本性上的追求，公司的有限责任原则，满足了这种追求，极大地促进了人们投资的积极性，有利于培育市场主体。有限责任制度的创立，被一些经济学家认为像瓦特发明蒸汽机那样具有划时代的意义，被一些法学家认为是法制史上最伟大的创造之一。

有限责任原则，适用于一切正常设立和经营的公司，但对于欺诈性公司和其他有特定违法行为的公司，则允许“揭开公司的面纱”（法人人格否认制度），直接追究股东的责任，以保护交易秩序和交易安全。

二、资本确定原则、资本充实原则和资本不变原则

资本确定原则、资本充实原则和资本不变原则，合称为“资本三原则”，是公司法对公司资本进行规范的原则。“资本三原则”共同作用，确保公司的稳定运营、健康发展，并保护债权人的利益。从宏观角度看，体现了对交易安全的保护，维护了市场的公平和秩序。

（1）资本确定原则，是指公司在设立时必须在公司章程中明确规定公司的资本总额，需要全部认缴并在法定期间内实缴，以确保公司从设立之初就具备稳定的资本和责任财产。例如，《公司法》规定的股东失权，就是资本确定原则的体现。

（2）资本充实原则，又称为资本维持原则，是指公司在其存续过程中应经常保持与其资本额相当的财产，维持公司资本的稳定性。《公司法》规定的出资不足的补充责任、股东抽逃出资的责任、限制股份回购的规则、盈余分配的规则等，都是资本充实原则的体现。

（3）资本不变原则，是指公司的注册资本确定后，除非经过《公司法》规定的程序，不得随意增加或减少。该原则对维持公司资本的稳定性，防止因公司资本的变动损害债权人的权利具有重要意义。

三、保护股权原则

市场有一个基本的法则，即“谁出资，谁决策，谁受益”。保护股权原则是这个基本法则的体现。公司是由股东出资创办的，股东出资后，出资的财产转化为公司所有，股东的出资转化为股权。“公司股东对公司依法享有资产收益、参与重大决策和选择管理者等权利”（第 4 条第 2 款）。从这项法律条文来看，股东的地位是所有者的地位，股权具有所有权的性质，股权是对公司拥有的所有权，对股权的保护也是公司法贯彻始终的原则。毕竟，公司是股东出资创办的，如果漠视股权，最终将会制约公司的发展。保护股权的一个重要理念是股权平等。出资者的出资量化为“股”。股权平等，是指股东所拥有的每一股权在法律上所享有的权利是平等的，这就是所谓的同股、同权、同利。同权的前提是同股，这是制度设计上要遵循的基本规则。由此，产生了股东按股权享有表决权的投票制度（一股一票），这种表决方法对大股东有利。为了保护中小股东的利益，《公司法》规定了“累积投票制”。“本法所称累积投票制，是指股东会选举董事或者监事时，每一股份拥有与应选董事或者监事人数相同的表决权，股东拥有的表决权可以集中使用”（第 117 条第 2 款）。同利的前提也是同股，同股要同利，也是基本规则，但也有例外（见第 210 条第 4 款）。

四、科学管理与相互制约原则

公司是企业，企业不是公益组织，有利益最大化的目标，公司要尽可能地给股东带来经济利益。实现利益最大化，则需要科学的管理。公司的活动，涉及股东、公司本身、职工、公司债权人的利益，而且尽管公司是企业，但它的活动也会涉及社会公益。因此，除了强调经营上的科学管理，还要强调行为上的相互制约。我国公司实行权责分明、管理科学、激励和约束相结合的内部管理体制。

科学管理与相互制约原则，也是公司治理原则。当前使用频率比较高的一个词语是“公司治理结构”。公司治理结构，又称为法人治理结构，原是通行于美国、英国及其他一些欧洲国家的概念，后来被我国理论界及有关规章、文件所采用。公司治理结构是为保证公司目标实现，由股东会、董事会（含审计委员会）、经理、监事会组合的一种制度安排。公司治理结构的理论，不仅适用于有限责任公司和股份有限公司，其他企业也可以参照适用。

我国公司法为公司设计了三种管理机构：一是决策机关，即股东会；二是董事会，是常设的业务执行机构（其中，董事会下的审计委员会承担监督职能）；三是监事会，负责监督。从理论上来看，这种具备制衡作用的机构设置，以及相应职权的设计，能够保障公司运行和决策的正常、高效以及风险的规避。在公司法立法之时，对监事制度期望值甚高。从实践来看，监事会的作用没有得到很好的发挥。在公司组织机构法律制度中，监事制度被认为是绩效最差的。在大多数上市公司中，监事会如同虚设。新修订的《公司法》充分考虑到了这个问题，引入了审计委员会制度（见第 69 条、第 121 条），以期健全公司内部的治理结构，补强公司内部机关的监督职能。公司内部任一机关的弱化，都会导致公司发展和利益的失衡。为了体现职工的利益，《公司法》还规定监事会要有适当比例的职工代表参加（见第 76 条、第 130 条）。

五、弘扬企业家精神原则

党的二十大报告提出：“完善中国特色现代企业制度，弘扬企业家精神，加快建设世界一流企业。”新修订的《公司法》吸收了这一表述。“为了规范公司的组织和行为，保护公司、股东、职工和债权人的合法权益，完善中国特色现代企业制度，弘扬企业家精神，维护社会经济秩序，促进社会主义市场经济的发展，根据宪法，制定本法”（第 1 条）。这表明弘扬企业家精神是公司法的基本原则。培育并弘扬企业家精神的政策目标在世界各国经济制度发展中已逐渐凸显，其政策之底层逻辑在于企业家精神所产生的社会效益，包括推动经济增长、降低失业率以及推动科技的现代化发展等。新修订的《公司法》将弘扬企业家精神确立为我国公司法的基本原则，对优化营商环境、促进民营经济发展、打造现代化公司法大有裨益。

在具体制度层面，新修订的《公司法》引入了授权资本制、类别股、无面额股等制度，在制度层面赋予了企业家更多的融资自主权和决策权，同时，引入了董事责任保险制度，对于企业家责任减免方面亦有所帮助。总的来说，弘扬企业家精神不仅具有宣示作用，更在具体制度上彰显弘扬企业家精神的价值取向，为企业家在繁芜丛杂的商事实践中发挥创新精神与冒险探索精神提供更加完备的制度保障。

第四节　我国公司法的发展

一、中华人民共和国成立以前的公司立法

（一）清朝时期的公司立法

传统的中国社会没有公司这种企业形式。19 世纪末，在洋务运动中，出现了第一批官商合办、官督商办的公司。如 1872 年的轮船招商局、1878 年的中兴煤矿公司等。这些公司采用了招商集股方式（股东出资方式）成立公司。

中国历史上的第一部公司法，为光绪二十九年十二月（1904 年 1 月）颁布的《公司律》。《公司律》共 131 条，这部法律参照了 1856 年英国的《合股公司法》和 1899 年日本的《商法典》等，因而《公司律》被认为是英美法与大陆法混合的产物。

（二）民国时期的公司立法

中华民国时期，北洋政府宣布：前清施行的法律凡与民国国体不相抵触者均暂时沿用。因此，《公司律》得以保留适用。1914 年公布了《公司条例》，共 6 章 251 条。该条例后来又经过两次修改。该条例被认为“有里程碑意义”，奠定了近现代公司制度的基础。

1929 年 12 月，南京国民政府颁布了《公司法》，于 1931 年 7 月 1 日起施行，共 6 章 233 条。这是一部比较完整的中国现代公司法。这部“法律”后来进行了多次修正，我国台湾地区目前仍使用这部“法律”。

二、中华人民共和国成立后的公司立法

（一）新中国成立初期的公司立法

1949 年 10 月，中华人民共和国宣告成立，立即废除了旧法统。1929 年的《公司法》当然也在废除之列。

1950 年政务院颁布了《私营企业暂行条例》，1951 年又颁布了《私营企业暂行条例施行办法》。《私营企业暂行条例》规定了五种公司形式：无限公司、有限公司、两合公司、股份有限公司、股份两合公司。此时的公司法仍调整“私营企业”关系。之后不久，国家对私营工商业进行改造，1954 年政务院颁布了《公私合营企业暂行条例》。根据此条例，公私合营企业虽无有限责任公司之名，却有有限责任公司之实。1966 年，公私合营企业已全部转化为全民所有制企业。社会主义改造完成之后，公私合营企业不复存在，企业均为公有制企业，即企业为国有企业和集体企业。

（二）改革开放初期的公司立法

1978 年党的十一届三中全会以后，由于实行改革开放的政策，作为现代市场重要主体的公司应运而生，并得到快速发展。1979 年颁布的《中华人民共和国中外合资经营企业法》明确规定中外合资经营企业是有限责任公司。而后颁行的《中华人民共和国中外合作经营企业法》和《中华人民共和国外资企业法》规定符合条件的中外合作经营企业、外资企业可以设立为有限责任公司。

1980 年，国务院通过并施行《关于推动经济联合的暂行规定》，这个规定为建立企业联营公司提供了依据。

1983 年 4 月，国务院颁布了《国营工业企业暂行条例》，第一次以法规性文件的方式

明确规定“企业是法人”。

1985 年，国务院发布了《关于进一步清理和整顿公司的通知》，通过并施行《公司登记管理暂行规定》和《工商企业名称登记管理暂行规定》。1986 年，国务院颁布了《关于进一步推动横向经济联合若干问题的规定》。上述文件，对推动公司制度的发展起到了积极作用。

1986 年 4 月 12 日，第六届全国人民代表大会第四次会议通过了《中华人民共和国民法通则》（以下简称《民法通则》）。《民法通则》对法人作出了明确的规定，将企业法人与非企业法人相区分。《民法通则》虽然没有对公司作出规定，但毫无疑问，《民法通则》为我国现代公司制度的确立及公司立法奠定了法律基础。

1988 年，国务院通过了《中华人民共和国私营企业暂行条例》，将私营企业分为独资企业、合伙企业和有限责任公司三种形式，并明确规定，有限责任公司是指投资者以其出资额对公司负责，公司以其全部资产对公司债务承担责任的企业。这种界定与后来《公司法》的规定是一致的。

1992 年，国家体改委等五部门联合发布了《股份制企业试点办法》。同年，体改委又发布了两个重要文件：《股份有限公司规范意见》和《有限责任公司规范意见》。这两个文件不仅为当时公司的设立提供了依据，还为后来的公司立法奠定了一定的基础。

（三）《公司法》的通过与修正、修订

1993 年 12 月 29 日，第八届全国人民代表大会常务委员会第五次会议通过了《中华人民共和国公司法》，并自 1994 年 7 月 1 日起正式施行。

《公司法》施行后，有四次修正、两次修订①。

（1）1999 年 12 月 25 日，第九届全国人民代表大会常务委员会第十三次会议通过了《关于修改〈中华人民共和国公司法〉的决定》。这是第一次修正。

（2）2004 年 8 月 28 日，第十届全国人民代表大会常务委员会第十一次会议通过了《关于修改〈中华人民共和国公司法〉的决定》。这是第二次修正。

（3）2005 年 10 月 27 日，第十届全国人民代表大会常务委员会第十八次会议修订了《公司法》。这是第一次修订，修订的内容比较多（新增条文 41 条、删除条文 46 条、修改条文 137 条），因此有人将其称为“革命性”的修订。所谓“革命性变化”，不仅指条文调整的数量非常多，更指许多制度的突破和重新设计。

（4）2013 年 12 月 28 日，第十二届全国人民代表大会常务委员会第六次会议通过了关于修改《公司法》的决定。这是第三次修正。

（5）2018 年 10 月 26 日，第十三届全国人民代表大会常务委员会第六次会议通过了关于修改《公司法》的决定。这是第四次修正。

（6）2023 年 12 月 29 日，第十四届全国人民代表大会常务委员会第七次会议通过了第二次修订的《公司法》。这次修订删除了 2018 年《公司法》的 16 个条文，新增和修改了 228 个条文，其中涉及实质性修改的合计 112 个条文，对 2018 年《公司法》的各项制度进行了全面修订。

① 法律的修正是立法机关对法律进行局部修改，修订则是指立法机关对法律进行全面修改。

（四）《公司法》第二次修订的七大亮点

（1）完善公司资本制度。规定有限责任公司股东出资期限不得超过5年；在股份有限公司中引入授权资本制；规定股份有限公司可以发行类别股；引入了无面额股制度；新增简易减资制度；允许公司按照规定使用资本公积金弥补亏损；增加股东未按期缴纳出资的失权制度、股东认缴出资加速到期制度等。

（2）优化公司治理。允许公司只设董事会、不设监事会，公司只设董事会的，应当在董事会中设置审计委员会行使监事会职权；简化公司组织机构设置；切实保障职工代表的各项权益；对股份有限公司董事会审计委员会和上市公司董事会审计委员会的议事方式和表决程序作了规定。

（3）加强股东权利保护。强化股东知情权，扩大股东查阅材料的范围；完善股份有限公司股东请求召集临时股东会会议的程序；对于公司的控股股东滥用股东权利，严重损害公司或者其他股东利益的，规定其他股东有权请求公司按照合理的价格收购其股权；规定公司减少注册资本，应当按照股东出资或者持有股份的比例相应减少出资额或者股份；允许股东对公司全资子公司董事、监事、高级管理人员等提起代表诉讼。

（4）强化控股股东、实际控制人和董事、监事、高级管理人员的责任。完善忠实和勤勉义务的具体内容；加强对董事、监事、高级管理人员与公司关联交易等的规范；强化董事、监事、高级管理人员维护公司资本充实的责任；新增董事对第三人责任等制度。

（5）完善公司设立、退出制度。新设“公司登记”一章；充分利用信息化建设成果，明确电子营业执照、通过国家企业信用信息公示系统发布公告、采用电子通信方式召开会议和表决的法律效力；扩大可用作出资的财产范围，明确股权、债权可以作价出资；放宽一人有限责任公司设立等限制，并允许设立一人股份有限公司；完善公司清算制度，明确清算义务人及其责任；增加简易注销和强制注销制度，方便公司退出。

（6）完善国家出资公司相关规定。设“国家出资公司组织机构的特别规定”专章；坚持党对国有企业的领导，强调国家出资公司中中国共产党的组织的领导作用；要求国有独资公司董事会成员中的外部董事应当过半数；规定国有独资公司在董事会中设置由董事组成的审计委员会行使监事会职权的，不设监事会或者监事；增加国家出资公司应当依法建立健全内部监督管理和风险控制制度的规定。

（7）完善公司债券相关规定。根据《关于国务院机构改革方案的决定》将国家发展改革委企业债券审核职责划入中国证监会的要求，删去国务院授权的部门对公开发行债券注册的规定；明确公司债券可以公开发行，也可以非公开发行；将发行可转债的公司由上市公司扩大到所有股份有限公司；增加债券持有人会议决议效力的规定；增加债券受托管理人相关规定。

第五节　外商投资公司与《外商投资法》

一、外商投资公司

外商投资公司是外商投资企业的一种。外商投资企业，是指全部或者部分由外国的自然人、企业或者其他组织（以下简称外国投资者）投资，依照中国法律在中华人民共和国境内（以下简称中国境内）经登记注册设立的企业。外商投资企业的组织形式、组织机构及活动准则，适用《公司法》《外商投资法》等法律的规定。

外商投资公司，是指全部或者部分由外国投资者投资，依照中国法律在中国境内经登记注册设立的公司。外国投资者取得外商投资公司的全部或者部分股份、股权。外商投资公司包括有限责任公司和股份有限公司，都具有中国法人的资格，都受中国法律规制。

二、《外商投资法》

（一）立法概况及适用

2019 年 3 月 15 日第十三届全国人民代表大会第二次会议通过了《中华人民共和国外商投资法》。该法自 2020 年 1 月 1 日起施行。《中华人民共和国中外合资经营企业法》《中华人民共和国外资企业法》《中华人民共和国中外合作经营企业法》同时废止。

《外商投资法》施行前依照《中华人民共和国中外合资经营企业法》《中华人民共和国外资企业法》《中华人民共和国中外合作经营企业法》设立的外商投资企业，在该法施行后 5 年内可以继续保留原企业组织形式等（5 年过渡期）。具体实施办法由国务院规定。

在中国境内的外商投资适用《外商投资法》。外商投资，是指外国投资者直接或者间接在中国境内进行的投资活动，包括下列情形：（1）外国投资者单独或者与其他投资者共同在中国境内设立外商投资企业；（2）外国投资者取得中国境内企业的股份、股权、财产份额或者其他类似权益；（3）外国投资者单独或者与其他投资者共同在中国境内投资新建项目；（4）法律、行政法规或者国务院规定的其他方式的投资。

《外商投资法》对外商投资法律制度作出了基本规定，是利用外资的基础性法律。

（二）国家对外商投资实行“准入前国民待遇＋负面清单”管理制度

“准入前国民待遇＋负面清单”是国际上的投资规则之一。

国民待遇原则是 WTO 协定所奉行的基本原则，即要求给予外国人和本国人以相同的待遇。

准入前国民待遇，是指在投资准入阶段给予外国投资者及其投资不低于本国投资者及其投资的待遇（给予外资不低于内资的待遇）。“准入阶段”包括企业设立、取得、扩大等阶段。

负面清单，是指国家规定在特定领域对外商投资实施的准入特别管理措施。国家对负面清单之外的外商投资，给予国民待遇。负面清单由国务院发布或者批准发布。

负面清单又称消极清单，是一份“禁止”外资进入和“限制”外资进入的清单。外商投资准入负面清单规定禁止投资的领域，外国投资者不得投资。外商投资准入负面清单规定限制投资的领域，外国投资者进行投资应当符合负面清单规定的条件。负面清单以外的领域则充分开放，按照内外资一致的原则实施管理。

中华人民共和国缔结或者参加的国际条约、协定对外国投资者准入待遇有更优惠规定的，可以按照相关规定执行。

【引例分析】

1. 甲企业是有限责任公司，对甲企业的债务适用《公司法》的规定。《公司法》确立了有限责任原则，因此甲企业的股东对外承担有限责任。张某和李某的主张是正确的。

2. 乙企业是合伙企业，对乙企业的债务适用《合伙企业法》的规定。根据《合伙企业法》的规定，合伙人对合伙的债务承担连带无限责任。合伙人之间对外按比例承担债务的约定，不能对抗债权人。因此赵某的主张是错误的。

3. 丙企业是个人独资企业，对丙企业的债务适用《中华人民共和国个人独资企业法》（以下简称《个人独资企业法》）的规定。根据《个人独资企业法》的规定，业主对外承担无限责任，并不受注册资金数量的限制。因此黄某的主张是错误的。

【练习题】

1. 名词解释

公司法　有限责任原则

2. 思考题

（1）公司法的原则有哪些？它们的内容是什么？

（2）简述公司法与民法的关系。

（3）外商投资公司是否适用公司法？

（4）《公司法》第二次修订有哪些亮点？

3. 选择题

下列观点哪些是错误的？（　　）

A. 有限责任公司和股份有限公司适用《公司法》

B. 合伙企业适用《公司法》

C. 个人独资企业适用《公司法》

D. 外商投资企业不适用《公司法》

4. 案例分析题

2023 年 1 月，A 公司与 B 公司各出资 500 万元成立了 C 公司。同年 3 月，C 公司出资 300 万元，与 D 公司、E 公司成立了 F 钢材批发公司，注册资本 1 000 万元。2024 年 1 月，A 公司因欠 H 公司 600 万元货款无法偿还，被起诉至人民法院。经查，A 公司由于长期经营不善，已无财产可供执行，但 H 公司得知，F 公司刚从国外进口一批紧俏螺纹钢，价值 800 万元，H 公司遂向人民法院提供担保，要求人民法院对该批螺纹钢实行财产保全。

问题：

H 公司的主张有无依据？

分析要点提示：

在该案中，A 公司是 C 公司的股东（出资比例为 50%），C 公司是 F 公司的股东。A 公司是 H 公司的债务人，应当以 A 公司的所有财产（其中包括对 C 公司的 50%股权）来担保债务的清偿。但螺纹钢的所有人是 F 公司，而 F 公司并非 H 公司的债务人，因此不能对 F 公司的财产实行财产保全。

第二章　公司概述

【本章引例】

李某在“小小”餐馆吃火锅时，餐馆使用的甲公司生产的火锅用小煤气炉发生爆炸。李某被炸伤，其医疗费、护理费、营养费等花去16万元，购买残疾人器具花费15万元，整容花费10万元。李某欲提起诉讼，索赔51万元（包含10万元精神损害赔偿）。律师经过调查，发现甲公司的财产并不足以赔偿损失，原因之一是甲公司的股东王某有50万元的出资没有到位。李某以甲公司、王某为共同被告提起诉讼，要求赔偿。甲公司和王某均主张以甲公司的现有财产予以赔偿，不足部分由“小小”餐馆赔偿，人民法院应当追加“小小”餐馆为共同被告。

问题：

李某能否以甲公司和王某为共同被告，并要求王某在出资不足的范围内承担连带责任？为什么？

【本章学习目标】

通过本章的学习，你应该能够：

1. 掌握公司的概念和特征；
2. 辨析公司与合伙企业、个人独资企业的区别；
3. 了解公司的分类；
4. 了解公司的资本制度；
5. 了解公司人格及其否定制度；
6. 明确公司章程的意义，了解公司章程的内容；
7. 了解发起人应当承担的责任；
8. 了解公司登记制度。

第一节　公司的概念、特征和分类

一、公司的概念

公司，是依公司法设立的由法定人数的股东出资组成的企业法人。公司是以营利为目的的经济组织，在民法上被称为营利法人。

《公司法》第 2 条规定："本法所称公司，是指依照本法在中华人民共和国境内设立的有限责任公司和股份有限公司。"第 3 条第 1 款规定："公司是企业法人，有独立的法人财产，享有法人财产权。公司以其全部财产对公司的债务承担责任。"第 4 条第 1 款规定："有限责任公司的股东以其认缴的出资额为限对公司承担责任；股份有限公司的股东以其认购的股份为限对公司承担责任。"

二、公司的特征

（一）公司是营利法人

1. 公司是法人

《民法典》第 57 条规定："法人是具有民事权利能力和民事行为能力，依法独立享有民事权利和承担民事义务的组织。"第 58 条规定："法人应当依法成立。法人应当有自己的名称、组织机构、住所、财产或者经费。法人成立的具体条件和程序，依照法律、行政法规的规定。设立法人，法律、行政法规规定须经有关机关批准的，依照其规定。"

公司具备法人的条件，是依法设立的法人。

（1）公司是依法设立的。依法设立，是指公司依法定条件和法定程序设立。

（2）公司有自己独立的财产。公司有独立的法人财产，享有法人财产权（见第 3 条）。公司对公司的财产，可以所有权人的身份进行处分。股东出资后，其所出资的财产即转化为公司的财产，财产所有权关系发生了变化。例如，甲以一所房屋出资，甲的房屋所有权消灭，财产形式转化为股权，房屋所有权转为公司所有。正如有的学者所说："即使你拥有 1 000 万股'上海汽车'的股票，也不可擅自开走任何一部轿车。"①

（3）公司有自己的名称、组织机构和住所。法律对公司名称的要求比较严格，要求公司的名称能够反映它的性质。公司按法律规定设置自己的机关（组织机构），能够形成公司（而非股东）的独立意思并能对外作出意思表示。公司有经过登记的住所，为生产经营和交易安全提供了保障。

（4）公司能够独立承担民事责任。公司以其全部财产对公司的债务承担责任（见第 3 条）。公司有独立的财产，能够独立地为意思表示，有行为能力，是法律拟制的人，具有法人主体资格。公司对外以自身的财产独立承担责任，即以公司的实有财产对外承担责任。股东完成出资义务后，不再对公司的债务负责。股东与公司是相互独立的主体，股东可以自己的名义起诉公司，公司也可以自己的名义起诉股东。

法人是自然人依法创造出来的人，是自然人之外的被法律所承认的另一类权利义务主

① 梅慎实．现代公司法人治理结构规范运作论．北京：中国法制出版社，2001：67.

体。法人拥有独立的财产，具有集资功能，可以聚集巨额资本，举办一个自然人或者少数人难以兴办的事业。法人具有分散风险的功能，法人独立地承担财产责任，使投资者承担有限责任，不会出现因投资失败而使投资人永远不能翻身的情形。法人有人格，即法人依法享有独立的主体地位。法人虽然也有生有死，但法人的生存，不像自然人那样受相对固定时间的限制。法人具有永久存续的功能，如有需要，法人可以持续存在，其意思能力也一如既往。公司作为法人，典型地表现出法人以上的功能。

2. 公司是营利法人

法人包括营利法人、非营利法人和特别法人。公司是企业法人，企业法人是营利法人。“以取得利润并分配给股东等出资人为目的成立的法人，为营利法人。营利法人包括有限责任公司、股份有限公司和其他企业法人等”（《民法典》第 76 条）。

营利法人是以营利为目的成立的法人，营利法人取得的利润，分配给股东等出资人；与此相对应，非营利法人若有利润，不得分配给出资人、设立人或会员。例如，事业单位、基金会等若在存续过程中取得利润，则不能向出资人、设立人或会员分配所得利润。为公益目的成立的非营利法人终止时，亦不得向出资人、设立人或会员分配剩余财产。

公司利益的取得，最终是股东利益的取得，公司财产的增加，本质是股东财产的增加。公司合法追求利润的过程和结果，客观上对社会整体有利。市场主体在增加自己财产的同时，也增加了社会的财产。

公司具有企业的一般特征，但公司具有法人资格，企业不一定具有法人资格。例如，合伙企业、个人独资企业不具有法人资格，属于《民法典》规定的非法人组织，但其仍能够依法以自己的名义从事民事活动（见《民法典》第 102 条）。

（二）公司是由股东出资组成的营利法人，具有社团性

公司一般是两个以上股东出资而组成的营利法人，因而，我们称公司为社团法人。但是只有一个股东的有限责任公司、股份有限公司例外，只有一个股东的公司不具有社团性。

按照成立的基础不同，法人可分为社团法人和财团法人。社团法人是以社员为成立基础的法人，也就是说，社团法人是人的组织体，公司一般是社团法人。财团法人是以捐助财产为基础的法人，也就是说，财团法人是财产的组织体。如中国儿童少年基金会，是一个具有法人资格的非营利性的社会公益组织，在民法理论上被认为是财团法人。

公司的社团性，在于公司由两个以上的股东组成，但是公司法又规定了只有一个股东的公司。一个股东的公司即一人公司，包括一人有限责任公司和一人股份有限公司（见第 42 条、第 92 条）。我国公司法从实际出发，突破了公司社团性的理论限制。一个自然人可以设立多个一人公司，该一人公司也可以继续设立多个一人公司，这有利于鼓励市场主体进行投资，激发市场活力。

提问：公司设立后，由于公司股份的转让等原因而使股东只有一个自然人时，公司能否继续存在？

答：此种情况不违反《公司法》，应当允许该公司作为一人公司继续存在。

三、公司与其他企业的区别

将公司与其他企业作比较，可以更加明晰公司的特征。

（一）公司与个人独资企业的区别

个人独资企业是依据《个人独资企业法》设立，由一个自然人投资，财产为投资人个人所有，投资人以其个人财产对企业债务承担无限责任的经营实体。它与公司制企业的区别表现在以下几个方面：

（1）公司是法人型企业，在出资人（股东）之外，形成了独立的主体，脱离了出资人的个人因素。股东的所有权、其他财产权与公司的经营管理权发生分离。个人独资企业不是法人型企业，没有脱离出资人的个人因素，其所有权、其他财产权与经营管理权全部归属于出资者个人。

（2）公司的股东以出资额为限对公司债务承担责任，公司以自己的实有财产作为对外债务的一般担保。股东出资后，资产产权归公司，权属关系发生了变化。企业亏损时，股东不负担出资额以外的责任，股东的风险通过公司分散给了社会。公司盈利时，按法律规定缴纳税收、留足公积金后，股东按出资的比例分享利润。而个人独资企业的投资人则以其个人财产对企业债务承担无限责任。一般认为，个人独资企业有相对独立的财产。实际上，个人独资企业的财产归出资人所有，出资人出资后，权属关系并没有发生变化，盈亏全部归属投资人自己。

（3）公司的股东可以是自然人，也可以是法人或非法人组织；而个人独资企业的投资人只能是一个自然人。

（4）公司的股东一般是两人以上（也有一人的情形）；而个人独资企业的投资人为一人，投资人可以其家庭共有财产作为个人出资。

（5）公司设专门经营管理机构执行公司事务，出资人不以自己的名义参与公司事务；而个人独资企业的投资人一般亲自管理，直接控制企业。

（6）公司设立的要求比较严格；而个人独资企业的设立则要简单得多。公司是企业法人，存在破产的问题；个人独资企业不是企业法人，只有解散的问题，不存在破产的问题。

（7）公司特别是股份有限公司具有强大的筹集资金的能力，所以，公司的规模可以很大；个人独资企业所能筹集的资本有限，因此一般是小型企业的组织形式，也是最简单的企业形态。

（二）公司与合伙企业的区别

合伙企业是依据《合伙企业法》设立的不具有法人资格的企业。① 合伙企业是人合性企业，公司是资合性企业。人合性企业注重成员之间的关系；资合性企业注重资本之间的关系。基于人合性与资合性的不同要求及社会作用等方面的不同，法律对合伙企业与公司制企业有不同的制度安排。

1. 是否具有法人资格不同

公司（有限责任公司和股份有限公司）都具有法人资格，是法人型企业。股东出资设立了公司，该公司对外交易的行为是公司的行为，不是股东自己的行为。

---

① 《合伙企业法》第2条规定："本法所称合伙企业，是指自然人、法人和其他组织依照本法在中国境内设立的普通合伙企业和有限合伙企业。普通合伙企业由普通合伙人组成，合伙人对合伙企业债务承担无限连带责任。本法对普通合伙人承担责任的形式有特别规定的，从其规定。有限合伙企业由普通合伙人和有限合伙人组成，普通合伙人对合伙企业债务承担无限连带责任，有限合伙人以其认缴的出资额为限对合伙企业债务承担责任。"

合伙企业不具有法人资格，是非法人型企业。合伙企业有两个以上合伙人，合伙企业对外交易时，虽以合伙企业的名义，但本质上其交易行为是合伙人的共同行为。

因公司具有法人资格，设立条件比较严格；合伙企业不具有法人资格，设立要求相对简单。

2. 责任财产不同

责任财产是债务人用来承担清偿债务的全部财产，也称为担保债务履行的一般财产。公司的股东以出资额为限对公司债务承担责任，如果股东已经履行了出资义务，对股东不追加责任，公司以自己的全部财产作为对外债务清偿的责任财产，公司是股东的“挡火墙”。

合伙企业在经营时，虽以合伙企业的名义出现，但合伙企业的普通合伙人对合伙企业债务承担无限连带责任，有限合伙人以出资额为限对合伙企业债务承担责任。合伙企业不能成为普通合伙人的“挡火墙”，合伙企业以普通合伙人的所有财产以及有限合伙人的出资财产作为对外债务清偿的责任财产。合伙企业的财产是合伙人共有的财产，在对外债务的承担上，合伙企业的财产与合伙人的财产之间没有严格的法律屏障。

公司以自己的全部财产对外承担责任，因此股东不能以劳务出资；合伙企业以合伙人的一般财产作为对外债务的担保，因此出资的方式比较灵活，即便以劳务出资也不会危及债权人的利益。

3. 对组织机构的要求不同

法律对公司的组织机构有强制性要求。公司依法设立专门机构执行公司事务，经营管理人员采用适任原则，股东只有担任公司董事、经理等职务时，才能直接参与、处理公司日常业务。

合伙企业的组织机构不像公司那样严格。合伙人一般直接参与合伙企业的日常经营活动，而且合伙企业事务的执行可以采取灵活方式，如全体合伙人共同执行合伙事务、由各合伙人分别执行合伙事务、由一名合伙人执行合伙事务、由数名合伙人共同执行合伙事务等。

公司由董事或者经理担任法定代表人，执行公司事务；合伙企业执行合伙事务的合伙人对外代表合伙企业。公司是一人代表制；合伙企业则不受一人的限制，可以是多人代表制。

4. 经营活动的直接依据不同

公司活动的直接依据是公司章程；合伙企业活动的直接依据是合伙协议。合伙协议是合伙人之间的合同，合伙协议只约束合伙人，并不约束其他人。公司章程在本质上也是股东之间的合同，但是法律对合伙协议和公司章程的要求有较大的差别，对公司章程的要求更严格一些，而且公司章程不仅约束股东，还约束公司和公司董事、监事及高级管理人员。这是因为公司章程不仅仅是股东之间的协议，它已经依法演变成公司的自治性文件。

5. 对于竞业禁止的要求不同

我国公司法要求董事、监事、高级管理人员不得自营或者为他人经营与其所任职公司同类的业务，但对股东没有竞业禁止的要求；而合伙企业的竞业禁止要求是针对合伙人提出的，在合伙企业存续期间，合伙人不得自营或者与他人合作经营与本合伙企业相竞争的业务。

6. 股份与份额的流通性不同

公司股东的股份与合伙企业合伙人的份额，都具有财产的属性，因而都可以转让，但转让的具体要求不同。由于合伙企业的人合性，对合伙人份额转让的要求很严格，其流通性不如股份。

公司股东不能退股，只有在个别情况下，股份有限公司的股东可以要求公司收购股份（见第 162 条），股东脱离公司，一般只能以转让股份的方法；合伙人可以退伙，也可以转让自己的份额。

四、公司的分类

（一）有限责任公司和股份有限公司

我国公司法规定的公司包括有限责任公司和股份有限公司两大类。股份有限公司又分为上市公司和非上市公司。

有限责任公司的股东，以其认缴的出资额为限对公司承担责任；股份有限公司的股东以其认购的股份为限对公司承担责任。即两类公司的股东对公司都是有限责任。

（二）无限责任公司、两合公司、股份两合公司和承担有限责任的公司

按股东所承担的责任形式划分，公司可以分为无限责任公司、两合公司、股份两合公司和承担有限责任的公司。由于我国公司法没有规定无限责任公司、两合公司和股份两合公司，因此这种划分是一种理论上的划分。

无限责任公司或称无限公司，是指全体股东就公司的债务对公司的债权人负无限连带责任的公司。两合公司，是指一部分股东对公司债务负无限责任，而另一部分股东对公司债务仅负有限责任的公司。股份两合公司，是指两合公司中负有限责任的股东按股份公司形式认购股份的公司。如果依照我国的法人制度来观察，上述公司是不具有法人资格的。

承担有限责任的公司即我国公司法规定的有限责任公司和股份有限公司，才是具有法人资格的公司。

（三）人合公司、资合公司和人合兼资合公司

根据公司信用标准的不同，可以将公司分为人合公司、资合公司、人合兼资合公司。这也是一种理论上的分类。

人合公司，是指以股东信用为基础的公司，也就是以股东的一般财产作为对外交易担保的公司。无限责任公司是最典型的人合公司，其对外信用不取决于公司的资本多少，而取决于股东的个人信用如何。人合公司类似于我国的合伙企业。

资合公司，是指以公司财产为其信用基础的公司，也就是以公司的一般财产（责任财产）作为对外交易担保的公司。股份有限公司是最典型的资合公司，有限责任公司也是资合公司。

人合兼资合公司，是指兼有股东的信用和公司本身信用两种因素的公司。两合公司属于这种公司。

（四）封闭型公司和开放型公司

封闭型公司又称为不公开公司、私公司、少数人公司或不上市公司。这种公司的特点

是：公司股份仅向一定范围的股东发行，而不能在证券交易所公开向社会发行，其股份不能在公开的市场（证券市场）上自由转让。封闭型公司的财务状况、经营状况不向社会公开。我国公司法规定的有限责任公司和不上市公司是封闭型公司。

开放型公司又称公开公司、多数人公司。我国的开放型公司专指上市的股份有限公司（上市公司）。这种公司的特点是：可以公开招募股东，其股票可以在股票交易所挂牌并公开进行集中竞价交易。开放型公司的财务状况、经营状况等必须向社会公开。

（五）一般法上的公司和特别法上的公司

一般法上的公司是指仅受《公司法》管辖的公司。特别法上的公司是指除《公司法》外，还受其他特别法管辖的公司。保险公司、商业银行和外商投资公司等是特别法上的公司。例如，《商业银行法》第 2 条规定："本法所称的商业银行是指依照本法和《中华人民共和国公司法》设立的吸收公众存款、发放贷款、办理结算等业务的企业法人。"

（六）本国公司和外国公司

根据公司的国籍可分为本国公司、外国公司。本国公司，是指具有本国国籍的公司。在我国境内经批准、登记设立的公司，都具有中国国籍，都是本国公司。如在中国境内设立的中外合资的公司就是本国公司。在中国境内设立的外资企业公司，虽然它的全部资本都是外国人投入的，但它具有中国国籍，是本国公司。

外国公司是相较本国公司而言的，"本法所称外国公司，是指依照外国法律在中华人民共和国境外设立的公司"（第 243 条）。外国公司可以在我国设立分支机构。

（七）母公司和子公司

根据一个公司对另一个公司的控制关系和依附关系，可以分为母公司和子公司。母公司与子公司是投资和被投资的关系，但当前公司法理论对母、子公司的考察主要是从控制与依附关系的角度来看的。母公司是一种控制性公司，凡拥有另一公司半数以上股权，并通过股权直接掌握其经营的公司就是母公司。母公司和控股公司的概念很相近，有时通用。"公司可以设立子公司。子公司具有法人资格，依法独立承担民事责任"（第 13 条第 1 款）。子公司是被母公司控制多数股权的公司。子公司有独立的法人资格。

提问：母公司可以有几个子公司？

答：法律对此没有限制，一个母公司可以有多个子公司。

五、关于总公司和分公司

总公司（本公司）与分公司并不是公司的一种分类，因为分公司不是公司，只是公司内部的一个组成部分、一个分支机构。

分公司具有经营资格，需要办理登记，领取营业执照。"公司可以设立分公司。分公司不具有法人资格，其民事责任由公司承担"（第 13 条第 2 款）。分公司可以自己的名义独立地订立合同，也可以自己的名义参加诉讼，可以成为诉讼中的原告或者被告。但分公司不能独立承担财产责任，当它的财产不足以抵偿债务时，应由总公司（本公司）清偿。

提问：（1）母公司租赁房屋，子公司对其租金债务提供担保，是否可以？（2）甲公司欠乙公司500万元货款，由自己的分公司丙作为保证人提供担保，是否可以？（3）甲公司向乙公司借款600万元，甲公司将自己的分公司丙使用的一台车床交付给乙公司，提供质押担保，是否可以？

答：（1）可以。母公司与子公司都有独立的法人资格，子公司可以为母公司的债务提供担保，母公司也可以为子公司的债务提供担保。（2）不可以。保证人须独立于债务人，保证人的财产须独立于债务人的财产。丙公司是甲公司的分公司，是甲公司的分支机构，没有法人资格，丙公司占有、使用的财产，是甲公司的财产。丙公司为甲公司提供保证，保证无效。（3）可以。分公司没有独立的财产，分公司丙使用的车床就是甲公司的车床，甲公司将自己的车床质押给乙公司，法律自然允许。

参考案例2-1

法国人丹妮和美国人泰尔各出资50万美元，按我国法律规定在上海注册了一家公司，公司名称中有“有限公司”的字样，公司章程规定各方以出资额为限对公司债务承担责任，后该公司又在北京注册了一家分公司。问：该公司属于何种公司类别？

——从上述情况分析，该公司属于中国公司（依照中国法律在中国境内设立），而非外国公司；是特别法上的公司（外资公司），而非一般法上的公司；是有限责任公司，而非股份有限公司；是设有分公司的公司，相对于北京的分公司，上海的公司称为总公司或者本公司。

第二节　公司的名称、住所、章程和资本

一、公司名称

（一）公司名称的含义和组成

名称是主体相互之间区别的标志。公司具有独立的人格（主体资格），对外以自己的名义进行民事活动。拥有独立的名称，是公司具有法人资格的条件之一。公司的名称是公司章程的绝对必要记载事项，同时也是公司登记注册的事项。公司只允许使用一个名称，在登记主管机关辖区内不得与已经登记注册的同行业企业名称相同或者近似。

“企业名称由行政区划名称、字号、行业或者经营特点、组织形式组成。跨省、自治区、直辖市经营的企业，其名称可以不含行政区划名称；跨行业综合经营的企业，其名称可以不含行业或者经营特点”（《企业名称登记管理规定》第6条）。公司名称由以下部分依次组成：字号（或者商号）；行业或者经营特点；组织形式。同时，公司名称应当冠以公司所在省（包括自治区、直辖市）或者市（包括自治州）或者县（包括市辖区）行政区划名称。如“江苏公正会计师事务所有限责任公司”。全国性公司和符合条件经批准使用“中国”“中华”“国际”字样的公司，可以不使用地方行政区划名称。

从无形财产的角度看，公司名称的核心是字号（或商号）。它代表了公司商业信誉，

是公司的知识产权。它不但受《公司法》的保护，还受《反不正当竞争法》等法律的保护。

（二）公司名称必须标明的字样

“依照本法设立的有限责任公司，应当在公司名称中标明有限责任公司或者有限公司字样。依照本法设立的股份有限公司，应当在公司名称中标明股份有限公司或者股份公司字样”（第 7 条）。这种标明的要求，是强制性的。在公司名称中标明的字样，关键是“有限”两个字，实质上是向社会公示股东的有限责任。

（三）公司的名称权

“公司应当有自己的名称。公司名称应当符合国家有关规定。公司的名称权受法律保护”（第 6 条）。公司的名称权，是指公司对其名称享有的独立、排他的权利。[①]

公司的名称权是一种人格权，因为它是公司取得和维持法人人格的必要条件。公司的名称权可以为公司带来利益，具有市场价值，具有可转让性。

参考案例 2-2

铁将军锁业有限责任公司在某市工商局（现为市场监督管理局）登记注册后，生产铁将军牌门锁。两年后，市场上出现一种铁匠军锁业有限责任公司制造的门锁。经查，铁匠军锁业有限责任公司在该市同一登记机关登记注册，但晚了两年。两家公司的名称有一字之差。请问：铁将军锁业有限公司能否以维护名称权为由请求撤销铁匠军锁业有限责任公司的名称？

——公司名称经登记注册后，即取得该名称的专用权，在法律上具有排他的效力。根据《企业名称登记管理规定》，公司的名称权的排他范围是相当有限的，在同一登记机关辖区内，同行业的企业不能有相同或者类似的名称。本案中，两家公司在同一登记机关的辖区内，而且处于同一行业，名称相似，因此先登记的铁将军锁业有限公司有权请求撤销铁匠军锁业有限责任公司的名称。

二、公司住所

（一）公司住所的概念

“公司以其主要办事机构所在地为住所”（第 8 条）。公司的住所是公司进行营业活动的基本场所，也是公司地理位置的表现。

（二）公司住所的意义

1. 住所是行政地域管辖的一项依据

“市场主体只能登记一个住所或者主要经营场所”（《市场主体登记管理条例》第 11 条第 1 款）。政府依据法律对市场进行管理，包括对市场主体的管理，对公司的设立、变更、终止等行为的管理，对产品质量的管理，对竞争行为、广告行为等的监督，都涉及行政管辖的问题，而住所是行政地域管辖的一个依据。住所对应具体的行政管理机关。

2. 住所是诉讼管辖的一项依据

公司对外进行交易，会与他人产生民事争议，会与他人发生民事诉讼行为。住所是确

---

① 《民法典》第 110 条第 2 款规定：“法人、非法人组织享有名称权、名誉权和荣誉权。”

立诉讼管辖法院的一个法定依据。例如，《民事诉讼法》第 22 条第 2 款规定："对法人或者其他组织提起的民事诉讼，由被告住所地人民法院管辖。"第 24 条规定："因合同纠纷提起的诉讼，由被告住所地或者合同履行地人民法院管辖。"

3. 住所可以决定债务履行的地点

一般债务履行地由当事人约定，但有时债务履行地点并不明确，就需要根据住所来确定履行地。"履行地点不明确，给付货币的，在接受货币一方所在地履行；交付不动产的，在不动产所在地履行；其他标的，在履行义务一方所在地履行"（《民法典》第 511 条第 3 项）。法律条文中的"所在地"就是住所。

4. 在涉外案件中，住所还可以作为适用法律的根据

例如，涉外合同的当事人可以选择处理合同争议所适用的法律，但法律另有规定的除外。涉外合同的当事人没有选择的，适用与合同有最密切联系的国家的法律。"住所"，就是与合同有最密切联系的因素之一。

三、公司章程

（一）公司章程的概念和特征

1. 公司章程的概念

公司章程，是规定公司名称、宗旨、资本、组织机构等对内、对外事务，调整公司内部组织关系和经营行为的自治性文件。章程是公司的行为规范。章程记载的事项，反映了公司的类型、目的、规模、营业范围等重要内容。公司章程是公司必备的文件，由发起设立公司的投资者制定，对公司及公司的股东、董事、监事、高级管理人员具有约束力。

2. 公司章程的特征

（1）公司章程的法定性。

公司章程的法定性有多种含义：一是指章程为公司必备的规范性文件；二是指章程必须依法制定，章程的内容和制定、修改的程序都要符合法律要求；三是指章程的约束力由法律规定，当事人（公司、股东、董事、监事、高级管理人员）都必须遵守，不得违反。

（2）公司章程的自治性。

章程作为公司的行为规范，是由公司依法自行制定的，是股东共同意志的体现，是公司运作的根据。章程除了反映公司法的一般要求外，还反映出对本公司的特殊要求。这种特殊要求，就是公司自治性的体现。我国公司法秉持了为公司实现章程自治提供充足空间的理念，鼓励不同公司按照自身情况制定内部运行规则。

（3）公司章程的公开性。

公司章程的公开性体现为：章程不仅要对投资者、公司管理人员和职工公开，还要对公司债权人和社会公众公开。有限责任公司和股份有限公司的章程都具有公开性，但是法律对股份有限公司章程的公开性要求更为严格。"股份有限公司应当将公司章程、股东名册、股东会会议记录、董事会会议记录、监事会会议记录、财务会计报告、债券持有人名册置备于本公司"（第 109 条）。这样要求，是为了方便利害关系人及社会公众随时查阅。

（二）公司章程的订立、生效和失效

1. 公司章程的订立

"设立有限责任公司，应当由股东共同制定公司章程"（第 45 条）。"设立股份有限公

司，应当由发起人共同制订公司章程”（第 94 条）。公司章程采用书面形式，后加入公司的股东，视为同意接受章程。

2. 公司章程的生效和失效

就原始的公司章程而言，公司章程的签字、盖章之日或者经成立大会通过之日，并非章程的生效之日；公司的成立之日，为公司章程的生效之日。

就变更的公司章程而言，股东会依法作出修改公司章程的决议之日，变更的公司章程发生效力，但未经登记不能对抗善意第三人。

公司章程的时间效力一般认为与公司的存续期间保持一致，公司章程会随着公司的终止而失效。需要注意的是，当公司进入解散和清算程序时，章程并未失效，章程中有关公司的解散与清算内容仍然对公司具有约束力。

（三）公司章程的内容

公司章程的内容，是指章程记载包含的事项。理论上，把公司章程记载的事项分为绝对必要记载事项、相对必要记载事项和任意记载事项。

1. 绝对必要记载事项

绝对必要记载事项，是指法律规定必须记载的事项。如果绝对必要记载事项有所欠缺或者违法，章程就不能生效，公司不能成立。公司的名称和住所、经营范围、法定代表人、发行股份总数和注册资本、发起人姓名是公司章程的绝对必要记载事项。

2. 相对必要记载事项

相对必要记载事项，是指法律列举的某些事项，但这些事项是否载入公司章程，由章程制定者决定。相对必要记载事项如未载入章程，就不发生效力。法律规定相对必要记载事项，是为了给当事人提供指导。相对必要记载事项有分公司的设立等。

3. 任意记载事项

任意记载事项，是指法律并无强制性和指导性的明文规定，任由当事人记载的事项。当然，任意记载事项不得违法。如董事、经理、监事的报酬等就属于任意记载事项。

（四）公司章程的约束力

“设立公司应当依法制定公司章程。公司章程对公司、股东、董事、监事、高级管理人员具有约束力”（第 5 条）。“公司的经营范围由公司章程规定。公司可以修改公司章程，变更经营范围。公司的经营范围中属于法律、行政法规规定须经批准的项目，应当依法经过批准”（第 9 条）。

公司章程的约束力表现在以下几个方面：

（1）公司章程虽由股东制定，但公司章程对公司、股东、董事、监事、高级管理人员均具有约束力。上述主体应当按照章程的规定进行活动。在这里，高级管理人员，是指公司的经理、副经理、财务负责人，上市公司的董事会秘书和公司章程规定的其他人员。

公司章程约束力判例要点

（2）公司章程规定了经营范围。经营范围也是公司宗旨和行为能力、缔约能力的体现。按章程规定的经营范围进行交易活动，是公司守法的一种体现，也是保护股东利益的需要。超范围经营脱离了股东的共同意志，增加了经营上的风险。但为了保护相对人的利益，公司超越经营范围订立合同，人民法院一般不因此认定合同无效，但违反国家限制经营、特许经营以及禁止经营的除外。

（3）公司章程是公司设立必备的文件，所以在理论上有“章程产生公司”的说法。公司章程是股东的共同意志，本质上是股东之间的合同，公司就是基于股东的合意、股东的共同意志产生的。当然，一人公司与国有独资公司也须有章程。

参考案例 2-3

甲公司与乙公司签订了一项技术开发合同，约定甲、乙合作开发一项高分子蛋白分离技术。由于人手不够、设备落后，甲公司不能履行义务，欲解除合同，乙公司不允，并要求甲公司承担违约责任。法庭调查中，甲公司提出：“甲公司章程中规定的经营范围是生物技术的咨询、服务。甲与乙签订的合同超越了章程规定的经营范围，因此应判定该合同无效。”问：甲公司与乙公司签订的技术开发合同是否有效？

——当事人在成立公司之前，享有充分的自由去选择公司的经营范围，而一旦在章程中规定了确定的经营范围后，该经营范围便对公司具有约束力，公司应当按照章程的规定进行活动。但是，当公司超越经营范围进行交易活动时，该经营范围能否约束与公司交易的相对人呢？能否据此否定合同的效力呢？现代各国公司法对此普遍持否定态度。《民法典》第 505 条也规定，当事人超越经营范围订立的合同的效力，应当依照《民法典》总则编第六章第三节“民事法律行为的效力”和合同编的有关规定确定，不得仅以超越经营范围确认合同无效。

（五）公司章程的变更

公司章程的变更是指股东对已经生效的公司章程的修改。章程产生公司；章程规范公司，是公司的自治法；同时，章程又是公司存续的重要因素。因此，章程不能任意变更。但是公司作为市场主体，遇到内外因素的变化是正常的事情，不能以不变应万变。禁止公司修改章程，显然不符合实际，且对公司的发展不利。所以，应当允许公司依照法定的条件和程序修改章程。

“股东会作出修改公司章程、增加或者减少注册资本的决议，以及公司合并、分立、解散或者变更公司形式的决议，应当经代表三分之二以上表决权的股东通过”（第 66 条第 3 款）。“股东会作出修改公司章程、增加或者减少注册资本的决议，以及公司合并、分立、解散或者变更公司形式的决议，应当经出席会议的股东所持表决权的三分之二以上通过”（第 116 条第 3 款）。由此可见，公司章程的修改权属于公司股东会。

1. 公司章程变更的原因

（1）公司住所变更；

（2）公司名称变更；

（3）公司董事、监事组成变更；

（4）公司注册资本变更；

（5）公司经营范围变更；

（6）其他重大变更。

对公司章程变更的范围，我国公司法并未作限制。不论是绝对必要记载事项、相对必要记载事项还是任意记载事项，只要有变更的需要都可以进行变更。

2. 公司章程变更的要求

(1) 内容合法。

内容合法要求变更后的内容不得与法律、行政法规的强制性规定冲突；不得损害国家利益和社会公共利益；不得损害中小股东利益和他人利益。因为章程的变更，须经代表2/3以上表决权（资本的绝对多数）的股东通过（见第66条第3款及第116条第3款）。大股东有可能操纵公司章程的修改，损害中小股东特别是小股东的利益。利益受到损害的股东可以通过诉讼的方式维护自己的利益。

(2) 程序合法。

章程变更要按照一定的程序进行，一般包括以下几个步骤：

第一，一般由董事会根据股东的意见提出修改章程的议案，章程修改可以是股东的提议，也可以是董事会的提议，但议案一般是由董事会草拟并提出的。

第二，董事会将议案提前送达股东，以便股东审查。

第三，由股东会会议表决通过。章程是股东的共同意志，最终应取得股东的认可。

第四，向公司登记机关（市场监督管理局）提交修改后的章程。章程变更不是独立的变更事项，但公司变更登记事项涉及修改公司章程的，应当提交修改后的公司章程。

(3) 保持同一性。

对章程的修改，是对章程部分内容的调整。如果利用章程的变更，将一个公司实质上转变成另外一个公司，那就不是章程的变更了，而是重新制定章程。所以，保持同一性既是保持章程的同一性，也是保持公司的同一性。

四、公司资本

(一) 公司资本的含义

狭义的公司资本又称股本，是指公司章程确定的并由股东出资构成的公司法人财产的总额。公司一经注册成立，就合法地拥有了由股东出资构成的公司法人财产，而股东用于出资的财产的所有权转化为股权。公司资本是公司信用的基础。应当指出，并非所有的股东出资都构成公司资本，如溢价发行股份时的溢价部分就不计入股本，而列入公司资本公积金。广义的公司资本包括股本和公司资本公积金。

公司资本是公司开展经营活动的物质基础，也是公司对外承担财产责任的物质基础。

我国公司法视野下的公司资本强调的是公司的注册资本，有限责任公司的注册资本是在公司登记机关登记的全体股东认缴的出资额；股份有限公司的注册资本是在公司登记机关登记的已发行股份的股本总额（见第47条第1款、第96条第1款）。

(二) 与公司资本相关的几个概念

1. 公司资产

从实践情况和有关论著来看，“公司资产”经常在两种不同的意义上使用：一种是经济学意义上的公司资产，另一种是法律意义上的公司资产。

经济学意义上的公司资产是指可供公司支配的公司全部资产。它既包括由股东出资构成的公司自有财产——公司资本，也包括借入形成的财产（公司对外发行的债券、向银行贷款等）以及其他股东权益。这样看来，公司资产是个外延比公司资本宽泛得多的概念。一般而言，这种意义上的公司资产往往高于公司资本。但如果公司经营管理不善、亏损严重时，则可能出现公司资产低于公司资本的情况。我们可以将公司资产简化成如图 2-1 所示的模式。

公司资产
- 公司资本
- 向银行借贷、发行公司债券等形成的财产

图 2-1 经济学意义上的公司资产

法律意义上的公司资产是指以公司注册资本为基础形成的公司自有财产，不包括其他可供支配的财产。从公司资产的内容来看，既包括有形资产（如货币、房屋等），也包括无形资产（如工业产权等）。资产的主要来源包括股东出资、公司的外部负债、公司的资产收益和经营收益。在资产负债表中，资产与负债是两个关键组成部分，二者呈反向互动关系，公司负债的增减直接影响公司资产的相应增减。

公司资产是公司对外承担责任的财产。“公司以其全部财产对公司的债务承担责任”（第 3 条第 1 款）。该条文所说的财产是公司资产。由于经营管理的原因和其他原因，公司的资产可能高于公司的注册资本（如有公积金的情况下），也可能低于公司的注册资本（如亏损的情况下）。

2. 股本

股本是份额化的公司资本，全称股份资本，是公司章程所确定的由股东认购股份出资所构成的公司财产总额。股本的最小单位和总额都用货币来表示。在我国，股本的总额也就是注册资本的总额。

3. 注册资本

注册资本，也可称为账面资本、核定资本，是指记载于公司章程、登记于公司登记机关、公司全体股东认缴的出资或实收股本总额。对于有限责任公司，注册资本为在公司登记机关登记的全体股东认缴的出资额（见第 47 条第 1 款）。对于股份有限公司，注册资本为在公司登记机关登记的已发行股份的股本总额（见第 96 条第 1 款）。

值得注意的是，对于有限责任公司的注册资本，《公司法》要求：“全体股东认缴的出资额由股东按照公司章程的规定自公司成立之日起五年内缴足。法律、行政法规以及国务院决定对有限责任公司注册资本实缴、注册资本最低限额、股东出资期限另有规定的，从其规定”（第 47 条）。对于股份有限公司的注册资本，《公司法》要求：“发起人应当在公司成立前按照其认购的股份全额缴纳股款”（第 98 条第 1 款）。“向社会公开募集股份的股款缴足后，应当经依法设立的验资机构验资并出具证明”（第 101 条）。由此可见，《公司法》对发起设立的股份有限公司和募集设立的股份有限公司均采用了实缴制。

注册资本限期实缴制热点分析

4. 实缴资本

实缴资本又称为实收资本或已缴资本，是指公司发行股份，由出资人认缴，公司实际收到的出资总额。与实缴资本相对应的是待缴资本（又称催缴资本），是指公司已经发行、股东已经认购但尚未支付的资本部分。待缴资本在本质上已经成为公司应当取得的财产，公司有权利要求股东缴纳，股东亦负有义务向公司缴纳。

（三）公司资本的构成

公司资本由股东出资构成。有限责任公司和股份有限公司的发起人可以货币、实物、知识产权、土地使用权、股权、债权等出资。股份有限公司的募集认股人只能以货币出资。

第三节　公司的权利能力、行为能力及法定代表人

一、公司的权利能力

（一）公司权利能力的含义

"法人是具有民事权利能力和民事行为能力，依法独立享有民事权利和承担民事义务的组织"（《民法典》第57条）。公司是法人，具有民事权利能力和民事行为能力。公司权利能力，是指公司作为"人"（主体），依法独立享有权利和承担义务的资格。这种资格使公司成为合法、合格的民事主体、市场主体。权利能力是公司享有权利、承担义务的前提。公司的权利能力的起始时间与终止时间，与自然人相比是类同的。自然人的权利能力始于出生，公司的权利能力始于成立；自然人的权利能力终于死亡，公司的权利能力终于公司的终止。公司营业执照签发日期，为公司成立日期；注销登记之时，为公司终止之时。

（二）公司权利能力的限制

公司作为法人，在法律规定的限度内享有权利、承担义务。但专属于自然人的权利、义务，公司不能享有和承担，法人与自然人虽都具有人格（主体资格），但在本质上有所不同。

1. 性质上的限制

性质上的限制，是指专属于自然人的权利、义务，公司不得享有和承担。所谓专属于自然人的权利和义务，是指以自然人的生命、身体、身份的存在为基础或者为条件而言的。如专属于自然人的生命权、健康权、婚姻权、继承权、抚养权等，公司不能享有，也无须享有。但公司侵犯了自然人的上述权利，依法应当承担侵权责任。除专属于自然人的权利以外，公司也与自然人一样，可以享有名称权、名誉权和财产权等。例如，甲公司的股东钱某死亡，甲公司不能当然继承钱某的财产，因为钱某财产的继承人是钱某的亲属，是自然人，但如果钱某在生前有遗嘱，将财产遗赠给甲公司，甲公司有接受遗赠财产的权利。因为遗赠财产的取得并不以自然人的身份为前提，法人也可以享有。再如，李某诋毁乙公司的商业声誉，乙公司可以要求李某道歉，并要求赔偿损失，但不能要求李某赔偿精神抚慰金，因为公司没有与自然人一样的"精神"。

2. 法律上的限制

公司的权利能力为法律所赋予，也可以被法律所限制。法律上的限制主要体现在以下两个方面：

（1）法律明文予以限制。如《公司法》禁止违反法律、行政法规的规定代持上市公司股票。再如《公司法》对转投资的限制、对公司提供担保的限制、对公司借贷的限制等。

（2）法律规定须经批准而未经批准。如法律规定限制经营（如稀缺资源）和特许经营

（如金融业务的许可）的项目，须经政府主管部门批准，未经批准，即使公司章程有记载，公司也不具备此项能力。

（三）关于转投资

1. 转投资概述

转投资，是指公司投资于其他企业的行为。“公司可以向其他企业投资”（第 14 条第 1 款）。转投资的意义如下：

（1）公司通过转投资，可以产生母子公司等，借此可以形成稳固的企业集团，发展规模经济。公司通过转投资，可以将资本进入盈利空间较大、发展较快的行业，而仅以有限责任的地位承担以投资额为限的风险。

（2）转投资是公司实现横向联合的一种有效方式，公司通过转投资可以控制、支配较多的资本。例如，甲公司与乙公司、丙公司、张三四个股东成立丁公司，注册资本 100 万元，甲公司的出资占丁公司的 51%，那么，甲公司作为大股东控制的资本已经超过了自己所投入的资本。

2. 转投资的限制

转投资适用“法无禁止即自由”的原则。“法律规定公司不得成为对所投资企业的债务承担连带责任的出资人的，从其规定”（第 14 条第 2 款）。例如，甲公司对乙公司投资，乙欠丙货款 500 万元，对该 500 万元债务，甲不承担连带责任，则甲公司对乙公司的投资没有限制。再如，甲公司对乙合伙企业投资，成为乙的普通合伙人，乙欠丙、丁等人租金 300 万元，则甲对该 300 万元承担连带责任。这时就要看法律对这类投资有无禁止性规定，如果有，就不得投资。如果甲公司可以对乙合伙企业转投资（出资），成为合伙企业的有限合伙人，则不受限制。①

（四）关于公司担保

公司担保，是指公司以保证、抵押或者质押的方式，为他人债务的履行提供的担保。公司与他人之间，会有协作或者其他往来，为他人提供担保也是经济活动中常见的现象。公司有担保的权利能力，但有内部程序的限制。

（五）转投资和公司为他人提供担保的内部程序

转投资和公司为他人提供担保，有严格的内部程序。“公司向其他企业投资或者为他人提供担保，按照公司章程的规定，由董事会或者股东会决议；公司章程对投资或者担保的总额及单项投资或者担保的数额有限额规定的，不得超过规定的限额。公司为公司股东或者实际控制人提供担保的，应当经股东会决议。前款规定的股东或者受前款规定的实际控制人支配的股东，不得参加前款规定事项的表决。该项表决由出席会议的其他股东所持表决权的过半数通过”（第 15 条）。

（1）转投资、为他人提供担保，须经董事会或股东会作出决议。具体是由董事会作出决议还是由股东会作出决议，由公司章程事先作出规定。

（2）公司章程对转投资和担保规定限额的，不得超过限额。限额可以是对投资总额或投资单项的限制；也可以是对担保总额或者单项担保数额的限制。

---

① 《合伙企业法》第 3 条规定：“国有独资公司、国有企业、上市公司以及公益性的事业单位、社会团体不得成为普通合伙人。”

（3）为股东、实际控制人提供担保，只能由股东会作出决议，不能由董事会作出决议。被担保的股东或被担保的实际控制人所支配的股东，不得参加表决。实际控制人，是指虽不是公司的股东，但通过投资关系、协议或者其他安排，能够实际支配公司行为的人。简而言之，实际控制人可以是自然人，也可以是法人或非法人组织。有的公司有实际控制人，有的公司没有。

越权担保
判例要点

二、公司的行为能力

公司的行为能力，是指公司能够独立地为意思表示，以自己的行为独立享有权利和承担义务的能力。公司作为法人，开展营利活动，自当有行为能力。

权利能力是一种资格，而行为能力是真正的能力。公司的行为能力、权利能力同时产生，也同时终止。公司行为能力的范围与公司权利能力的范围相一致。因此，公司权利能力所受到的限制，也是公司行为能力所受到的限制。

公司与自然人在行为能力上存在差异，公司的行为能力是通过代表机关（法定代表人）来实现的。

三、公司的法定代表人

（一）法定代表人概述

“依照法律或者法人章程的规定，代表法人从事民事活动的负责人，为法人的法定代表人”（《民法典》第 61 条第 1 款）。

法定代表人之“法定”，是指法律作出规定或者由法律授权确定。法定代表人是公司的代表机关。公司与法定代表人之间属于委托合同关系。

“公司的法定代表人按照公司章程的规定，由代表公司执行公司事务的董事或者经理担任。担任法定代表人的董事或者经理辞任的，视为同时辞去法定代表人。法定代表人辞任的，公司应当在法定代表人辞任之日起三十日内确定新的法定代表人”（第 10 条）。

（1）我国法人（包括公司）的法定代表人是一个自然人，不能由法人或者非法人组织担任。

（2）代表与代理不同。法定代表人由一人担任，代理人可以是一人（单独代理），也可以是二人以上（共同代理）；法定代表人只能是自然人，代理人可以是自然人、法人、非法人组织。

（3）法定代表人由董事或者经理担任，这个范围不能扩大，找董事或经理以外的人挂名法定代表人是不允许的。实务中，有的公司由董事长或执行董事担任法定代表人，有的公司由总经理担任法定代表人。

（4）法定代表人可以自主辞任。担任法定代表人的董事或者经理辞去董事或者经理职务的，视为同时辞去法定代表人。法定代表人也可以单独辞去法定代表人而保留董事或者经理职务。法定代表人辞任的，公司应当在法定代表人辞任之日起 30 日内确定新的法定代表人，此称为强制补任。

（二）法定代表人从事民事活动的后果

“法定代表人以公司名义从事的民事活动，其法律后果由公司承受”（第 11 条第 1

款）。理论上认为，法定代表人是法人的代表机关，因此法定代表人的职务行为即是法人的行为，法人的行为能力通过法定代表人实现。

（1）公司法定代表人，依照公司的意思，以公司的名义对外进行民事活动，为公司取得权利和承担义务。在公司的权利能力范围内，法定代表人所表示的意思就是公司的意思，所实施的法律行为就是公司的法律行为。公司法定代表人的代表权，也受到法律和公司章程的限制。

（2）代理人以法人（被代理人）的名义签订合同，要么加盖法人的公章，要么向相对人提供授权委托书，而法定代表人签订合同，由其签字即可，是否加盖公章，不必然影响民事法律行为的效力，也无须提供授权委托书。《民法典合同编通则解释》第 22 条第 2 款亦对此作出了明确规定："合同系以法人、非法人组织的名义订立，但是仅有法定代表人、负责人或者工作人员签名或者按指印而未加盖法人、非法人组织的印章，相对人能够证明法定代表人、负责人或者工作人员在订立合同时未超越权限的，人民法院应当认定合同对法人、非法人组织发生效力。但是，当事人约定以加盖印章作为合同成立条件的除外。"

（3）法定代表人以法人名义从事的民事活动，法定代表人个人并不承担责任，但有特别规定的除外。例如，《最高人民法院关于审理民间借贷案件适用法律若干问题的规定》第 22 条规定："法人的法定代表人或者非法人组织的负责人以单位名义与出借人签订民间借贷合同，有证据证明所借款项系法定代表人或者负责人个人使用，出借人请求将法定代表人或者负责人列为共同被告或者第三人的，人民法院应予准许。法人的法定代表人或者非法人组织的负责人以个人名义与出借人订立民间借贷合同，所借款项用于单位生产经营，出借人请求单位与个人共同承担责任的，人民法院应予支持。"上述规定表明，在特定情况下，法定代表人与法人可构成连带责任。

（三）表见代表

"表见"的文义是表面上看见，是指有权利外观。表见代表是法人或非法人组织代表人超越代表权实施代表行为，在相对人为善意时，被代表的法人或非法人组织应当承担后果的制度。

表见代表是代表人的无权代表行为；表见代理是代理人的无权代理行为。表见代表和表见代理发生效力，均须相对人为善意相对人。

"公司章程或者股东会对法定代表人职权的限制，不得对抗善意相对人"（第 11 条第 2 款）。善意相对人，是知道或者应当知道法定代表人超越权限的人。所谓"不得对抗善意相对人"，是指相对人为善意时，该代表行为有效。

参考案例 2－4

甲公司股东会授权甲公司董事长（法定代表人）签订 600 万元以下的合同，但董事长代表甲公司与善意的乙公司签订了 1 000 万元的合同。

——甲公司董事长虽然超越代表权，但因构成表见代表，合同有效。

（四）法定代表人职务行为产生的损害责任

"法定代表人因执行职务造成他人损害的，由公司承担民事责任。公司承担民事责任后，依照法律或者公司章程的规定，可以向有过错的法定代表人追偿”（第 11 条第 3 款）。[①]

判定法定代表人职务侵权行为应当首先识别该行为本身是否满足侵权的一般要件，即主观上行为人存在侵权的故意或过失，客观上存在侵权行为、发生了实际损害且损害与侵权行为之间存在因果关系。如法定代表人的行为满足一般侵权要件，则再判断法定代表人所实施的侵权行为是否与职务密切相关。此时应当区分法定代表人的职务行为和个人行为。职务行为才可视为代表行为，代表行为的法律后果应由被代表的法人承担。

如果法定代表人的行为与职务无关，只是其个人行为，则应由其个人承担责任。例如，A 公司的法定代表人张甲在上班路上驾驶汽车与李乙的车剐蹭发生冲突，张甲将李乙打伤，自应由张甲承担赔偿责任，A 公司并无民事责任。

判定是职务行为还是个人行为，关键要看两点：第一，要看以谁的名义对外发生法律关系，以法人（包括公司）的名义，应当认定为职务行为，以保护相对人的利益。例如，A 公司的法定代表人张甲以 A 公司的名义与 B 公司签订了买卖合同，实则为了自己的个人利益，但本质是表见职务行为，为保护交易安全，应按职务行为处理，即应由 A 公司承担合同的责任。第二，要看权利义务承受者是法人还是法定代表人个人。例如，C 公司与 D 公司签订了买卖合同，D 公司的法定代表人李乙签收了货款，应认定李乙的行为是职务行为，即是 D 公司收了货款。

第四节 公司职工权益保护、党的组织

一、公司职工权益保护

保护职工的合法权益，是公司必须承担的法定义务。“公司应当保护职工的合法权益，依法与职工签订劳动合同，参加社会保险，加强劳动保护，实现安全生产。公司应当采用多种形式，加强公司职工的职业教育和岗位培训，提高职工素质”（第 16 条）。公司应当依照《中华人民共和国劳动法》和《中华人民共和国劳动合同法》的规定，与职工签订劳动合同，确定双方的权利和义务。公司还应当重视和加强劳动保护、安全生产及教育与培训工作。

公司职工的利益还可通过工会来保护。“公司职工依照《中华人民共和国工会法》组织工会，开展工会活动，维护职工合法权益。公司应当为本公司工会提供必要的活动条件。公司工会代表职工就职工的劳动报酬、工作时间、休息休假、劳动安全卫生和保险福利等事项依法与公司签订集体合同”（第 17 条第 1 款）。集体合同，是劳动者的代表，代表集体劳动者与用人企业签订的书面协议。集体合同的效力高于劳动合同的效力。职工个人与企业签订的劳动合同中规定的劳动条件和劳动报酬等标准不得低于集体合同的规定。

职工有权参与民主管理，民主管理也是实现职工权益保护的途径。“公司依照宪法和有关法律的规定，建立健全以职工代表大会为基本形式的民主管理制度，通过职工代表大

---

① 本条吸收了《民法典》第 62 条的规定：“法定代表人因执行职务造成他人损害的，由法人承担民事责任。法人承担民事责任后，依照法律或者法人章程的规定，可以向有过错的法定代表人追偿。”

会或者其他形式，实行民主管理”（第 17 条第 2 款）。

“公司研究决定改制、解散、申请破产以及经营方面的重大问题、制定重要的规章制度时，应当听取公司工会的意见，并通过职工代表大会或者其他形式听取职工的意见和建议”（第 17 条第 3 款）。这是在公司发生重大变化或变故时，在程序方面对职工利益提供的保障。

二、党的组织

中国共产党是执政党。“在公司中，根据中国共产党章程的规定，设立中国共产党的组织，开展党的活动。公司应当为党组织的活动提供必要条件”（第 18 条）。《中国共产党章程》第 30 条规定：“企业、农村、机关、学校、医院、科研院所、街道社区、社会组织、人民解放军连队和其他基层单位，凡是有正式党员三人以上的，都应当成立党的基层组织。党的基层组织，根据工作需要和党员人数，经上级党组织批准，分别设立党的基层委员会、总支部委员会、支部委员会。基层委员会由党员大会或代表大会选举产生，总支部委员会和支部委员会由党员大会选举产生，提出委员候选人要广泛征求党员和群众的意见。”

党的基层组织应贯彻党的方针政策，引导和监督公司遵守国家的法律法规，领导工会、共青团等群众组织，团结凝聚职工群众，维护各方的合法权益，促进公司健康发展。

第五节　公司人格的滥用和否定

一、公司的人格

民事法律理论上的人格，是指主体资格。公司的人格，是指由法律承认的公司的主体资格。公司是企业法人。法人是指自然人之外，由自然人根据法律拟制的人。其为“人”，具有法律意义和形式意义，使其能够成为权利义务的主体。公司具有人格，表明它能够独立地对外为意思表示，独立地参加法律关系，独立地对外承担责任。

二、公司人格的滥用

在实践中，一些公司滥用公司人格，侵害公司债权人的利益，甚至侵害社会公共利益。在公司法人制度中，公司与股东是财产和责任相互分离的两类主体。股东基于对公司的出资，产生了相应的权利（决策权等），股东出于追逐利益的目的，可能会滥用权利进行不正当行为。例如，虚假出资，利用空壳公司进行欺诈性经营等。股东可能利用公司的法人地位，以公司是独立法人为理由，逃避法定或者约定的义务。公司成了从事非法行为股东的“挡箭牌”（“挡箭牌”与外国公司法理论所说的“面纱”意义相同），真正的债务人股东可以隐身于公司这个“挡箭牌”之后。也就是说，从事违法行为的股东，会以公司独立承担责任为由逃避自己的责任。

三、公司人格的否定

（一）公司人格否定的含义

公司人格的否定也称为公司法人人格的否定，是指在特定情况下否定公司的法人性，使公司股东直接面对公司债权人承担责任。公司人格的否定，体现了对公司债权人利益的保护。公司人格的否定，又被形象地表述为“揭开公司的面纱”。

公司法人人格的否定，是在具体案件中否认公司的法人性，并非永久否认其法人资格。它是“一时的否定”，不是“永久的否定”。在特定的情况下，让公司的股东也对公司的债权人承担责任，就是对公司人格的“一时的否定”。例如，股东抽逃出资，法院判决股东与公司一起对公司债权人承担连带责任，这是对公司法人人格的否定，但公司的法人资格并不消灭。股东对抽逃出资承担责任后，法人继续独立地对公司债务承担责任。

（二）《公司法》对公司人格否定的规定

1. 滥用公司独立地位和股东有限责任时的公司人格否定

“公司股东滥用公司法人独立地位和股东有限责任，逃避债务，严重损害公司债权人利益的，应当对公司债务承担连带责任”（第 23 条第 1 款）。该条款在理论上也被称为“纵向人格否认”条款。在原理上，纵向人格否认突破了公司人格的独立性与股东有限责任，当公司股东滥用公司法人独立地位和股东有限责任，逃避债务，严重损害公司债权人利益时，维持公司的独立人格和股东的有限责任已无必要，此时滥用权利的股东应当对公司债务承担连带责任。这种连带责任是直接连带，而非补充连带。从民事诉讼的角度，债权人可以同时列公司和滥用权利的股东为被告，要求二者对公司债务承担连带责任。

参考案例 2-5

甲是 A 公司的股东，抽逃注册资金 100 万元，乙是 A 公司的债权人，甲在抽逃资金的范围内与 A 公司对乙承担连带责任。也就是说，乙可以甲为被告提起民事诉讼，要求甲在 100 万元的范围内承担责任。

——在实体上，乙可以越过 A 公司直接向甲主张债权，双方具有债权债务关系，这是对 A 公司法人人格否认的结果。与此相适应，在程序上，乙可以甲为被告提起民事诉讼。如果乙对 A 公司有 200 万元债权，乙对甲也只能主张 100 万元的债权。

参考案例 2-6

张某、李某是夫妻，二人各出资 100 万元成立了 B 有限责任公司。公司成立后，长期进行欺诈性经营，并将收入转移到二人名下，公司账户上没有钱，而且公司对外欠债 500 多万元。

——应令张某、李某二人与 B 公司对公司债权人承担连带无限责任（对 B 公司人格的否认），即责任不能以出资额为限，这样才能真正实现法律公正、诚信的要求。

2. 同一股东持股控制两个以上关联公司滥用权利时的人格否定

股东利用其控制的两个以上公司，滥用公司法人独立地位和股东有限责任，逃避债务，严重损害公司债权人利益的，各公司应当对任一公司的债务承担连带责任（见第 23 条第 2 款）。该条款在理论上也被称为“横向人格否认”条款。在原理上，该条款扩张了人格否认制度的适用范围，与纵向人格否认制度不同，构成横向人格否认的公司之间并没有直接的持股与被持股的关系，而是由同一股东持股控制或实际控制。需要注意，横向

横向人格否认
判例要点

否认仅适用于个案，是“一时的否定”，不是“永久的否定”。在法律效果上，被同一股东控制的两个以上的公司对彼此的债务应当承担连带责任。

3. 一人公司股东财产与公司财产混同时的人格否定

“只有一个股东的公司，股东不能证明公司财产独立于股东自己的财产的，应当对公司债务承担连带责任”（第23条第3款）。这里的举证责任，由股东承担（举证责任倒置），不由公司和公司债权人承担。

参考案例2-7

张甲出资设立了一人有限责任公司，公司欠银行贷款500万元，到期无力偿还。银行发现股东张甲个人及其家庭的巨额花费，均在公司报销或由公司支付，即起诉张甲和公司，请求张甲和公司承担连带偿还贷款本息的责任。在诉讼过程中，张甲不能证明公司财产独立于自己的财产，法院判决张甲与公司承担连带责任。

——本应由公司向银行独立承担责任，股东不承担责任，但本案应认定股东张甲的财产与公司的财产发生混同，财产混同导致人格混同（主体资格混同），因此法院判决两个主体应当承担连带责任。这就是对公司人格“一时的否定”。

第六节　股东与公司的关系、关联关系

一、股东与公司的关系

（一）股东是公司的出资人，是公司的成员

股东是公司的出资人，股东因出资而享有对公司的股份。股东以出资额为限对公司承担责任。股东对公司承担有限责任，但是有法定的例外。

股东的存在，是公司存在的基础。一方面，股东是公司的成员（也称为社员），另一方面，股东与公司是不同的法律主体。

当事人可以通过直接向公司出资的方式成为股东，也可以通过间接方式向公司出资（受让股份）成为股东，还可以以其他方式（如继承）成为股东。以继承方式成为股东的，该股东本质上也是出资人。

（二）股东与公司的财产关系

这里所说的财产关系，是指股东与公司之间的产权关系。产权关系明晰，是现代企业的本质属性，也是其具有独立人格的物质基础，又是其能够独立发展的物质基础。公司的创立是基于股东的合意和出资行为，公司的创立，须股东达成创立公司、共同出资的合意。在股东出资完成后，出资的财产与之发生脱离，出资的财产转化为公司的财产，从而形成公司与股东的产权关系。

股东与公司的产权关系可以表述为：公司对股东投入的财产享有所有权和其他财产权，股东的出资是让渡所有权和其他财产权的行为，股东依出资而取得股权。股权是一种独立的财产形式。公司名下的财产由公司享有，股东以股权的形式对公司的财产享有产权。

（三）股东对公司的权利

1. 概述

股东对公司履行出资义务以后，对公司享有权利。股东对公司的权利，本质上是所有者的权利，这种权利的表现形式就是股权。股权的内容主要体现在以下三个方面：

（1）收益权。公司是股东的财产，股东创设公司是为了获取经济上的收益。收益权是通过对公司净收入的分红来实现的。

（2）资产净值权。公司对公司财产享有独立的权利，但若公司终止，人格消失，在满足所有债权后，公司的最终剩余财产就归股东所有，股东对剩余财产有按出资比例分配的权利。

（3）控制权。股东会是公司的权力机构，股东通过股东会的表决，形成共同的意志，以实现对公司的控制。股东的控制权被称为对公司最终控制权。

2. 分配利润案件

（1）分配利润案件的原告、被告。

请求分配利润，是股东收益权的体现。只有股东有权请求公司分配利润，因此，只能由股东作为原告向人民法院提起诉讼，公司为分配利润案件的被告。

提问：我与甲公司一起设立了乙有限责任公司。乙公司连年盈利，但乙公司无理拒绝我的分红请求。甲公司是大股东，控制了乙公司。我可以起诉甲公司请求分红吗？

答：请求分红，即请求分配利润，只能起诉乙公司，不能起诉股东甲公司。

（2）起诉的两种具体情况。

公司拒不分配利润，股东起诉的，有两种情况：一是公司作出了有具体分配方案的决议但是不执行决议，对此受损害的股东可以向人民法院提交决议，请求公司按照决议载明的具体分配方案向股东分配利润。二是公司没有作出分配利润决议，如果属于违反法律规定滥用股东权利导致公司不分配利润，受损害的股东可以请求人民法院判决分配利润。例如，某公司具备分配利润的条件，但大股东控制股东会，排斥小股东，不制作分配利润的方案，却给在公司任职的股东发放很高的报酬，变相分配公司利润。此种情况下，人民法院对其他股东分配利润的请求，应当予以支持。

3. 股东的知情权

股东的知情权是股东控制权的体现和保障。

（1）对股东知情权的规范。

有限责任公司股东知情权规范条款内容为："股东有权查阅、复制公司章程、股东名册、股东会会议记录、董事会会议决议、监事会会议决议和财务会计报告。股东可以要求查阅公司会计账簿、会计凭证。股东要求查阅公司会计账簿、会计凭证的，应当向公司提出书面请求，说明目的。公司有合理根据认为股东查阅会计账簿、会计凭证有不正当目的，可能损害公司合法利益的，可以拒绝提供查阅，并应当自股东提出书面请求之日起十五日内书面答复股东并说明理由。公司拒绝提供查阅的，股东可以向人民法院提起诉讼。股东查阅前款规定的材料，可以委托会计师事务所、律师事务所等中介机构进行。股东及其委托的会计师事务所、律师事务所等中介机构查阅、复制有关材料，应当遵守有关保护国家秘密、商业秘密、个人隐私、个人信息等法律、行政法规的规定。股东要求查阅、复制公司全资子公司相关材料的，适用前四款的规定”（第 57 条）。对公司的会计账簿、会计凭证只能查阅，不能复制。相较于 2018 年《公司法》，新修订的《公司法》新增了股东有权查阅、复制公司的股东名册；有权查阅公司的会计凭证，解决了长期以来股东能否查阅会计凭证的争议，有助于激活股东代表诉讼，保护中小股东的权益；明确了股东委托中介机构辅助行使查阅权的相关要求；新增了股东对全资子公司相关资料的查阅、复制权。

股份有限公司股东知情权规范条款内容为：“股东有权查阅、复制公司章程、股东名册、股东会会议记录、董事会会议决议、监事会会议决议、财务会计报告，对公司的经营提出建议或者质询。连续一百八十日以上单独或者合计持有公司百分之三以上股份的股东要求查阅公司的会计账簿、会计凭证的，适用本法第五十七条第二款、第三款、第四款的规定。公司章程对持股比例有较低规定的，从其规定。股东要求查阅、复制公司全资子公司相关材料的，适用前两款的规定。上市公司股东查阅、复制相关材料的，应当遵守《中华人民共和国证券法》等法律、行政法规的规定”（第 110 条）。相较于 2018 年《公司法》，新修订的《公司法》明确了股份有限公司的股东享有对相关资料的复制权；新增了股份有限公司股东查阅公司会计账簿、会计凭证的准用规则及其条件；新增了股份有限公司股东对全资子公司相关资料的查阅、复制权；新增了上市公司股东查阅、复制权的引致规定。

（2）股东知情权的民事诉讼的几个问题①。

1）行使知情权的原告。

查阅、复制公司特定文件材料，是股东的知情权。提起诉讼、主张知情权的原告是现任股东和曾被侵权的原股东，被告是公司。公司有证据证明原告在起诉时不具有公司股东资格的，人民法院应当驳回起诉，但原告有初步证据证明在持股期间其合法权益受到损害，请求依法查阅或者复制其持股期间的公司特定文件材料的除外。

例如，甲拿着股东名册以股东的身份起诉乙有限责任公司，要求查阅董事会会议决议，乙公司主张甲不是股东，这时不是要求甲自证是股东，而是要求乙公司证明甲不是股东。

再如，丙已经将股权转让给他人，但他有初步证据证明在他对丁公司持股期间其合法权益受到侵害，他有权起诉丁公司请求查阅有关文件，以便获得新的证据，为维护自己的利益作准备。

2）有限责任公司股东查阅、复制公司文件材料的“不正当目的”。

有限责任公司股东查阅会计账簿有不正当目的，可能损害公司合法利益的，公司可以拒绝提供查阅。有限责任公司有证据证明股东存在下列情形之一的，应当认定股东有“不正当目的”：

其一，股东自营或者为他人经营与公司主营业务有实质性竞争关系业务的，但公司章程另有规定或者全体股东另有约定的除外；

其二，股东为了向他人通报有关信息查阅公司会计账簿，可能损害公司合法利益的；

其三，股东在向公司提出查阅请求之日前的三年内，曾通过查阅公司会计账簿，向他

① 参见《最高人民法院关于适用〈中华人民共和国公司法〉若干问题的规定（四）》。

人通报有关信息损害公司合法利益的；

其四，股东有不正当目的的其他情形。

3）剥夺知情权的规定、约定无效。

公司章程、股东之间的协议等实质性剥夺股东知情权的，无效。因为《公司法》第57条、第110条规定查阅或者复制公司文件材料的知情权，是由股东身份派生的基本权利，是不得被剥夺的权利。例如，某公司的甲、乙、丙三个股东签订协议，约定小股东丙放弃查阅、复制公司文件材料的权利，该约定是无效的。

4）对判决的要求及对判决的执行。

人民法院审理股东请求查阅或者复制公司特定文件材料的案件，对原告诉讼请求予以支持的，应当在判决中明确查阅或者复制公司特定文件材料的时间、地点和特定文件材料的名录。

股东依据人民法院生效判决查阅公司文件材料的，在该股东在场的情况下，可以由会计师、律师等依法或者依据执业行为规范负有保密义务的中介机构执业人员辅助进行。

5）不当行使知情权的赔偿责任。

股东行使知情权后泄露公司商业秘密导致公司合法利益受到损害的，公司有权请求该股东赔偿相关损失。

辅助股东查阅公司文件材料的会计师、律师等泄露公司商业秘密导致公司合法利益受到损害的，公司有权请求其赔偿相关损失。

6）董事、高级管理人员等未依法制作或者保存特定文件材料产生的赔偿责任。

公司董事、监事、高级管理人员等未依法履行职责，导致公司未依法制作或者保存《公司法》第57条、第110条规定的公司文件材料，给股东造成经济损失的，董事、监事、高级管理人员个人应当承担相应的民事赔偿责任。这种赔偿责任，是侵犯股东知情权的侵权责任。例如，甲公司的财务总监张乙擅自销毁公司有关账簿，使股东李丙不能分得股利，则李丙可以张乙为被告，请求赔偿损失。

二、关联关系

（一）关联关系的含义

关联关系，是指关联人（公司控股股东、实际控制人、董事、监事、高级管理人员）与其直接或者间接控制的企业之间的关系，以及可能导致公司利益转移的其他关系。但是，国家控股的企业之间不因为同受国家控股而具有关联关系。

关联人有五类：

（1）控股股东，是指其出资额占有限责任公司资本总额50%以上或者其持有的股份占股份有限公司股本总额50%以上的股东；出资额或者持有股份的比例虽然不足50%，但依其出资额或者持有的股份所享有的表决权已足以对股东会、股东会的决议产生重大影响的股东。

（2）实际控制人，是指虽不是公司的股东，但通过投资关系、协议或者其他安排，能够实际支配公司行为的人。

（3）董事。

（4）监事。

（5）高级管理人员，是指公司的经理、副经理、财务负责人、上市公司董事会秘书和公司章程规定的其他人员。

（二）关联交易

关联交易，是指公司与其关联人之间的交易以及关联人安排或所控制的公司与其他人的交易，交易的内容包括投资、买卖、担保等。新修订的《公司法》在原有法律的基础上丰富了对关联交易的规定，构建了以第 22 条（禁止不法利用关联关系）、第 182 条（自我交易）、第 185 条（关联董事回避表决）、第 186 条（公司归入权）为中心的关联交易规则，扩大了关联人的范围，增加了一般性的关联交易报告义务与回避表决规则，明确了识别不法关联交易的程序规则。

应当注意的是，法律对关联交易并非一律禁止。关联交易分为合法关联交易和不法关联交易。不法关联交易是不法利用关联关系进行的损害公司利益的交易。“公司的控股股东、实际控制人、董事、监事、高级管理人员不得利用关联关系损害公司利益。违反前款规定，给公司造成损失的，应当承担赔偿责任”（第 22 条）。例如，甲公司的控股股东张某，又是乙公司的控股股东。乙公司对银行有巨额借款，张某未经过法定的程序，操纵甲公司为乙公司提供了保证担保，置甲公司于巨大的债务风险之中。张某的行为，就是通过甲公司与乙公司的关联交易损害法人（甲公司）的利益。

第七节　公司股东会、董事会决议的效力

一、公司决议的性质和效力状态

公司决议包括股东会决议和董事会决议，股东会、董事会的决议是共同法律行为。“民事法律行为可以基于双方或者多方的意思表示一致成立，也可以基于单方的意思表示成立。法人、非法人组织依照法律或者章程规定的议事方式和表决程序作出决议的，该决议行为成立”（《民法典》第 134 条）。“民事法律行为自成立时生效，但是法律另有规定或者当事人另有约定的除外”（《民法典》第 136 条第 1 款）。

我国法律区分法律行为的成立和生效。公司决议在依法成立时生效，决议不成立是当事人意思表示没有取得一致，因而决议不成立，实质是不存在决议。不成立当然不存在生效的问题。

成立的决议，其效力状态有三种：其一，有效；其二，无效；其三，可撤销。或者说，决议的效力瑕疵，包括无效、不成立和可撤销。按照《民法典》的规定，无效法律行为（含无效决议），是成立但无效的行为；可撤销法律行为（含可撤销的决议）是成立、有效但可以撤销的行为。

决议不成立、无效或被撤销，决议自始不发生效力，根据决议事项办理的登记应当恢复原状。“公司股东会、董事会决议被人民法院宣告无效、撤销或者确认不成立的，公司应当向公司登记机关申请撤销根据该决议已办理的登记”（第 28 条第 1 款）。例如，公司根据股东会的决议增加注册资本并到市场监督管理机关办理了注册资本的变更登记，决议被判决无效或者被判决撤销后，公司应当持判决书到市场监督管理机关办理撤销该变更登记，以恢复原有的登记。

二、公司股东会、董事会决议不成立

公司股东会、董事会的决议作为法律行为未成立，是意思表示不成立或者不存在。

决议不成立是程序上的瑕疵导致的。“有下列情形之一的，公司股东会、董事会的决议不成立：（一）未召开股东会、董事会会议作出决议；（二）股东会、董事会会议未对决议事项进行表决；（三）出席会议的人数或者所持表决权数未达到本法或者公司章程规定的人数或者所持表决权数；（四）同意决议事项的人数或者所持表决权数未达到本法或者公司章程规定的人数或者所持表决权数”（第 27 条）。

（一）未召开会议的，所作决议不成立

公司股东会、董事会作出决议，一是要开会，二是要在会上当场表决。

提问：公司召开远程会议并作出决议是否可以？

答：《公司法》第 24 条规定：“公司股东会、董事会、监事会召开会议和表决可以采用电子通信方式，公司章程另有规定的除外。”公司的三种会议，可以是远程会议，包括网络会议、视频会议等，也可以在远程会议上就决议事项当场进行表决。实务中，有的公司召开会议，一部分人在现场，另一部分人通过电子通信方式远程参加，这也是可以的。

股东会决议在两种情况下可以不开会表决：一是有限责任公司的股东对议决事项达成了书面“一致决”，即用书面形式一致同意；二是有限责任公司和股份有限公司的章程规定可以不召开股东会而直接作出决议。

参考案例 2－8

某有限责任公司有三个股东，在以股东会名义作出增加注册资本的决议文本上，有三个股东的签字，其中两个大股东的签字为真。股东会实际未召开，小股东事先曾口头同意增资，但其签字是大股东伪造的。两个大股东所占股份合计为全部股份的 2/3。请问：小股东欲起诉，否定决议，应提起无效之诉，还是不成立之诉，抑或撤销之诉？

——“股东会作出修改公司章程、增加或者减少注册资本的决议，以及公司合并、分立、解散或者变更公司形式的决议，应当经代表三分之二以上表决权的股东通过”（第 66 条第 3 款）。2/3 以上包括本数，两个大股东所占股份为全部股份的 2/3。但依《公司法》第 59 条的规定，公司欲增加注册资本，除非股东一致书面同意，应当召开股东会会议，在会上作出决议。本案对增资并非一致书面同意，也未召开股东会会议，小股东欲否定该决议，应提起决议不成立之诉。

（二）会议未对决议事项进行表决的，所作决议不成立

虽然开会，但对决议事项未进行表决的股东会、董事会决议，是虚构的决议。例如，股东会上对决议事项进行了讨论，但未进行表决，会议主持者将参会签到簿上的签字当作决议的签字，该决议不成立。再如，在决议文本上伪造了其他股东的签字，或者伪造了其他董事的签字，决议不能成立。

（三）出席会议人数、表决权未达到要求的，决议不成立

出席会议的人数或者股东所持表决权不符合《公司法》或者公司章程规定的，所作决议不成立。

例如，A股份有限公司召开董事会，作出了一项决议。A公司董事会有董事13人，6人出席董事会，该6人一致同意该决议。本案决议不成立，因为依据《公司法》第124条第1款的规定，股份有限公司的董事会会议应有过半数的董事出席方可举行。

（四）表示同意的表决权数未达到要求的，决议不成立

会议虽然有表决结果，但表示同意的表决权数未达到《公司法》或者公司章程规定的通过比例的，所作股东会、董事会决议不成立。

例如，B股份有限公司召开董事会，作出了一项决议。B公司董事会有董事13人，7人出席董事会，有6名董事同意该决议。本案决议不成立，因为依据《公司法》第124条第1款的规定，股份有限公司的董事会会议作出决议，必须经全体董事的过半数通过。B公司的董事有13人，须7人以上通过。

三、公司股东会、董事会决议的无效

决议无效，是自始无效，自成立之时起即不发生法律效力。决议因内容违法而无效。“公司股东会、董事会的决议内容违反法律、行政法规的无效”（第25条）。例如，董事会决议经营国家禁止经营的项目，决议自始无效。此外，违反公序良俗的决议亦应被认定为无效。法律和行政法规是确认决议和其他法律行为无效的依据，决议违反其他效力层级的法规或者规章，内容涉及违反有关金融安全、市场秩序、国家宏观政策等公序良俗的，应被认定为无效。此时，否定决议效力的基础在于《民法典》第153条第2款：“违背公序良俗的民事法律行为无效。”

参考案例2-9

某有限责任公司有A、B、C、D四个股东，A、B、C各持有30%的股份，D持有10%的股份，各股东已经实缴出资。公司股东会召开会议，作出将注册资金从1 000万元增加到2 000万元的决议。决议的内容还有：“各股东持有股权的比例调整为A、B、C各占31%，D占7%。按股权调整后各大股东实得的利益给D以货币补偿。”表决结果是：A、B、C表示同意，D表示反对。D在股东会议召开前，曾私下口头同意增资和调整股权的预案。该公司股东会决议是不成立，还是无效？

——（1）决议已经存在，不属于决议不成立。（2）“有限责任公司增加注册资本时，股东在同等条件下有权优先按照实缴的出资比例认缴出资。但是，全体股东约定不按照出资比例优先认缴出资的除外”（第227条第1款）。本案所谓增加注册资金的决议，侵害了小股东优先认缴出资权。除非全体股东一致同意，否则应当按原股东实缴的出资认缴出资（即增资后应维持原持股比例）。所以，股东会决议应为无效。

四、可撤销的公司股东会、董事会决议

“公司股东会、董事会的会议召集程序、表决方式违反法律、行政法规或者公司章程，

或者决议内容违反公司章程的，股东自决议作出之日起六十日内，可以请求人民法院撤销。但是，股东会、董事会的会议召集程序或者表决方式仅有轻微瑕疵，对决议未产生实质影响的除外。未被通知参加股东会会议的股东自知道或者应当知道股东会决议作出之日起六十日内，可以请求人民法院撤销；自决议作出之日起一年内没有行使撤销权的，撤销权消灭”（第 26 条）。

（一）享有撤销权的主体

对公司股东会、董事会决议享有撤销权的主体只有股东。股东可以请求撤销股东会决议，也可以请求撤销董事会决议。股东可以行使撤销权，也可以不行使撤销权（对有瑕疵的决议不请求撤销）。

（二）撤销决议的事由（原因）

1. 决议有程序上的瑕疵

程序上的瑕疵包括会议的召集程序、表决方式违法。如果决议在程序上的瑕疵轻微，没有对决议产生实质影响，则不得撤销。

2. 决议的内容违反公司章程

决议内容违反公司章程与违反法律不同，前者可撤销，后者无效。

参考案例 2-10

某有限责任公司有三个股东，以股东会名义作出增加注册资本的决议，两个大股东所占股份已经超过全部股份的 2/3，表决结果，两个大股东表示赞同，小股东表示反对。事后，小股东起诉到法院，请求撤销该决议。理由是：依据《公司法》第 64 条的规定，召开股东会会议，应当于会议召开 15 日前通知全体股东，而本次会议只提前了 14 天。请问：应否支持小股东的诉讼请求？

——本案会议召集程序仅有轻微瑕疵，且对决议未产生实质影响，不应支持小股东的诉讼请求。

（三）撤销决议的途径

撤销决议的途径是向人民法院提起民事诉讼。请求撤销股东会决议或董事会决议的股东应自决议作出之日起 60 日内向人民法院起诉，超过了 60 日就丧失了请求撤销的权利。

未被通知参加股东会会议的股东请求撤销股东会决议（不包括董事会决议），应自知道或者应当知道决议作出之日起 60 日内，向人民法院起诉。该 60 日，在一年的时间段里“浮动”，即请求撤销的期间最多不得超过一年，该一年自决议作出之日起计算。例如，甲公司股东会在 2 月 1 日作出决议，未被通知参加股东会会议的股东张某，次年 1 月 1 日才知道这个决议的内容，其须在次年的 2 月 1 日前在人民法院起诉，其起诉的期间已经不足 60 日了。

（四）无效决议与可撤销的决议的区别

1. 性质不同

无效决议自始无效、绝对无效，即便未经确认无效的程序，其仍为无效。可撤销的决议是“有效并可撤销”，即在撤销前是有效的，撤销后自始无效。

2. 原因不同

无效决议违反强制性规定。可撤销的决议是有瑕疵的决议。一是程序上有瑕疵，即股东会、董事会作出决议的会议在“召集程序”“表决方式”上违反法律、行政法规、公司章程。二是内容上有瑕疵，即公司股东会、董事会作出的决议，在内容上违反公司章程。章程是法人的自治文件，违反章程的效果与违反法律的效果自不相同。

3. 是否受期间的限制不同

请求撤销决议受 60 日的限制，未参加股东会的股东除受 60 日的限制外，还受一年的限制；请求确认决议无效不受期间的限制，超过 60 日或一年仍可请求人民法院确认决议无效。

4. 请求主体不同

请求确认决议无效的主体是利害关系人；请求撤销决议的主体是现任股东。

五、主张决议不成立、无效、撤销的民事诉讼

（一）主张决议不成立、无效、撤销的原告和被告

1. 决议无效之诉、决议不成立之诉的原告和被告

利害关系人可以起诉请求确认股东会、董事会决议不成立或者无效，可以作为原告起诉的利害关系人有公司股东、董事、监事、高级管理人员、职工以及公司债权人等其他人员。例如，某公司违反法律规定的分红决议，损害了公司债权人的利益，债权人可以作为原告，以公司为被告提起诉讼。

决议的法律后果归属于公司。决议不成立之诉、无效之诉的被告是公司，不是公司股东会，也不是公司董事会。

2. 请求撤销股东会、董事会决议的原告和被告

提起撤销之诉的原告，只能是现任股东。任何股东都可以作为原告，不受持股数额的限制。公司的董事、监事、高级管理人员、职工以及公司的债权人等不能作为原告。

作出决议，属于公司法人的行为。撤销之诉的被告是公司，不是公司股东会，也不是公司董事会。

（二）人民法院对决议不成立、决议无效、撤销决议判决的效力

1. 判决的溯及力

股东会、董事会决议不成立，自始不发生法律约束力，当事人诉讼到人民法院，由人民法院判决不成立或者无效，是对决议不发生效力的确认。这种确认，是有溯及力的。

可撤销的决议，在撤销前是有效的，人民法院判决撤销决议的，该决议自始没有法律约束力。例如，2024 年 7 月 1 日作出的决议，2024 年 12 月 1 日终审判决撤销该决议，该决议自 2024 年 7 月 1 日起失去效力。

2. 决议无效、撤销决议判决对第三人的效力

“股东会、董事会决议被人民法院宣告无效、撤销或者确认不成立的，公司根据该决议与善意相对人形成的民事法律关系不受影响”（第 28 条第 2 款）。为保护交易安全，决议的无效、撤销不能对抗善意第三人。例如，甲公司董事会就某项投资计划作出了决议，为落实该计划，甲公司与不知情的乙公司（善意第三人）签订了合同。后来，股东请求人民法院撤销了该决议，甲公司与乙公司的合同效力不受影响，但甲公司不得就决议的该项投资计划再与他人签订协议。

第八节　公司发起人及相关民事活动的后果

一、公司发起人的含义

公司发起人也称为公司设立人。为设立公司而签署公司章程、向公司认购出资或者股份并履行公司设立职责的人，是公司的发起人，包括有限责任公司和股份有限公司设立时的股东。公司发起人是参加公司设立工作的最初的股东、原始股东，他们对股份的取得是原始取得。公司成立后，股东可能变更或增加，新加入的股东没有参加公司的设立工作，因而不称为发起人。发起人不限于自然人。发起人为设立公司，有时以自己的名义或者以设立中公司的名义对外签订合同。

发起人要满足三个要件：(1) 发起人是为设立公司而签署公司章程的人；(2) 发起人是向公司认缴出资或者认购股份的人；(3) 发起人是履行公司设立职责的人。

二、发起人为设立公司从事的民事活动的法律后果

公司的发起人是法人设立人的一种。发起设立的公司（将要设立的公司），称为目标公司。目标公司最终可能成立，也可能不成立。“有限责任公司设立时的股东为设立公司从事的民事活动，其法律后果由公司承受。公司未成立的，其法律后果由公司设立时的股东承受；设立时的股东为二人以上的，享有连带债权，承担连带债务。设立时的股东为设立公司以自己的名义从事民事活动产生的民事责任，第三人有权选择请求公司或者公司设立时的股东承担。设立时的股东因履行公司设立职责造成他人损害的，公司或者无过错的股东承担赔偿责任后，可以向有过错的股东追偿”（第 44 条）。该条也适用于股份有限公司（见第 107 条）。

（一）目标公司成立，民事活动后果的承担

发起设立公司，公司成立的，发起人（设立人）为设立法人产生债权债务及其他民事后果均由设立后的法人（包括公司）承受。这里的“承受”，是继受的意思。发起人（设立人）用“设立中的法人”的名义或自己的名义对外从事民事活动（如签订合同），先是由（设立人）作为债权、债务主体，公司成立后，由公司继受为债权、债务的主体。

(1) 发起人（设立人）对外以“设立中的公司”的名义签订的合同，目标公司成立后，权利义务由公司承担，发起人退出“历史舞台”。

参考案例 2－11

甲、乙、丙三个公司约定发起设立 A 公司，乙公司（发起人之一）以设立中的 A 公司（尚未登记取得法人资格）的名义与 B 公司签订了 10 万元的办公用品买卖合同。

——在 A 公司成立后，B 公司有权请求 A 公司支付该 10 万元，无权请求乙公司支付该 10 万元。

(2) 发起人（设立人）对外以自己的名义从事民事活动产生的民事责任，目标公司成立后，由第三人（权利人）在公司和设立人之间选择承担责任的主体。对一个债来说，这是法定选择之债。这样设计，偏重于保护第三人的利益。

参考案例 2-12

甲、乙出资设立丙公司（目标公司），为保证丙公司成立后能正常工作，甲以自己的名义与丁公司签订了租赁合同，承租丁公司的写字楼的一层，注明该层写字楼在丙公司注册成立后由丙公司使用。丙公司成立后进驻该层写字楼，但到期未支付租金。

——（1）丁公司既可以请求丙公司支付租金，也可以要求甲支付租金，但不能要求另外一个发起人乙承担租金，因为没有使用乙的名义，排除了乙的连带责任。本案丙公司已经成立，在目标公司未成立的情况下，才可发生发起人的法定连带责任。（2）如果甲与丁公司的合同中注明："丙公司成立后由丙公司支付租金"，则丁公司不能要求甲支付租金，只能请求丙公司支付租金。因为当事人通过约定，排除了甲的责任。

（二）目标公司未成立，民事活动后果的承担

发起设立目标公司，如果由于某种原因公司未成立，发起人（设立人）的债权、债务及其他民事后果无人继受，只能继续由发起人（设立人）享有和承担。发起人（设立人）为两人以上的，享有连带债权，承担连带债务。

（1）发起人（设立人）对外以"设立中的公司"的名义签订的合同，目标公司最终未成立，权利义务由发起人（设立人）承担。

参考案例 2-13

甲公司与张某发起设立A公司，甲公司与张某是发起人，甲公司以A公司（设立中的公司，尚未办理法人登记）的名义与B广告公司签订了发布宣传A公司广告的合同。广告发布后，甲公司与张某又认为设立A公司没有前途，决定终止设立A公司的行为。所欠B广告公司的70万元宣传费用，如何承担？

——对广告费债务，由甲公司与张某承担连带责任。

（2）发起人（设立人）对外以自己的名义签订的合同，目标公司最终未成立，权利义务由发起人（设立人）承担。

参考案例 2-14

甲、乙出资设立丙公司，为保证丙公司成立后能正常工作，甲以承租人的名义承租了丁公司写字楼的一层，注明该层写字楼在丙公司注册成立后由其使用并支付租金。因故丙公司并未成立，到期没有人支付租金。

——甲以承租人的名义签订租赁合同，乙虽未参与租赁合同的签订，未在租赁合同上签字、盖章，但乙仍然要与甲一起对租金承担连带责任。

第九节　公司登记

一、公司登记的含义

登记，指将有关事项登录记载在册籍上。公司登记，是指将公司设立、变更、注销等

事项登记于公司登记机关，以发生相应效力的行为。公司登记俗称为工商登记。我国的公司登记机关，是国家市场监督管理总局和地方各级市场监督管理局。

通过登记，主管机关可对公司活动进行监督，也有利于投资者、债权人了解公司，保护交易安全。

公司登记不是简单的登录记载，它发生相应的法律效力。例如，公司的设立登记产生成立公司的效果；变更登记产生公司某一或者某几个要素变化的效果；注销登记产生公司消灭的效果。

公司登记机关应当将法定的公司登记事项通过国家企业信用信息公示系统向社会公示。① 公司登记事项的公示，是一种信息披露机制，对维护交易秩序、保护交易安全、提高交易效率具有重要意义。

二、公司登记的类型

公司登记的类型，包括设立登记、变更登记、注销登记。

(一) 设立登记

成立一个公司必须办理设立登记，我国法律对设立公司采取强制登记主义。“设立公司，应当依法向公司登记机关申请设立登记。法律、行政法规规定设立公司必须报经批准的，应当在公司登记前依法办理批准手续”(第 29 条)。

(1) 设立公司，应当由发起人向公司登记机关申请设立登记。“申请设立公司，应当提交设立登记申请书、公司章程等文件，提交的相关材料应当真实、合法和有效”(第 30 条第 1 款)。申请设立有限责任公司或者股份有限公司，应当符合《公司法》对它们分别规定的设立条件，符合条件的由公司登记机关予以登记。

(2) 涉及特许经营和限制经营的，在登记前应依法办理批准手续。例如，开办一个出版公司，需要经过出版行政主管部门批准后再到公司登记机关办理登记。这种程序在实务中称为“先证后照”，即先办理批准手续（取得许可证），再办理公司登记（取得营业执照）。

(3) “依法设立的公司，由公司登记机关发给公司营业执照。公司营业执照签发日期为公司成立日期。公司营业执照应当载明公司的名称、住所、注册资本、经营范围、法定代表人姓名等事项。公司登记机关可以发给电子营业执照。电子营业执照与纸质营业执照具有同等法律效力”(第 33 条)。营业执照的签发，是公司成立的标志，签发之日是公司成立之日，公司成立之日取得法人资格。营业执照有纸质和电子两种，它们具有同等的法律效力。公司营业执照正本格式见图 2-2。

(4) 分公司虽然没有法人资格，但可以对外经营，因而设立时也要登记，也要领取营业执照。“公司设立分公司，应当向公司登记机关申请登记，领取营业执照”(第 38 条)。例如，甲公司设立的同时，设立乙、丙两个分公司，甲公司（总公司）与乙公司、丙公司都要登记，要领取三个营业执照。

(二) 变更登记

变更登记是针对公司登记事项的变化而办理的登记。“公司登记事项包括：(一) 名

① 国家企业信用信息公示系统是国家市场监督管理总局主办的网络平台，公示的主要内容包括：市场主体的注册登记、许可审批、年度报告、行政处罚、抽查结果、经营异常状态等信息（不含港澳台地区企业信息）。

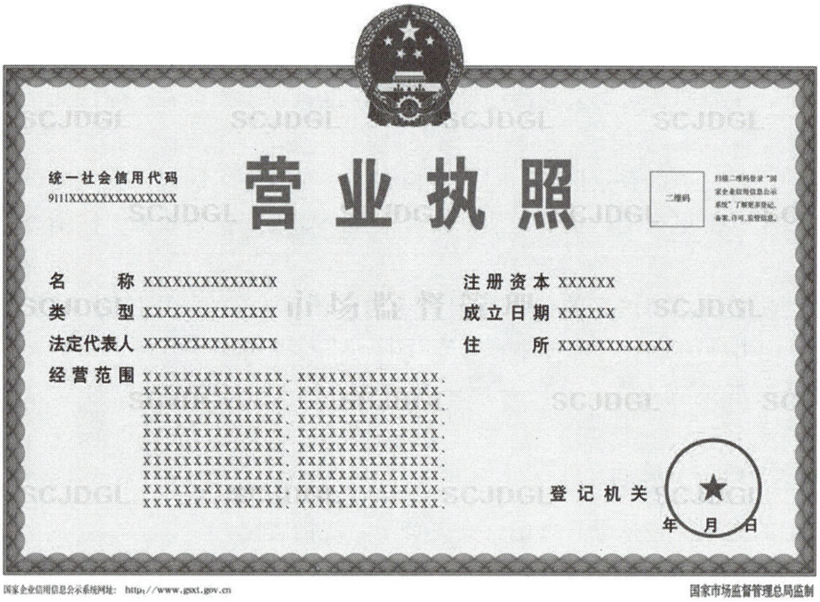

图 2－2 公司营业执照正本格式

称；（二）住所；（三）注册资本；（四）经营范围；（五）法定代表人的姓名；（六）有限责任公司股东、股份有限公司发起人的姓名或者名称”（第 32 条第 1 款）。上述六项内容有一项发生变化，就应办理变更登记。例如，有限责任公司股东张甲将股份转让给李乙，则股东的姓名应当变更登记为李乙。再如，股份有限公司的某发起人（原始股东）的姓名改了或名称发生变化，应当办理变更登记。

办理公司变更登记，应当提交相应的文件。“公司申请变更登记，应当向公司登记机关提交公司法定代表人签署的变更登记申请书、依法作出的变更决议或者决定等文件。公司变更登记事项涉及修改公司章程的，应当提交修改后的公司章程。公司变更法定代表人的，变更登记申请书由变更后的法定代表人签署”（第 35 条）。

“公司营业执照记载的事项发生变更的，公司办理变更登记后，由公司登记机关换发营业执照”（第 36 条）。公司登记事项的前五项（公司的名称、住所、注册资本、经营范围、法定代表人的姓名）也是公司营业执照应当载明的事项，如果变更其中一项或数项，应当换发新的营业执照。

“公司登记事项未经登记或者未经变更登记，不得对抗善意相对人”（第 34 条第 2 款）。例如，A 公司的法定代表人由张甲变更为李乙，在办理变更登记前，张甲以法定代表人的身份代表 A 公司与 B 公司订立了买卖合同，如果 B 公司是善意的，则该买卖合同不因张甲欠缺法定代表人的身份而无效。

（三）注销登记

“公司因解散、被宣告破产或者其他法定事由需要终止的，应当依法向公司登记机关申请注销登记，由公司登记机关公告公司终止”（第 37 条）。具备终止事由的，公司应当向公司登记机关申请注销登记。注销登记，消灭了公司的法人人格（法人资格），公司登记机关对此应当予以公告。

三、设立登记的撤销

以欺诈手段取得公司的设立登记，应当予以撤销。“虚报注册资本、提交虚假材料或者采取其他欺诈手段隐瞒重要事实取得公司设立登记的，公司登记机关应当依照法律、行政法规的规定予以撤销”（第 39 条）。撤销设立登记的法定事由是欺诈，有三种表现：其一，虚报注册资本；其二，提交虚假材料；其三，采取其他欺诈手段。

公司被撤销设立登记的，视为自始未设立，即视为自始未取得法人资格。对撤销前产生的债务，公司发起人应当承担责任。

提问：注销登记与撤销登记有何不同？

答：注销登记不影响设立登记的效力，而撤销登记是撤销设立登记，视为自始未设立。

【引例分析】

李某可以甲公司和甲公司的股东王某为共同被告。甲公司本来具有独立法人资格，对外独立地承担责任，但是由于股东王某出资不到位，导致甲公司的清偿能力不足，故受害人李某可以要求股东王某在出资不足的范围内与甲公司承担连带责任。这种情况，属于法人人格的否定。

【练习题】

1. 名词解释

公司　子公司　公司资本　公司发起人　公司变更登记

2. 思考题

（1）公司的概念是什么？

（2）公司与合伙企业、个人独资企业的区别是什么？

（3）简述公司的分类。

（4）我国法律对公司的名称有什么要求？

（5）我国法律对公司章程有什么要求？

（6）公司住所的意义是什么？

（7）简述公司的“纵向人格否认”和“横向人格否认”。

（8）发起人为设立公司对外签订合同，合同责任应当由谁承担？

（9）简述公司因故未成立时发起人的责任。

3. 选择题

（1）公司章程约束下列哪些人？（　　）

A. 股东　B. 公司　C. 董事、监事　D. 高级管理人员

（2）下列哪些表述是正确的？（　　）

A. 公司营业执照签发日期为公司成立日期

B. 公司批准成立的日期为公司成立日期

C. 公司营业执照应当载明公司的名称、住所、注册资本、经营范围、法定代表人的姓名等事项

D. 公司登记机关可以发给电子营业执照，电子营业执照与纸质营业执照具有同等法律效力

4. 案例分析题

王某和他的儿子、妻子成立了一家批发化妆品的甲有限责任公司，其妻子和儿子的出资只占总投资额的 10%。王某以 200 万元卖给甲公司一批钢材，甲公司以估价为 200 万元的 3 间门面房为王某的货款债权办理了抵押。后甲公司经营亏损，无力清偿债务，被王某以外的债权人申请破产。王某主张对甲公司享有债权，而且由于有抵押担保，他有权在抵押担保的范围内优先受偿；其他债权人认为王某与甲公司其实是一个人，自己不可能欠自己钱，甲公司的所有财产应当用来清偿债务；另有人主张应当由王某以自己的所有财产来清偿债务。

问题：

谁的主张正确？

分析要点提示：

根据案例中的条件分析，王某的主张是正确的。因为：首先，公司一经成立，即成为独立的法人，有资格享有债权、承担债务。公司的法人人格（主体资格）阻断了公司股东与交易相对人的法律关系，即应当由公司以自己的财产来承担债务，而非由股东来承担债务。因此，要求王某以自己的财产来清偿甲公司债务的主张，不能成立。其次，公司享有独立于股东的人格，因此公司与自己的股东进行交易，只要该交易本身合法，就不应被否定。公司可以享有对股东的债权，相反也可对股东负有债务。因此“王某与甲公司其实是一个人，自己不可能欠自己钱”的主张不能成立。相反，王某不仅可以享有对自己出资的公司的债权，而且由于该债权有抵押作担保，因此他可以就抵押物优先受偿。

第三章　有限责任公司

【本章引例】

甲是某大学生物系教授，乙、丙是他带的博士生，三人拟成立一家B生物技术服务公司，甲欲以其对A公司持有的股权出资（出资比例为20%），以及以货币和办公场所出资（出资比例为20%）；乙、丙均以对其他人的债权出资（出资比例各为30%）。

问题：

就出资来看，该公司能否顺利办理注册登记？

【本章学习目标】

通过本章的学习，你应该能够：

1. 掌握有限责任公司的概念；
2. 了解有限责任公司的设立要求；
3. 掌握对有限责任公司股东出资的要求；
4. 了解有限责任公司的组织机构；
5. 了解有限责任公司股权转让的规定。

第一节　有限责任公司概述

一、有限责任公司的概念和特征

（一）有限责任公司的概念

有限责任公司，也称为有限公司，是指股东以其认缴的出资额为限对公司承担责任，公司以其全部资产对公司债务承担责任的企业法人。有限责任公司的产生晚于股份有限公司，首创于1892年的德国。

（二）有限责任公司的特征

1. 股东以认缴的出资承担责任和享有权利

股东以认缴的出资额为限对公司承担责任，以认缴的出资额的比例享有权利。如果公司资不抵债，股东没有追加出资的义务。股东的财产与公司的财产相分离。股东的有限责任，是其区别于个人独资企业和合伙企业最根本的特征。

股东以出资额的比例对公司享有财产权利，是按资分配而不是按劳分配。

2. 股东人数有法定限制

“有限责任公司由一个以上五十个以下股东出资设立”（第 42 条）。有限责任公司主要是中小规模企业，股东不准超过 50 个人，这是为了保证股东之间的信任关系，体现公司的人合因素。一个股东也可以设立有限责任公司。

3. 公司设立程序和公司机关的简易化

（1）设立程序的简易化。有限责任公司设立的程序相对简单，只有发起设立，没有募集设立，因此没有募集设立时的严格信息公开要求。

（2）公司机关的简易化。有限责任公司主要是中小企业的组织形式，因此公司机关也相对简易化，其董事会、监事会是任意机关，不是必须设立的。

4. 公司募集资本受限制

有限责任公司在成立之时和成立之后，都不能以发行股票的方式向社会公众募集资本。但符合条件的公司可以向社会发行公司债，发行公司债所募集的资金不是公司的注册资本，是公司通过借贷获得的资金。

5. 公司对外转让股权受其他股东优先购买权的限制

有限责任公司是资合公司，但具有人合的色彩。实践中，有很多有限责任公司是夫妻、父母与子女、亲戚、朋友合资设立的。对于法人股东，也比较注意信誉、业务渠道等。因此，股东相互之间往往存在着一定程度的信任关系。这一点与合伙企业有类似之处。我国公司法照顾到了这种信任关系，为了维护这种信任关系，规定公司股东对外转让股权，其他股东在同等条件下有优先购买权。这是对自由转让的一种限制。股权在原有股东之间可以自由转让。

6. 公司具有封闭性

理论上把有限责任公司称为封闭型公司，其封闭性主要表现为以下几个方面：

（1）设立过程不向社会公开。设立过程不属于商业秘密，公司的设立不关乎他人的利益，因此法律对它的设立过程不作公开的要求。

（2）经营状况不向社会公开，财务账目不向社会公开。但公司是股东的公司，因此对于设立过程、经营状况和财务状况，股东有知情权。

（3）注册资本、经营范围是必须向社会公开的，但不必采取公告的方式公开，在法人营业执照上载明即可。股份有限公司则要以公告的方式公开。

7. 公司主要是中小规模企业的组织形式

有限责任公司不向社会公开募集资本，只是依靠发起人的出资，因此有限责任公司一般不是大规模公司的组织形式。1892 年德国创立有限责任公司，也是把它作为中小企业的模式。在西方国家，有限责任公司基本上都是中小企业。在我国，除了国有独资的有限责任公司以外，有限责任公司通常都是中小企业。由于国有独资公司是国家资本，而且其具有宏观调控的功能，因而规模一般较大。

二、有限责任公司的分类

（一）一般有限责任公司和特殊有限责任公司

股东 2 人以上、50 人以下，是有限责任公司的常态，是一般有限责任公司。《公司法》还规定了特殊形态的有限责任公司，即一人公司和有限责任公司组织形式的国有独资公司。它们最基本的特征是股东只有 1 人。一人公司是股东为一个人的有限责任公司，该股东可以是自然人，也可以是法人，但不具有国有性质。国有独资的有限责任公司有中国铁通集团有限公司、中国移动通信集团有限公司、中国石油化工集团有限公司、国家电力投资集团有限公司等。国有独资的有限责任公司的股东是国家，由国有资产监督管理机构履行出资人（股东）的职责。

（二）非涉外有限责任公司和涉外有限责任公司

非涉外有限责任公司，是指股东不论是自然人还是法人，都具有中国国籍。涉外有限责任公司，又称为外商投资有限责任公司，是指全部股东或者部分（含 1 人）股东是非中国国籍的自然人或法人。在中国境内设立的涉外有限责任公司也是中国法人。

第二节　有限责任公司的设立

一、有限责任公司设立的条件

（一）股东符合法定人数

除一人公司和国有独资的有限责任公司外，有限责任公司必须由 2 个以上 50 个以下的股东共同出资设立。股东可以是自然人，也可以是法人、非法人组织。例如，不具备法人资格的个人独资企业、合伙企业是非法人组织，也可以作为有限责任公司的股东。

一般认为，对有限责任公司股东人数进行限制的立法目的，主要是反映有限责任公司股东之间彼此信任的特点，即反映有限责任公司“人合”的因素。相反的观点认为，把有限责任公司股东人数限制得太死，不仅没有必要，而且还限制了有限责任公司的成立和发展。从国外的公司立法来看，规定股东人数的上限是通例，而对公司股东人数下限的规定则差别较大。

（二）股东共同制定公司章程

公司章程是记载公司规范的书面文件。制定公司章程是股东的共同行为，应当由公司设立时的全部股东共同制定。依据《公司法》第 46 条的规定，有限责任公司章程应当载明下列事项：

（1）公司名称和住所；

（2）公司经营范围；

（3）公司注册资本；

（4）股东的姓名或者名称；

（5）股东的出资额、出资方式和出资日期；

（6）公司的机构及其产生办法、职权、议事规则；

（7）公司法定代表人的产生、变更办法；

（8）股东会认为需要规定的其他事项。

股东应当在公司章程上签名或者盖章。

（三）有公司名称、建立符合有限责任公司要求的组织机构

1. 公司名称

公司的名称与自然人的姓名一样，是人格的标志，是区别于他人的标志。公司对自己的名称享有专用权。公司的名称需要得到公司登记机关的核准。“依照本法设立的有限责任公司，应当在公司名称中标明有限责任公司或者有限公司字样”（第 7 条第 1 款）。在名称中标明“有限”字样，是对公司交易对象的警示。《市场主体登记管理条例》等对公司名称作出了详细规定。

2. 组织机构

有限责任公司是通过内部组织机构的活动进行运作的，组织机构的建立可以使公司具备意思能力、执行能力，便于对外实施行为。

有限责任公司必须建立符合公司法要求的组织机构。只有一个股东的有限责任公司不设股东会。股东二人以上的，股东会是必设机构。董事会和监事会要根据公司的规模决定是否设立。如果不设立董事会、监事会，就应当设董事、监事。有限责任公司可以按照公司章程的规定在董事会中设置由董事组成的审计委员会，行使监事会的职权，不设监事会或者监事。

（四）有公司住所

“公司以其主要办事机构所在地为住所”（第 8 条）。规模较小的有限责任公司，也可以租赁一两间房屋作为办公、经营场所。这种情况，可以视为有固定的场所。有限责任公司的住所和生产经营场所，可以在不同的地方，也可以在同一地点。例如，某公司的住所在 A 处，所属生产厂在 B 处，也可能住所和生产厂都在 A 处或者 B 处。

（五）全体股东按公司章程认缴出资额

1. 认缴出资额的意义

设立有限责任公司，须全体股东按公司章程认缴出资额。有限责任公司的股东以其认缴的出资额为限对公司承担责任，公司以其全部财产对公司的债务承担责任。公司的财产（责任财产）是在全体股东认缴的出资额的基础上形成的。

股东出资构成公司资本，它是公司财产形成的重要来源，也是保障公司具有偿债能力和社会交易安全的重要条件。对于公司而言，没有资本作为财产条件，就根本无法开展经营活动，也无法对债务的偿还提供保证，不具备成为独立法人的资格。所以公司设立时，要通过章程确定公司的注册资本，注册资本应由全体股东全额认缴。

2. 限期实缴制

“有限责任公司的注册资本为在公司登记机关登记的全体股东认缴的出资额。全体股东认缴的出资额由股东按照公司章程的规定自公司成立之日起五年内缴足。法律、行政法规以及国务院决定对有限责任公司注册资本实缴、注册资本最低限额、股东出资期限另有规定的，从其规定”（第 47 条）。这是对限期实缴制及其例外的规定。所谓限期实缴，实为“认缴＋限期实缴”，是认缴后自公司成立之日起 5 年内缴足。5 年是最长时间，例如股东可以在章程中约定自公司成立之日起 3 个月内缴足。

新修订的《公司法》将原来的完全认缴制改为限期实缴制，是对认缴制的完善与修正。考察我国公司资本制度的立法沿革，可以看出公司法虽然在多个环节上逐步放宽了对注册资本与出资期限的限制，但从未放弃将股东出资的资本信用作为公司责任财产担保功能的基本理念。设定出资期限的限制，涉及股东出资期限利益与债权人保护的利益平衡，以及商事交易效率与交易安全的价值选择：一方面，放宽资本管制可以激励投资创业，有助于公司实现融资功能，树立起资产信用的理念，释放市场活力；另一方面，限期实缴制能够平衡股东与债权人之间的利益，避免注册资本畸高、出资期限过长的“无赖公司”与虚报公司资本、虚假出资及抽逃出资的问题。针对特殊情况，法律、行政法规以及国务院决定可以对股东出资期限作出例外的规定。

二、有限责任公司设立的程序

（一）发起人发起

发起人又称为设立人、创办人，是主张设立公司并从事公司设立行为的人。有限责任公司不向社会公开募集股份，只有发起设立，没有募集设立。

发起人在公司设立时，成为公司最初的股东。发起人可以是自然人，也可以是法人、非法人组织。发起人提出设立公司的主张，并进行可行性分析，进行设立的操作。发起人有 2 人以上时，应当就发起设立公司达成设立协议。“有限责任公司设立时的股东可以签订设立协议，明确各自在公司设立过程中的权利和义务”（第 43 条）。本条中的“设立协议”是书面形式的协议。一般认为，发起人订立的设立协议在性质上为合伙协议。如果公司不能成立，发起人对债权人应当承担连带的无限责任。

（二）草拟、签署公司章程

公司章程是规范和约束公司、股东、董事等各方行为的书面文件。公司章程的草拟，须按法律、法规的规定进行。公司章程要有作为发起人的全体股东签名、盖章才能生效。

（三）认缴出资

有限责任公司的注册资本为在公司登记机关登记的全体股东认缴的出资额。认缴出资不仅是公司设立的条件，也是公司成立的程序。也有的公司章程约定在公司成立前实缴出资，这种约定当然是有效的。

“股东应当按期足额缴纳公司章程规定的各自所认缴的出资额。股东以货币出资的，应当将货币出资足额存入有限责任公司在银行开设的账户；以非货币财产出资的，应当依法办理其财产权的转移手续”（第 49 条第 1 款和第 2 款）。例如，股东以房产出资，应当办理所有权转移手续，将房产登记在公司名下。

股东未按期足额缴纳出资的，除应当向公司足额缴纳外，还应当对给公司造成的损失承担赔偿责任。

（四）申请设立登记

股东认足公司章程规定的出资后，由全体股东指定的代表或者共同委托的代理人向公司登记机关（市场监督管理部门）申请设立登记，提交设立登记申请书、公司章程等文件。提交的相关材料应当真实、合法和有效。有限责任公司的设立实行准则制，法律对公司设立采取强制登记主义（见第 29 条第 1 款）。

“法律、行政法规规定设立公司必须报经批准的，应当在公司登记前依法办理批准手续”（第 29 条第 2 款）。公司从事限制经营和特许经营的项目，是必须要经过审批的（见国家市场监督管理总局发布的《企业登记前置审批事项目录》）。例如，设立金融控股公司，在办理设立登记时，须提交中国人民银行的批准文件。

（五）设立登记、发给营业执照

公司登记机关对符合公司法规定条件的，予以登记，发给营业执照；对于申请材料不齐全或者不符合法定形式的，公司登记机关应当一次性告知需要补正的材料；对不符合公司法规定条件的，不予以登记。公司营业执照签发日期，为有限责任公司成立日期。

设立有限责任公司的同时设立分公司的，应当就所设分公司向公司登记机关申请登记，领取营业执照。有限责任公司成立之后设立分公司的，应当由公司法定代表人向公司登记机关申请登记，领取营业执照。

（六）签发出资证明书

有限责任公司成立后，应当向股东签发出资证明书。出资证明书也被称为股单，是股权的证明。出资证明书记载下列事项：

（1）公司名称；

（2）公司成立日期；

（3）公司注册资本；

（4）股东的姓名或者名称、认缴和实缴的出资额、出资方式和出资日期；

（5）出资证明书的编号和核发日期。

出资证明书由法定代表人签名，并由公司盖章（见第 55 条）。出资证明书没有严格固定的格式，只要载明上述事项，就具有证明效力。

第三节　有限责任公司的股东出资

一、股东出资的意义

股东出资，是股东以货币或可以用货币估价并可以依法转让的非货币财产，向公司转移财产权的行为。出资是永久性行为，股东出资以后，产权归公司，在公司终止之前，不能收回出资。

股东的出资，是公司最原始的财产。股东的出资，是公司财产的基础，而公司财产则是公司对其债权人的一般担保。在股东出资的基础上，公司的财产可能增加，也可能减少。股东出资，使公司有了物质基础，有了营运资金，有了交易的本钱，有了信用。

股东出资，也是股东承担有限责任的财产。如果股东未能依法履行出资义务，则应当承担相应的出资责任，甚至还有可能导致公司人格被否认而丧失有限责任的基础。此外，股东出资实质上是取得股权的对价，是股东取得股权的依据。股东享有股权尤其是表决权和股利分配权的大小取决于其出资的比例或数额。

二、公司的注册资本

有限责任公司的注册资本为在公司登记机关登记的全体股东认缴的出资额。我国目前实行的是限期实缴制，在公司登记成立后的 5 年内缴足。对认缴的注册资本，实际缴纳的时间由公司章程以5年为限作出规定。例如，甲、乙设立A公司，公司章程规定："注册资金100万元，甲、乙各出资50万元，A公司注册成立后一年内向公司缴纳。"甲、乙对公司认缴，即可办理公司成立的登记。

认缴及实缴是公司法规定的当事人的义务。不过，实务上，有的公司发起人的出资义务是由其他发起人代为履行的。由其他发起人代为履行，也可认定为完成了公司法上的出资义务。

参考案例3-1

甲、乙、丙为设立有限责任公司订立发起人设立协议，约定公司注册资金为600万元，甲、乙各以货币出资200万元，丙以市场营销和某项技术折价200万元。协议还约定，甲、乙代丙向公司出资。甲、乙、丙依据发起人设立协议，订立了公司章程。章程规定，注册资金为600万元，出资形式为货币，在公司设立时实缴。现公司已经设立，600万元已经打到了公司账上，甲、乙各代丙向公司注入100万元。但因丙未积极进行市场营销工作，也未将发起人协议约定的技术转让给公司，造成公司亏损。甲、乙提起诉讼，请求追究丙对公司出资不到位的责任，受诉法院查阅公司登记资料，以丙已经出资到位为由，驳回了甲、乙的诉讼请求。

——公司章程上并未以约定的技术折价，而市场营销是一种劳务，不能以劳务对公司出资。本案丙对公司的出资义务，是公司法上的出资义务，是以货币形式出资200万元，丙已经完成了公司法上的出资义务，只不过是甲、乙代为出资而已。本案的关键是丙没有完成合同法上的出资义务，即丙没有依据合同（发起人设立协议）的约定为公司提供市场营销劳务，也没有将约定的技术转让给公司。甲、乙应当提起合同违约之诉，而不应追究丙对公司出资不到位的责任。

甲、乙、丙设立公司，需要丙的市场营销劳务和特定的技术，这才产生甲、乙代丙各出100万元的情况。如果是允许出资的财产，在公司设立的时候，不如直接作为公司法上的出资财产，比如技术完全可以折价出资。

三、股东出资的构成

出资的构成是指股东出资的方式。"股东可以用货币出资，也可以用实物、知识产权、土地使用权、股权、债权等可以用货币估价并可以依法转让的非货币财产作价出资；但是，法律、行政法规规定不得作为出资的财产除外。对作为出资的非货币财产应当评估作价，核实财产，不得高估或者低估作价。法律、行政法规对评估作价有规定的，从其规定"（第48条）。新修订的《公司法》增加了对股权、债权的列举，明确其为非货币财产的出资形式。

（一）以货币出资

以货币出资，是指股东以人民币出资。但外商投资企业的股东也可以以外币出资。货币作为商品的一般等价物，是最重要的出资形式。

提问：能不能用借来的货币出资？

答：曾有学者认为，不能用借来的货币出资。但从法理上看，应当允许以借来的货币出资，因为“货币的占有与所有同一”，出借人并不能向公司追索。例如，甲和乙设立一个有限责任公司，甲用从丙处借来的100万元作为出资，丙将100万元交付给甲之后，这100万元的所有权转给了甲，甲将这100万元作为出资交付给公司，所有权转移给了公司（货币是以交付为所有权转移的标志和界限的）。甲没有侵犯乙和公司的利益，也没有侵犯公司债权人的利益。对于丙而言，存在对甲的100万元债权或许不能实现的风险，但这是丙出借100万元本来就要承担的风险。

（二）以实物作价出资

1. 实物的范围

实物有不动产和动产。不动产有土地（只能以使用权出资）、房屋和林木等。不动产经济价值高、耐用期限长，具有保值性、增值性、不可移动性和不可隐藏性，用其作为出资，是比较理想的。不动产一般要由专业机构评估作价。

动产的范围比较广泛，如车辆、机器、设备、原材料、办公用品等。动产与不动产一样，也要合理评估作价。评估作价一般有两种方式：一是发起人协商评估作价；二是发起人聘请第三人（专业评估机构）评估作价。

2. 对实物出资的要求

股东以实物出资，应当符合下列要求：

（1）实物为公司生产、经营所需。如果实物不为公司生产、经营所需，公司只能将其闲置或者转让他人，闲置是一种浪费，转让则可能达不到折价出资的数额，使公司受到损失。在实务中，有些实物虽不能直接用于公司的生产、经营，但变现后能给公司带来利益的，应当允许作价出资。

（2）股东对实物享有所有权或对土地享有使用权。如果股东对实物欠缺权利，而以该实物出资，则会被第三人追夺。实务中，有的当事人以他人的房屋作价出资，被人民法院判定侵权，确定出资无效。这个道理是显而易见的。但股东对实物享有权利，不应是一个绝对化的标准。若股东以他人的实物出资，所有权人予以追认或者目标公司善意取得的，出资就是有效的。

（3）股东出资的实物不得设有权利负担。实物有权利负担，是指实物负载着他人的权利，主要是指实物上设置了担保物权。例如，实物抵押给他人，负载着抵押权人的抵押权，担保物权人就标的物有优先受偿权。若股东以设置担保物权的实物出资，公司尽管可以取得实物的所有权，但是，一旦被担保的债务人届时不能向债权人清偿债务，担保物权人基于担保物权的追及性，有权对担保的标的物变价，并优先受偿，这就势必危及公司财产的完整性，危及公司和公司债权人的利益，也会危及公司股东的利益。因此，原则上不能允许有权利负担的实物作价出资。但股东对出资提供了担保的，则应当允许作价出资。

此外，已经出租给他人的实物，也属于实物负载他人权利的一种情况。例如，某股东以一套房屋出资，该房屋已经出租给他人，租期为5年。原则上，这种出资不能禁止，因为这种情况不会危害公司的利益。但在作价上，出租物和非出租物应当有所区别，已经出租的标的物作价要低一些。出租房屋作价出资后，产权要变更到公司的名下，但是不能击破原租赁关系，应由公司作为出租人。

（三）以知识产权作价出资

知识产权包括工业产权和著作权。

1. 以工业产权作价出资

工业产权包括专利权和商标专用权。广义的工业产权还包括技术秘密。

（1）以专利权作价出资。

发明创造的专利权有发明专利权、实用新型专利权和外观设计专利权。发明是指对产品、方法或者其改进提出的新的技术方案。发明有产品发明、方法发明和改进发明。实用新型是指对产品的形状、构造或者其结合提出的适于实用的新的技术方案。实用新型是关于产品的技术方案，只能适用于产品，不能适用于方法。外观设计是指对产品的形状、图案、色彩或者其结合所作出的富有美感的并适用于工业上应用的新设计。这种美感是作用于视觉的。外观设计还要能批量性地复制，这是它区别于雕塑等特定物的标志。雕塑不能取得外观设计专利权，但可以有著作权。

以专利权作价出资判例要点

专利权的价值与专利权存续的时间有关系。发明专利权的期限为 20 年，实用新型专利权的期限为 10 年，外观设计专利权的期限为 15 年，均自专利申请日起计算。超过规定的时间，专利权就成了公知公用的技术，演变成社会的公共财富，任何人均可使用，就不能作为公司的出资了。如果专利权被专利权人以书面形式予以放弃，同样也就不能作为对公司的出资。

宣告无效的专利视为自始不存在，将专利作价出资的股东在专利被确认无效后，应当以其他财产重新出资。

（2）以注册商标专用权作价出资。

经商标局核准注册的商标为注册商标，包括商品商标、服务商标和集体商标、证明商标。所谓集体商标，是指以团体、协会或者其他组织名义注册，供该组织成员在商事活动中使用，以表明使用者在该组织中的成员资格的标志。所谓证明商标，是指由对某种商品或者服务具有监督能力的组织所控制，而由该组织以外的单位或者个人使用于其商品或者服务，用以证明该商品或者服务的原产地、原料、制造方法、质量或者其他特定品质的标志。

（3）以技术秘密作价出资。

这里所说的技术秘密，是指专用（专有）技术，也称为 Know-How。技术秘密是一种无形财产，因而可以作价出资。

以专利技术、技术秘密作价出资与技术转让是有区别的。以专利技术或技术秘密作价出资，是一种入股行为，出资人在公司成立后获得股权，成为公司股东；而向公司转让技术的本质是技术权属的买卖行为，出卖人从公司获得价款，不能成为公司的股东。

实务中，经常把技术秘密简称为技术，但带有技巧性、熟练性的劳务，也被称为技术。一定要把技术秘密与带有技巧性、熟练性的劳务区分开来，因为，技术秘密可以对公司作价出资，而劳务是不能对公司作价出资的。例如，张某是熟练的瓦工，砌墙比别人快一倍，他不能以劳务出资。

提问：杨某是甲公司的熟练工人，给公司创造了不少利润，公司大股东送给他40万元技术干股，杨某参与了公司历次分红。后来公司被人民法院裁定破产，公司债权人指出，杨某并没有出资40万元，要求其补交40万元作为破产财产供债权人分配。杨某应否补交40万元？

答：“干股”不是法律概念，是指不出钱而得到股份。如果杨某以技术秘密出资而且该技术秘密的权属已经转归公司，则完成了出资义务，没有补交义务。如果杨某并无技术秘密，只有技术性劳务，那他对公司是没有出资的，应当补交40万元出资。需要指出的是，实务中，有的人名义上是以技术性劳务出资，但该技术性劳务已经折价由他人（其他股东）代为出资，在法律上应认为该人完成了以货币出资的义务。比如本案的杨某，若大股东代其向公司实缴了40万元出资，应认为杨某完成了以货币出资的义务。

2. 以著作权作价出资

著作权是当事人对作品的权利，当事人对作品的财产权利，可以作价作为对公司的出资。例如，某人对某一软件享有著作权，可以作价出资。著作权也有时间的限制，一般是作者死后50年。如果是作者的继承人将作品的著作权作价出资，其他股东就要注意著作权的期限。

提问：王某在某出版社有一本畅销书（也是长版书），按照出版合同的约定，版税（稿酬）是码洋的10%。王某能将版税作为著作权作价对公司出资吗？

答：版税可以作价出资，但版税不是著作权，而是王某对出版社的债权。版税（稿酬）是由著作权派生的债权。

（四）以土地使用权作价出资

1. 概述

按照《中华人民共和国宪法》和《中华人民共和国土地管理法》的规定，土地所有权属于国家、农民集体。土地所有权在民事主体之间禁止流通，因此土地所有权不能用于股东出资。但土地使用权可以作价出资。土地使用权的评估作价，依照法律、行政法规的规定办理。土地使用权作价出资后，应当办理使用权转移手续，使公司拥有合法的土地使用权。

参考案例3-2

甲公司的出资（土地使用权300万元，货币500万元）占乙公司注册资本的80%，甲公司直接控制乙公司的经营。乙公司欠丙公司货款500万元，无法偿还。丙公司起诉甲公司要求偿还，理由是甲公司是乙公司的母公司，甲公司直接控制着乙公司的经营。因此，甲公司应当为其子公司的债务承担责任。经查，作为甲公司出资的土地使用权未办理移转登记。问：丙公司起诉甲公司的理由能否成立？丙公司能否直接起诉甲公司？若能，以何理由起诉？

——首先，丙公司起诉甲公司的理由不能成立。因为甲、乙公司虽是母子公司关系，但是它们是各自独立的法人，各自以自己的财产偿还自己的债务，故丙公司以“甲公司是乙公司的母公司，甲公司直接控制着乙公司的经营”为由，要求甲公司为乙公司的债务承担责任的请求不能成立。

但是，甲公司作为乙公司的出资人，负有依照公司章程缴纳出资的义务，甲公司没有办理土地使用权的移转登记，因此乙公司享有一项对甲公司的债权——请求甲公司办理土地使用权的移转登记的权利。由于甲、乙公司是母子公司关系，甲公司控制着乙公司的经营，因此，乙公司很可能不行使此项权利。此时，乙公司的债权人丙公司可以甲公司出资不到位的理由，或者以揭开公司面纱（否定公司法人人格）的理由直接起诉甲公司。

2. 以土地使用权出资的特别问题

作为出资的土地使用权，原则上不得在其上设有权利负担，否则将会影响出资的真实性和有效性。出资人以划拨土地使用权出资，或者以设定权利负担的土地使用权出资，公司、其他股东或者公司债权人主张认定出资人未履行出资义务的，该出资人应在合理期间内办理土地变更手续或者解除权利负担，否则应当认定出资人未依法全面履行出资义务。

（1）以划拨方式取得的土地使用权对公司出资。

对国家土地使用权的取得有两种方式，一种是出让方式，另一种是划拨方式。出让方式是有偿取得，划拨方式是无偿取得。以划拨方式取得的土地使用权，其流转受到比较严格的限制。例如，某甲用通过划拨方式取得的一宗土地对公司出资，应当办理土地变更手续（变更为出让方式），并向国家交付相当的费用。

（2）以设定权利负担的土地使用权对公司出资。

土地使用权可能设定了权利负担。例如，某甲有一宗土地的使用权，但是对银行做了抵押，办理了抵押权登记。某甲用该宗土地对公司出资时，公司可能“竹篮打水一场空”，即某甲对公司出资后，如不向银行归还贷款，银行可通过人民法院拍卖该宗土地的使用权，并就价款而优先受偿，这就等于公司没有得到出资的财产。

又如，某甲以出让的方式得到了一宗土地的使用权，后向银行借款 2 000 万元而将该土地的使用权抵押给银行，然后作价 3 000 万元对 A 公司出资。后来 A 公司欠 B 公司 3 000 万元货款无力清偿，B 公司发现某甲到期未向银行归还贷款，银行已经将该宗土地拍卖，拍卖款为 3 000 万元。清偿银行本息及支付拍卖费用后，剩余的 400 万元归还给了 A 公司。此时应当认为某甲 3 000 万元的出资义务只履行了 400 万元。

（五）以股权作价出资

新修订的《公司法》在法律层面正式将股权列为出资形式的一种。股权包含股利请求权等财产权利内容，因而具有财产价值，可以作价对公司出资。以股权出资，实际上是出资者将其对另一公司享有的股权转让给目标公司，从而获得公司的股权。

作为出资的股权需要满足一定的条件：

（1）出资的股权由出资人合法持有并依法可以转让。例如，“借”来的股权不得用于对公司的出资。再如，质权人不能用他人质押的股权出资。

（2）出资的股权无权利瑕疵或者权利负担。例如，已经质押给他人的股份不适宜出资。

（3）出资人已履行关于股权转让的法定手续。例如，某甲以对 A 公司 100 万元的股权作为对B公司的出资，其应当把股权转让给B公司，办理股权转让的登记。出资完成后，B公司成为A公司的股东，某甲则丧失了对A公司的股权。

（4）对用以出资的股权应当依法进行价值评估。例如，某甲以100万元对A公司货币出资，获得了对A公司的股权，当某甲用A公司的股权对B公司出资时，该股权的价值可能是100万元，也可能低于100万元，还可能高于100万元，这与A公司的经营状况有关。因此，应进行价值评估，确定某甲对A公司的股权价格。

（六）以债权作价出资

新修订的《公司法》在法律层面正式将债权列为出资形式的一种。债权出资，即股东以其对他人享有的债权投入公司。可以作为股东出资的债权包括两种：一种是股东对目标公司的债权；另一种是股东对他人的债权。

（1）股东以其对目标公司的债权出资（即所谓“债转股”），股东实质上是以债务抵销的方式出资，公司所享有的债权与其所负担的债务相抵销，公司的消极财产减少，公司享受即时的经济利益。实践中对“债转股”也予以认可，特别是在重整程序中，“债转股”一直是一种常见的出资方式。

（2）股东以其对他人的债权对目标公司出资，本质上属于债权转让，转让人取得的对价是公司的股权，待该债权实现之时，公司的积极财产才能增加。在我国的商事实践中，对于国债、企业债券以及道路和桥梁收费权、特许经营收费权等信用良好的债权作为出资方式是予以认可的。

（七）以其他财产作价出资

股东不得以劳务、信用、自然人姓名、商誉、特许经营权或者设定担保的财产等作价出资。除此之外，其他财产能否作价出资，要具体分析。

参考案例3-3

甲、乙双方按约定各出资150万元成立一家养殖对虾的公司。甲主张自己可以带领农民给公司挖养虾池，作价60万元出资。乙表示反对。

——甲的主张是不正确的。这60万元可以作为公司的债务，却不能作为对公司的出资。

四、出资缴纳义务和未履行出资义务的责任

（一）出资缴纳义务

股东对公司有出资缴纳义务。“股东应当按期足额缴纳公司章程规定的各自所认缴的出资额。股东以货币出资的，应当将货币出资足额存入有限责任公司在银行开设的账户；以非货币财产出资的，应当依法办理其财产权的转移手续”（第49条第1款和第2款）。货币交付，其所有权即转移，因此以货币出资，将货币存入公司在银行开设的账户即完成了出资义务。以动产出资的，将动产交付给公司就完成了出资义务。以不动产出资的，要办理产权转移登记（过户登记）手续。以股权、债权、知识产权等出资，也要办理相应手续，把权利转移给公司。

当事人之间对是否已履行出资义务发生争议，提起民事诉讼，原告提供对股东履行出

资义务产生合理怀疑证据的，被告股东应当就其已履行出资义务承担举证责任。

（二）未按期足额缴纳的继续履行缴纳出资责任和赔偿责任

出资义务是股东的法定义务。“股东未按期足额缴纳出资的，除应当向公司足额缴纳外，还应当对给公司造成的损失承担赔偿责任”（第49条第3款）。该款规定了继续履行缴纳出资的责任和赔偿责任两项责任。赔偿责任是对公司的赔偿责任，归责原则是无过错责任原则，股东未按期足额缴纳出资给公司造成损失的，即使无过错也要赔偿。

该两项责任也适用于股份有限公司：股份有限公司发起人未按期足额缴纳出资的，须承担继续履行缴纳义务的责任；公司有损失的，须承担赔偿责任。

（三）资本充实责任

股东的资本充实责任，也称为出资的填补责任、补足责任。设立时的股东也称为发起人，是公司的原始股东。“有限责任公司设立时，股东未按照公司章程规定实际缴纳出资，或者实际出资的非货币财产的实际价额显著低于所认缴的出资额的，设立时的其他股东与该股东在出资不足的范围内承担连带责任”（第50条）。这里的“连带责任”，是指设立时的股东对目标公司的连带责任，也可以构成对目标公司债权人的连带责任。

（1）股东未履行或者未全面履行出资义务的，有权请求其向公司依法全面履行出资义务的人是公司和股东这两类主体，债权人也可以请求股东在出资不足的范围内向自己清偿。例如，甲、乙、丙成立A有限责任公司，注册资金为100万元。其中，甲以一台机器作价50万元出资。A公司与丁发生业务关系，欠丁100万元，用公司的财产偿还，只偿还了60万元，原因是甲作价50万元的机器实际价值仅为10万元。此时股东甲应当向A公司补交40万元的差额，乙和丙对此承担连带责任；A公司的债权人丁可以请求股东甲、乙、丙在40万元的范围内对自己承担连带清偿的责任。

（2）出资人以非货币财产出资，未依法评估作价，公司、其他股东或者公司债权人可以提起民事诉讼，请求人民法院认定出资人未履行出资义务，由人民法院委托具有合法资格的评估机构对该财产评估作价。评估确定的价额显著低于公司章程所定价额的，应当认定出资人未依法全面履行出资义务。例如，大股东某甲以大型设备出资，未依法评估，章程记载设备折价为1 000万元。其他小股东起诉，经评估作价，该设备价值500万元，应认定为某甲只出资了500万元，应补足到1 000万元。

（3）出资人以符合法定条件的非货币财产出资后，因市场变化或者其他客观因素导致出资财产贬值，出资人不承担补足出资责任，但是当事人另有约定的除外。财产贬值，是公司应该承担的结果，关键是“当事人另有约定的除外”。

（四）股东失权

股东失权，是指股东未按期履行出资义务，经公司书面催缴在宽限期内仍未缴纳的，经公司发出失权通知，该股东即丧失其未缴纳出资部分股权的制度。

股东未按照公司章程规定的出资日期缴纳出资，公司发出书面催缴书催缴出资的，可以载明缴纳出资的宽限期；宽限期自公司发出催缴书之日起，不得少于60日。宽限期届满，股东仍未履行出资义务的，公司经董事会决议可以向该股东发出失权通知，通知应当以书面形式发出。自通知发出之日起，该股东丧失其未缴纳出资的股权（见第52条第1款）。股东失权应满足下列条件：

（1）股东未按期足额缴纳公司章程规定的出资。这既包括到期未缴纳（未缴）全部出资，也包括出资到期缴纳不足（少缴）。这里所说的缴纳是实际缴纳，不是认缴。例如，公司章程规定："认缴的出资应在公司成立后 6 个月内缴足"，某股东 6 个月内未实缴，就满足了失权的第一个要件。

（2）公司向股东书面催交。"有限责任公司成立后，董事会应当对股东的出资情况进行核查，发现股东未按期足额缴纳公司章程规定的出资的，应当由公司向该股东发出书面催缴书，催缴出资"（第 51 条第 1 款）。催缴出资，应当给股东不少于 60 日的宽限期。

（3）宽限期届满，股东仍未履行出资义务。

（4）公司董事会作出决议向未履行出资义务的股东发出书面失权通知，自通知发出之日起，该股东丧失其未缴纳出资的股权。未缴的，丧失全部股权；少缴的，丧失相应部分股权。失权的时间节点是"通知发出之日"，不是"通知到达之日"。"股东对失权有异议的，应当自接到失权通知之日起三十日内，向人民法院提起诉讼"（第 52 条第 3 款）。

对股东丧失的股权应当依法转让，或者相应减少注册资本并注销该股权；6 个月内未转让或者注销的，由公司其他股东按照其出资比例足额缴纳相应出资。例如，股东甲未履行 100 万元的出资而丧失了股权，则可以由其他股东或第三人出资受让该股权。

五、公司对出资财产的善意取得及相关问题

（一）公司对出资财产的善意取得

出资人以不享有处分权的财产出资，目标公司有可能对出资的财产善意取得，出资人也因此取得股权。

股东以不享有处分权的动产和不动产对公司出资，公司都可以善意取得。[①] 例如，张某受托保管李某的一头奶牛，张某却将其冒充自己的牛对公司折价出资，在将牛交付给公司后，公司可以善意取得这头牛的所有权，而张某取得股权。不能确认出资无效，李某不能追回这头牛，也不得主张股权，李某只能追究张某的侵权责任或不当得利责任。再如，某甲的房屋因故登记在某乙的名下，某乙将该房屋冒充自己的房屋对公司出资，公司取得登记后，对该房屋善意取得所有权。不能确认出资无效，某甲不能追回房屋，也不能主张股权，只能追究某乙的侵权责任或不当得利责任。

（二）以违法犯罪所得的货币出资的问题

以贪污、受贿、侵占、挪用等违法犯罪所得的货币出资后取得股权的，对违法犯罪行为予以追究、处罚时，应当采取拍卖或者变卖的方式处置其股权。因货币具有"占有与所有同一"的特性，故对货币的取得一般情况下不适用善意取得。例如，张某用贪污的 100 万元对公司出资，公司取得了货币的所有权，但属于一般取得，不属于善意取得。张某也取得了股份，但对张某取得的股份应当采取拍卖或者变卖的方式依法处置，剥夺张某的股

① 《民法典》第 311 条就善意取得作出规定："无处分权人将不动产或者动产转让给受让人的，所有权人有权追回；除法律另有规定外，符合下列情形的，受让人取得该不动产或者动产的所有权：（一）受让人受让该不动产或者动产时是善意；（二）以合理的价格转让；（三）转让的不动产或者动产依照法律规定应当登记的已经登记，不需要登记的已经交付给受让人。受让人依据前款规定取得不动产或者动产的所有权的，原所有权人有权向无处分权人请求损害赔偿。当事人善意取得其他物权的，参照适用前两款规定。"

权，使其丧失违法利益。

六、公司成立后股东抽逃出资的表现及责任

（一）公司成立后股东抽逃出资的表现

抽逃出资是股东在出资实缴后的抽逃，在认缴阶段不存在抽逃的问题。抽逃出资有下列表现：

（1）通过虚构债权债务关系将出资转出；

（2）制作虚假财务会计报表虚增利润进行分配；

（3）利用关联交易将出资转出；

（4）其他未经法定程序将出资抽回的行为。

（二）抽逃出资的责任

“公司成立后，股东不得抽逃出资。违反前款规定的，股东应当返还抽逃的出资；给公司造成损失的，负有责任的董事、监事、高级管理人员应当与该股东承担连带赔偿责任”（第 53 条）。

（1）抽逃出资是对公司的侵权行为，构成的责任是侵权责任。抽逃出资有双层责任：一是返还出资的责任；二是对公司的赔偿责任。

（2）承担抽逃出资责任的主体首先是抽逃出资的股东；其次是有过错的董事、监事、高级管理人员。返还出资的责任是由股东单独承担的，对公司的损害赔偿，有过错的董事、监事、高级管理人员与股东一起承担连带责任。

抽逃出资
判例要点

（3）抽逃出资的双层责任是对公司的责任，抽逃出资对公司债权人也可产生清偿债务的责任。例如，A 公司欠 B 公司货款 500 万元，A 公司无力全部支付，只偿还了 100 万元。后发现 A 公司的股东某甲出资 600 万元，抽逃 300 万元，协助抽逃人是 A 公司的董事长李某。此种情况下，某甲对 A 公司的债权人 B 公司承担 300 万元的补充责任，对该 300 万元，董事长李某承担连带责任。

七、出资义务的加速到期

加速到期也称为提前到期，是为保护公司债权人设立的制度。“公司不能清偿到期债务的，公司或者已到期债权的债权人有权要求已认缴出资但未届出资期限的股东提前缴纳出资”（第 54 条）。

要求加速到期的主体，一是公司，二是已到期债权的债权人。加速到期的条件，是公司虽未破产但不能清偿到期债务。此处的“不能清偿”，包括主观不能和客观不能。主观不能是指虽然有清偿能力，但不愿清偿到期债务（赖账）；客观不能是指客观上无力清偿到期债务。例如，A 公司欠 B 公司货款 200 万元，无力清偿，甲是 A 公司的股东，认缴了 400 万元，实缴期限还有一年才届满，A 公司可以请求甲提前向公司缴纳 200 万元出资款（入库），B 公司也有权要求甲向 A 公司提前缴纳 200 万元出资款（入库）或者直接向自己清偿 200 万元。

第四节　有限责任公司的股东

一、股东的含义

股东是组成公司的人，其通过向公司出资或其他合法途径获得公司股权，并对公司享有权利和承担义务。有限责任公司的股东，是指有限责任公司的出资者，是公司财产的所有者。股东可以是自然人，也可以是法人、非法人组织，国有独资公司的股东只能是国家。股东既可以是中国投资者，也可以是外国投资者。股东既是人格、财产独立于公司的主体，又是公司权力机构（股东会）的成员。

股东名册是股东身份和股东享有权利的证据。股东名册是根据《公司法》的规定，由公司制作、置备，记载股东自身情况、出资情况等法定事项的文件。股东名册是有限责任公司必须置备的文件，股东名册需记载下列事项：

（1）股东的姓名或者名称及住所；

（2）股东认缴和实缴的出资额、出资方式和出资日期；

（3）出资证明书编号；

（4）取得和丧失股东资格的日期。

记载于股东名册的股东，可以依股东名册主张行使股东权利。

二、股东资格的取得和丧失

（一）股东资格的取得

1. 原始取得

对股权或股份的取得，也就是对股东资格的取得。原始取得，是指股东资格于公司成立时或增资时，通过出资、认购而取得。也就是说，原始取得可以分为设立取得和增资取得。原始取得者，即原始股东，对股份是第一手取得，是股份的“第一个主人”。

有限责任公司的设立是发起设立，作为发起人而取得股份为原始取得。股份有限公司分为发起设立和募集设立。股份有限公司的发起设立与有限责任公司一样，发起人对股东资格取得都是原始取得。股份有限公司募集设立时，发起人只是认购股票的一部分，其他部分则由社会上的认购者认购，发起人与认购者对股东资格都是原始取得。

公司成立后发行新股（增资），对新股是第一手取得，作为对新股的股东资格，是原始取得。

2. 继受取得

继受取得又称传来取得，是从他人之手取得，对股份而言，是第二手取得。即股东资格基于继承、赠与、遗赠、公司合并或出资的受让取得。继受取得者，即继受股东，是从他人手中获得股份的人。例如，股东甲将自己的股权转让给乙，乙就是继受股东。

（二）股东资格的丧失

1. 绝对丧失

绝对丧失，是指公司终止（公司因解散、破产、被吊销、章程规定的期限届满等原因而终止），股东资格不可能存续。没有公司，就没有股份、股权，也就没有股东。

2. 相对丧失

相对丧失，是指公司存在，原股东的资格让位于新股东或基于其他原因导致原股东资格的丧失。有限责任公司的股东可以将股权依法转让给其他股东，也可以将股权依法转让给股东之外的人。股东转让所持有公司的全部股权，丧失股东资格。

此外，有限责任公司的股东未履行出资义务，经公司催告缴纳，其在合理期间内仍未缴纳，董事会可以决议向该股东发出失权通知，解除该股东的未缴纳部分的股权，如果股东全部未缴纳，则失去股东资格。股东失权也是股东资格相对丧失的原因之一。

三、股东资格的确认及相关责任

（一）诉讼主体

当事人向人民法院起诉请求确认自己的股东资格的，应当以公司为被告，与案件争议股权有利害关系的人作为第三人参加诉讼。实务中，对股东资格会发生争议，如名义股东与实际股东发生股东资格争议，股权转让时也会发生股权争议。例如，当某甲认为自己是股东而某乙不是股东起诉到人民法院时，应以公司为被告，以某乙为第三人起诉。

（二）举证责任

当事人之间对股权归属发生争议，一方请求人民法院确认其享有股权的，应当证明以下事实之一：

（1）已经依法向公司出资或者认缴出资，且不违反法律法规强制性规定；

（2）已经受让或者以其他形式继受公司股权，且不违反法律法规强制性规定。

此种由请求确认股权的股东负担举证责任的安排亦符合确认之诉中举证责任分配的一般性规则。

（三）实际出资人与名义出资人

有限责任公司的实际出资人与名义出资人订立代持合同，约定由实际出资人出资并享有投资权益，以名义出资人（代持人）为名义股东，实际出资人与名义股东对该代持合同效力发生争议的，如无法定无效的情形，应当认定该合同有效。实际出资人又称为隐名股东，名义股东又称为显名股东。实际出资人与名义股东因投资权益的归属发生争议，实际出资人以其实际履行了出资义务为由向名义股东主张权利的，应予支持。名义股东以公司股东名册记载、公司登记机关登记为由否认实际出资人权利的，人民法院不予支持。实际出资人未经公司其他股东半数以上同意，请求公司变更股东、签发出资证明书、记载于股东名册、记载于公司章程并在公司登记机关办理登记的，不予支持。

（1）名义股东与实际股东约定的权利义务一般是有效的。实际股东有权主张股东权益。

（2）实际股东经公司其他股东半数以上同意，可以“名实相符”，即可以恢复股东的“名分”。

（3）当处理公司内部股东资格确认纠纷时，以实际出资、出资证明书、股东名册、股东会会议记录等作为确认股权的依据；当与公司之外的第三人发生涉及股东资格确认的纠纷时，以股权登记作为确认股权的依据。

（四）名义股东对出资义务的责任

公司债权人以登记于公司登记机关的股东未履行出资义务为由，请求其对公司债务不能清偿的部分在未出资本息范围内承担补充赔偿责任，股东以其仅为名义股东而非实际出资人为由进行抗辩的，人民法院不予支持。名义股东在承担赔偿责任后，向实际出资人追偿的，人民法院应予支持。

例如，甲、乙、丙设立 A 公司，甲是“社会贤达”，觉得当公司股东会影响自己的声誉，就让自己的弟弟丁当名义的股东，自己出资 500 万元，但出资只到位 400 万元。A 公司设立后与 B 公司发生交易，欠 B 公司 1 000 万元，A 公司只能清偿 800 万元，则 B 公司有权请求丁在 100 万元本息的范围内承担责任。

（五）冒名股东

冒名股东是冒用他人姓名或名称的股东。冒用他人名义出资并将该他人作为股东在公司登记机关登记的，冒名登记行为人应当承担相应的责任；公司、其他股东或者公司债权人以未履行出资义务为由，请求被冒名人承担补足出资责任或者对公司债务不能清偿部分的赔偿责任的，不应予以支持。

例如，张甲冒用其弟弟张乙的名义对 A 公司出资，在市场监督管理局登记的股东姓名也是张乙，按章程规定应当实缴 200 万元，张甲实际向 A 公司缴纳 100 万元。A 公司欠 B 公司 1 000 万元货款无力清偿，B 公司起诉到人民法院，要求张乙在 100 万元范围内承担连带责任，对此人民法院不予支持，而应令张甲对出资不到位的 100 万元承担责任。

四、股东的权利和义务

（一）股东的权利

“公司股东对公司依法享有资产收益、参与重大决策和选择管理者等权利”（第 4 条第 2 款）。股东的权利可以分为自益权和共益权。

1. 自益权

自益权是基于股权的，股权是股东实现资产收益和对公司实施有效控制的法律基础。股东的自益权是股东基于股东资格，为自己的经济利益享有的权利，可以理解为股东权利中的财产权。自益权可以分解为以下几项权利：

（1）收益权。它是股东基于出资的比例分取红利的权利。“公司弥补亏损和提取公积金后所余税后利润，有限责任公司按照股东实缴的出资比例分配利润，全体股东约定不按照出资比例分配利润的除外；股份有限公司按照股东所持有的股份比例分配利润，公司章程另有规定的除外”（第 210 条第 4 款）。

（2）优先权。其一，公司新增资本时，股东可以优先认缴出资。其二，股东可以优先购买其他股东转让的股权。

（3）出资转让权。在公司登记后，股东的出资不能抽回，但可以转让给他人。

（4）剩余财产分配权。在公司终止时，股东可以根据出资比例，对公司清偿债务后剩余的财产进行分配。

2. 共益权

共益权是基于出资，为公司自身的共同利益而行使的参与公司事务的权利，可以理解为股东权利中的管理参与权。它包括以下几项权利：

（1）表决权。股东有权出席股东会议，并可以按出资比例享有表决权，也可以按《公司法》规定，享有一人一票的表决权（类别股股东除外）。

（2）选举权和被选举权。股东享有选举权。作为自然人的股东，还可以被选为董事或者监事。

（3）公司章程的制定和修改权。公司章程体现了股东的共同意志，因此只有股东才有权制定并修改公司章程。

（4）知情权。股东享有对公司相关文件的查阅、复制权。

（5）提案权和建议权。

（6）公司章程规定的其他权利。

（二）股东的义务

出资是股东最基本的义务。股东以出资承担有限责任。这种义务是股东对公司承担的义务，在特定情况下，也是对公司债权人所应当承担的直接责任。即当公司债权人要求公司清偿债务时，可以要求抽回、抽逃出资的股东在抽回、抽逃出资的范围内承担连带责任。在诉讼时，公司债权人可以将公司和抽回、抽逃出资的股东作为共同被告。对于股东以非货币出资的，标的物的作价与实际不符的，股东负有出资填补责任。

第五节 有限责任公司的组织机构

一、有限责任公司组织机构概述

有限责任公司的组织机构有股东会、董事会、经理、监事会。

除一人股东外，股东会是必设机构。股东人数较少和规模较小的有限责任公司，可以不设董事会，设一名董事，行使《公司法》规定的董事会职权。也可以不设监事会，设一名监事，行使《公司法》规定的监事会的职权；经全体股东一致同意，也可以不设监事。

此外，新修订的《公司法》还引入了审计委员会制度，有限责任公司可以按照公司章程的规定在董事会中设置由董事组成的审计委员会，行使《公司法》规定的监事会的职权，不设监事会或者监事。公司董事会成员中的职工代表可以成为审计委员会成员。

有限责任公司根据需要设置内部机构（如办公室、销售部、财务部、质管部、生产部、人力资源部等）和分公司。

二、股东会

（一）股东会及其职权

有限责任公司股东会由全体股东组成，股东会是公司的意思机关，是形成法人意思的机关，也就是权力机构。这里所说的“权力”是个习惯上的术语，它不是公法上的权力，而是商主体内部具有支配性的“权利”，也就是说，它的本质属性是民商法中的权利。

股东会依照《公司法》行使职权。根据《公司法》第 59 条的规定，股东会行使下列职权：

（1）选举和更换董事、监事，决定有关董事、监事的报酬事项；

（2）审议批准董事会的报告；

（3）审议批准监事会的报告；

（4）审议批准公司的利润分配方案和弥补亏损方案；

（5）对公司增加或者减少注册资本作出决议；

（6）对发行公司债券作出决议；

（7）对公司合并、分立、解散、清算或者变更公司形式作出决议；

（8）修改公司章程；

（9）公司章程规定的其他职权。

股东会可以授权董事会对发行公司债券作出决议。

根据《公司法》第 59 条第 3 款的规定，对上述所列事项股东以书面形式一致表示同意的，可以不召开股东会会议，直接作出决定，并由全体股东在决定文件上签名或者盖章。也就是说，在全体股东一致同意的情况下，可以不采取会议的形式。例如，某公司只有两个自然人股东，两人利用信件取得一致就可以决定公司的重大事项，但最后要有一个由全体股东签名、盖章的决定文件。

（二）股东会的议事方式、表决程序及表决权

“股东会会议由股东按照出资比例行使表决权；但是，公司章程另有规定的除外”（第 65 条）。按出资比例行使表决权，被称为“资本多数决定原则”，简称为“资本多数决”。

“股东会的议事方式和表决程序，除本法有规定的外，由公司章程规定。股东会作出决议，应当经代表过半数表决权的股东通过。股东会作出修改公司章程、增加或者减少注册资本的决议，以及公司合并、分立、解散或者变更公司形式的决议，应当经代表三分之二以上表决权的股东通过”（第 66 条）。其一，股东会的议事方式和表决程序，有的由《公司法》规定，有的由公司章程规定；其二，“代表三分之二以上表决权的股东通过”，称为“绝对多数决”，适用于重大事项；其三，“代表过半数表决权的股东通过”，称为“简单多数决”，适用于一般事项。

有限责任公司股东会表决权的规定见表 3－1。

表 3－1　有限责任公司股东会表决权的规定

	决议内容	表决权比例	《公司法》规定
1	为股东、实际控制人提供担保。	有权表决并出席会议的过半数	第 15 条
2	（1）修改公司章程。（2）增加或者减少注册资本。（3）公司合并、分立、解散。（4）变更公司形式。	三分之二以上	第 66 条
3	出现公司章程规定的解散事由，但决定通过修改公司章程，不解散公司。	三分之二以上	第 229 条和第 230 条
备注	（1）本表所列事项，应在股东会会议上表决，但根据《公司法》第 59 条的规定，对决议事项股东以书面形式一致表示同意的，可以不召开股东会会议。 （2）过半数，不包括本数；三分之二以上包括本数。 （3）本表表决权比例为强制性规定。		

（三）股东会会议

1. 股东会会议的召开

股东会会议分为定期会议和临时会议。

定期会议应当按照公司章程的规定按时召开。代表 1/10 以上表决权的股东、1/3 以上

的董事或者监事会提议召开临时会议的，应当召开临时会议。

2. 股东会会议的召集和主持

股东会会议由董事会召集，董事长主持；董事长不能履行职务或者不履行职务的，由副董事长主持；副董事长不能履行职务或者不履行职务的，由过半数的董事共同推举一名董事主持。

董事会不能履行或者不履行召集股东会会议职责的，由监事会召集和主持；监事会不召集和主持的，代表 1/10 以上表决权的股东可以自行召集和主持。

3. 股东会会议召开的通知

召开股东会会议，应当于会议召开 15 日前通知全体股东；但是，公司章程另有规定或者全体股东另有约定的除外。

三、董事会

（一）董事会的地位及组成

董事会是股东会闭会期间的经营决策机构和业务执行机构。有限责任公司根据其经营规模的大小和股东人数的多少，决定是否设立董事会。“规模较小或者股东人数较少的有限责任公司，可以不设董事会，设一名董事，行使本法规定的董事会的职权。该董事可以兼任公司经理”（第 75 条）。

“有限责任公司董事会成员为三人以上，其成员中可以有公司职工代表。职工人数三百人以上的有限责任公司，除依法设监事会并有公司职工代表的外，其董事会成员中应当有公司职工代表。董事会中的职工代表由公司职工通过职工代表大会、职工大会或者其他形式民主选举产生。董事会设董事长一人，可以设副董事长。董事长、副董事长的产生办法由公司章程规定”（第 68 条）。职工人数 300 人以上的有限责任公司，职工代表要么进入监事会，要么进入董事会。职工董事的职权，与非职工董事相同。

董事是否限于自然人，各国的做法不一。《公司法》第 178 条关于董事资格的规定，是对自然人担任董事资格的规定。从这条规定来看，我国法律规定的董事是由自然人担任的。

（二）董事的任期及职务的解除

1. 董事的任期与辞任

“董事任期由公司章程规定，但每届任期不得超过三年。董事任期届满，连选可以连任。董事任期届满未及时改选，或者董事在任期内辞任导致董事会成员低于法定人数的，在改选出的董事就任前，原董事仍应当依照法律、行政法规和公司章程的规定，履行董事职务”（第 70 条第 1 款和第 2 款）。未及时改选或者董事辞任都会导致董事低于法定人数（董事会成员为 3 人以上），为保障公司经营的正常决策，任期届满董事和辞任董事应当继续履行董事职务，直至新的董事接任。继续履行职务的任期届满董事和辞任董事，可称为“看守董事”。

董事可以单方面辞任，辞任应当以书面形式通知公司，公司收到通知之日辞任生效，但辞任导致董事会成员低于法定人数的，在改选出的董事就任前，原董事应继续履行董事职务。例如，A 公司有甲、乙、丙、丁 4 名董事，任期为 3 年，在任期进行到 1 年时，甲董事辞任，在公司收到其辞任通知时，甲即解除了董事职务，因为还有乙、丙、丁 3 名董事，不低于法定人数。

2. 董事职务的无因解除与赔偿

董事职务的解除，也称为解任。无因解除，也称为任意解除，即解除权人不需要提出解除理由，也无须对解除理由举证。公司与董事之间是《民法典》上的委托合同关系，合同双方均有任意解除权，即公司可以随时解除董事职务（解任），无论任期是否届满，董事都可以随时辞职（辞任）。

“股东会可以决议解任董事，决议作出之日解任生效。无正当理由，在任期届满前解任董事的，该董事可以要求公司予以赔偿”（第 71 条）。本条中的解任，就是无因解除。股东会虽然可以无因解除董事职务，但无正当理由的，应给予赔偿。赔偿的数额，应当综合考虑剩余任期、董事薪酬等因素。

因职工董事不由股东会决议任命，故股东会也无权对其解任。

（三）董事会的职权

董事会对股东会负责，行使下列职权：

（1）召集股东会会议，并向股东会报告工作；

（2）执行股东会的决议；

（3）决定公司的经营计划和投资方案；

（4）制订公司的利润分配方案和弥补亏损方案；

（5）制订公司增加或者减少注册资本以及发行公司债券的方案；

（6）制订公司合并、分立、解散或者变更公司形式的方案；

（7）决定公司内部管理机构的设置；

（8）决定聘任或者解聘公司经理及其报酬事项，并根据经理的提名决定聘任或者解聘公司副经理、财务负责人及其报酬事项；

（9）制定公司的基本管理制度；

（10）公司章程规定或者股东会授予的其他职权（见第 67 条第 2 款）。

提问：公司章程可以扩大或限制董事会的职权吗？

答：公司章程由股东制定，可以扩大董事会的职权，也可以限制董事会的职权。需注意的是：“公司章程对董事会职权的限制不得对抗善意相对人”（第 67 条第 3 款）。因为，与公司进行交易的相对人一般没有义务主动审查公司的章程。

（四）董事会会议

1. 会议的召集和主持

董事会会议由董事长召集和主持；董事长不能履行职务或者不履行职务的，由副董事长召集和主持；副董事长不能履行职务或者不履行职务的，由过半数的董事共同推举一名董事召集和主持。

2. 议事方式和表决程序

董事会的议事方式和表决程序，除《公司法》有规定的以外，由公司章程规定。董事会会议应当有过半数的董事出席方可举行。董事会作出决议，应当经全体董事的过半数通过。

董事会决议的表决，应当一人一票。这体现出董事会的决议以董事的人数为标准表决（人头主义，即一人一票）。董事会会议的决议，不同于股东会会议的决议，股东会会议的决议一般以资本的多少为标准（资本多数决原则）。

有限责任公司董事会的议事方式和表决程序原则上由公司章程规定；而股份有限公司董事会的议事方式和表决程序则由《公司法》直接作出规定。

3. 会议的记录

董事会应当对所议事项的决定作成会议记录，出席会议的董事应当在会议记录上签名。会议记录应置备于公司，供股东查阅。会议记录是公司及股东追究董事责任的一项书证。

（五）审计委员会

新修订的《公司法》确立了审计委员会制度，新增了有限责任公司可以选择设单层制的治理结构，这是一个重要创新。审计委员会的设立是董事会监督职能体系的重要制度构建。

“有限责任公司可以按照公司章程的规定在董事会中设置由董事组成的审计委员会，行使本法规定的监事会的职权，不设监事会或者监事。公司董事会成员中的职工代表可以成为审计委员会成员”（第 69 条）。根据本条的规定，有限责任公司不设监事会或监事的条件是设行使监事会职权的审计委员会。

“股份有限公司可以按照公司章程的规定在董事会中设置由董事组成的审计委员会，行使本法规定的监事会的职权，不设监事会或者监事。审计委员会成员为三名以上，过半数成员不得在公司担任除董事以外的其他职务，且不得与公司存在任何可能影响其独立客观判断的关系。公司董事会成员中的职工代表可以成为审计委员会成员。审计委员会作出决议，应当经审计委员会成员的过半数通过。审计委员会决议的表决，应当一人一票。审计委员会的议事方式和表决程序，除本法有规定的外，由公司章程规定。公司可以按照公司章程的规定在董事会中设置其他委员会”（第 121 条）。该条是《公司法》新增关于股份有限公司可以选择单层制治理结构的条款，明确了股份有限公司中审计委员会的人数要求、成员组成、表决机制等规则；新增允许公司按照章程在董事会中设置其他委员会的规定。审计委员会为全面承接监督职权的机构，它虽然是董事会的内设机构，但是具有法定的独立性，在监督职权范围内行事不受其他机构的干涉。

新修订的《公司法》对有限责任公司与股份有限公司都规定了审计委员会，但在具体组成方面有些许区别。对股份有限公司明确要求审计委员会成员数量为 3 名以上，且过半数成员不得在公司有其他兼职；而对有限责任公司并无此种特别要求。但由于审计委员会至少应当符合委员会的基本构成要件，故而有限责任公司的审计委员会也应当至少有 3 名成员，但在兼职方面并无特别限制。同时对两类公司均规定了董事中的职工代表可以成为审计委员会成员，这也可以理解为《公司法》对于审计委员会成员选任的特别建议和提示。

审计委员会
热点分析

新修订的《公司法》从立法层面引入审计委员会制度这一单层制治理模式，无疑有利于公司治理架构的优化。同时，审计委员会制度的引入，让董事会能够实质监督公司财务情况，增强我国公司在财务方面的内控，提升公司内部的财务监管水平，从而有效减少财务纠纷、财务风险，最终维护公司价值和股东的利益。从整体上来说，该制度的引入充分体现了我国放松管制、强化自治的企业治理理念，是《公司法》的修订顺应现实需要、完善公司法律制度、努力完善中国特色现代企业制度的鲜明体现。

四、经理

经理部门是公司内部的经营管理机构，是业务辅助执行机关。经理部门由经理、副经理组成。经理、副经理是自然人，是公司的高级管理人员。实务中，经理常称为总经理、CEO 等。

经理由董事会决定聘任或解聘，对董事会负责。经理的职权由公司章程规定或者董事会授权。经理具体落实股东会和董事会的决议，主持公司的生产经营管理活动，维持公司运转。

经理列席董事会会议。不设立董事会的，执行董事可以兼任经理。除非公司章程将经理规定为法定代表人，否则在对外的经营业务活动中，经理是公司的代理人。

五、监事会

（一）监事会的地位和组成

1. 监事会的地位

监事会是公司经营活动的监督机构。监事会是与董事会并列的机构，它既对公司财务进行监督，也对董事、经理行为的合法性进行监督。

规模较大的有限责任公司，设立监事会，成员为 3 人以上。监事会应在其组成人员中推选 1 名主席。规模较小或者股东人数较少的有限责任公司，可以不设监事会，设一名监事，行使《公司法》规定的监事会的职权；经全体股东一致同意，也可以不设监事。

2. 监事会的组成

监事会由股东代表和适当比例的公司职工代表组成，其中职工代表的比例不得低于 1/3，具体比例由公司章程规定。股东代表出任监事，由股东会选举。监事会中的职工代表由公司职工民主选举产生。不设监事会的，不强制要求职工代表担任监事。董事、高级管理人员不得兼任监事；否则，监督者就会同时成为被监督者。监事可以列席董事会会议。

（二）监事的任期

监事的任期每届为 3 年。监事任期届满，连选可以连任。监事任期届满未及时改选，或者监事在任期内辞任导致监事会成员低于法定人数的，在改选出的监事就任前，原监事仍应当依照法律、行政法规和公司章程的规定，履行监事职务。

（三）监事会的职权

监事会行使下列职权：

（1）检查公司财务；

（2）对董事、高级管理人员执行职务的行为进行监督，对违反法律、行政法规、公司章程或者股东会决议的董事、高级管理人员提出解任的建议；

（3）当董事、高级管理人员的行为损害公司的利益时，要求董事、高级管理人员予以纠正；

（4）提议召开临时股东会会议，在董事会不履行《公司法》规定的召集和主持股东会会议职责时召集和主持股东会会议；

（5）向股东会会议提出提案；

（6）依照《公司法》第 189 条关于股东代表诉讼的规定，对董事、高级管理人员提起诉讼；

（7）公司章程规定的其他职权。

监事会可以要求董事、高级管理人员提交执行职务的报告。董事、高级管理人员应当如实向监事会提供有关情况和资料，不得妨碍监事会或者监事行使职权。

（四）监事的质询、建议和调查权

“监事可以列席董事会会议，并对董事会决议事项提出质询或者建议。监事会发现公司经营情况异常，可以进行调查；必要时，可以聘请会计师事务所等协助其工作，费用由公司承担”（第 79 条）。“监事可以列席董事会会议”，其实应是“监事有权列席董事会会议”，监事列席董事会会议，是监事会行使职权的一个途径和保障；对董事会决议事项，监事没有表决权，但可以提出质问、询问和建议。发现公司经营情况异常，监事会可以启动调查程序。从实务的情况看，监事会履行职权的情况并不理想，有虚设的现象。

（五）监事会会议

监事会会议分为常会和临时会议。监事会每年度至少召开一次会议（常会），监事可以提议召开临时监事会会议。监事会的议事方式和表决程序，除《公司法》有规定的外，由公司章程规定。

监事会决议应当经全体监事的过半数通过。监事会决议的表决，应当一人一票。监事会会议与董事会会议一样，实行的是“人头票”。

监事会应当对所议事项的决定作成会议记录，出席会议的监事应当在会议记录上签名。

（六）监事与董事的比较

1. 监事与董事的相同点

监事与董事有相同之处，主要表现在以下几个方面：

（1）董事和监事都由自然人担任。

（2）董事和监事都对股东会负责。

（3）董事和监事任期届满，均可以连选连任。

2. 监事与董事的区别

监事与董事的不同之处主要表现在以下几个方面：

（1）董事从事经营管理工作；监事从事监督工作。

（2）董事的每届任期不得超过 3 年，具体任期由公司章程规定；监事的每届任期是 3 年，由《公司法》直接作出规定。有的公司章程规定：“董事任期为 3 年，在每届任期内增补的董事，其任期为当届董事会的剩余任期。”此种规定用之于董事是允许的，但用之于监事，则属违法。

（3）董事可以兼任经理和财务负责人；监事因承担监督职责，不能兼任经理和财务负责人。

（4）董事出席董事会会议；监事列席董事会会议。董事在董事会会议上有表决权；而列席董事会会议的监事没有表决权。

第六节　有限责任公司的股权转让

一、股权转让概述

（一）股权转让的含义和分类

股权转让，是指股东将股份让与受让人，由受让人取得股份成为公司股东的行为，是股权权利主体的变更。对于让与人来说，股权转让是其退出公司或者减少股权的法律途径。有限责任公司的股权转让，也称为出资转让。

股权转让，转让人是股东，公司不能作为转让人。

根据受让人的不同，股权转让可以分为内部转让和外部转让。内部转让是股东之间的相互转让；外部转让是向股东以外的人转让，两者要求的程序不同。

根据是否依股东的意愿，股权转让可以分为自愿转让和强制转让。自愿转让，是依股东的意志而转让；强制转让，是股权作为财产权被人民法院强制执行而转让。

（二）股权转让合同

股权（股份）转让合同是要式合同，应当采用书面形式，没有书面合同，就无法到市场监督管理机关办理股权变更登记。

股权转让合同是诺成合同，在双方意思表示一致时，成立、生效。

股权转让合同的转让人又称为转让股东，目标公司不得作为转让人。受让人可以是标的公司的其他股东（内部转让），也可以是外部人（外部转让）。

起草股权转让合同，至少要把握以下几个要点：

（1）合同中要写清楚转让哪个公司（目标公司）的股权或股份。

（2）股权是标的财产，要在合同中注明股权是全部转让还是部分转让，要把股权转让的“量”界定清楚。

（3）股权转让分为有偿转让和无偿转让。无偿转让是一种赠与行为，适用《民法典》对赠与合同的规定。有偿转让，要在合同中写明转让价款（股价）、支付的方式和时间。

（4）要查明转让的股权对应的出资，实缴的期限是否届满，是否已经在期限内实缴，并在合同中注明。有偿转让，最好写上转让股东的权利瑕疵担保责任。

（5）要特别注意区分股权转让与公司资产转让，不要“一锅煮”。股价的多少，要受公司资产多少的影响，但两者不是一回事。股权属于股东，公司资产属于公司。如果转让股东是大股东，最好写明公司现存的资产，并制作有关附件（资产负债表等）。这样做，是为了防止大股东转移公司财产，使股权的价值缩水。

（6）合同中最好要写明股权转移给受让人的时间节点。例如，注明将受让人记载于股东名册后股权归受让人。再如，注明到市场监督管理机关办理股权变更登记后股权归受让人。

（7）合同中要写明转让方应当就股权转让及时通知目标公司，并要求目标公司及时将受让人记载于股东名册、及时到市场监督管理机关办理股权变更登记。实务中，有的目标公司作为第三人在股权转让合同书中签字、盖章，这就可以直接在合同书中注明目标公司在股东名册上的记载义务和办理股权变更登记义务。

（三）对公司股权的善意取得

在股权代持的情况下，可能发生善意取得的问题。实际出资人委托他人代持股份，实际出资人是隐名股东，是真正享有股权的股东，受托代持的人是名义股东（显名股东）。名义股东将登记于其名下的股权转让、质押或者以其他方式处分，相对人可以善意取得股权、质权或其他权利。

参考案例 3-4

甲将 60 万元交给乙，让乙与丙一起成立 A 有限责任公司。A 公司注册资本 100 万元，名义股东乙名义上享有 60%的股权，丙出资 40 万元，享有 40%的股权。公司成立一年后，乙瞒着甲将股份以合理价格转让给不知情的第三人丁。丁取得了股权，是一般取得，还是善意取得？

——因为乙为无权处分，故丁对股权的取得不是一般取得（正常取得），而是善意取得。

（四）股权转让后的股东名册变更与变更登记

公司是股权转让的利害关系人。“股东转让股权的，应当书面通知公司，请求变更股东名册；需要办理变更登记的，并请求公司向公司登记机关办理变更登记。公司拒绝或者在合理期限内不予答复的，转让人、受让人可以依法向人民法院提起诉讼。股权转让的，受让人自记载于股东名册时起可以向公司主张行使股东权利”（第 86 条）。

（1）股权转让的，转让人负有对目标公司的书面通知义务。一是将股权转让的事实通知公司；二是请求变更股东名册；三是请求公司办理变更登记。

（2）公司享有知情权，也负有变更股东名册和到公司登记机关办理变更登记等义务。公司不履行义务，转让人和受让人都可以起诉，请求人民法院强制公司履行义务。

（3）有限责任公司置备股东名册，如果是转让全部股权，在股东名册上以受让人替代转让人；如果是转让部分股权，在股东名册上也要作相应的记载。受让人自记载于股东名册时起可以向公司主张行使股东权利，即可视为与其他股东一样对公司主张自益权和共益权。

（4）记载于股东名册是受让人向目标公司主张股权的要件，至于股权转让人与受让人之间的权利义务，要看双方的约定。

二、未出资股权转让后的出资责任

未出资股权转让后的出资责任，包括未届期股权转让后的出资责任和瑕疵出资股权转让后的出资责任。

（一）未届期股权转让后的出资责任

未届期股权是股权实缴期限尚未届满。“股东转让已认缴出资但未届出资期限的股权的，由受让人承担缴纳该出资的义务；受让人未按期足额缴纳出资的，转让人对受让人未按期缴纳的出资承担补充责任”（第 88 条第 1 款）。转让已认缴但未届出资期限的股权，实际缴纳该出资的义务由受让人承受，但若受让人到期不缴纳，转让人对此承担补充责任。例如，股东甲认缴了 100 万元的出资，离应实际缴纳期还有一年时，将股权转让给了乙，在这一年之内，应由乙向公司缴纳这 100 万元。该一年届满，乙未缴纳，则甲的补充责任是 100 万元；乙缴纳了 60 万元，则甲的补充责任是 40 万元。在补充责任的范围内，甲、乙承担连带责任。

（二）瑕疵出资股权转让后的出资责任

“未按照公司章程规定的出资日期缴纳出资或者作为出资的非货币财产的实际价额显著低于所认缴的出资额的股东转让股权的，转让人与受让人在出资不足的范围内承担连带责任；受让人不知道且不应当知道存在上述情形的，由转让人承担责任”（第 88 条第 2 款）。股权实缴期限届满未缴纳出资或者未全部缴纳出资以及作为出资的非货币财产的实际价额显著过低的，为瑕疵出资股权。瑕疵出资股权，瑕疵在于出资不足（包括未缴纳）。

转让瑕疵出资股权的，转让人和受让人对出资不足部分承担连带责任，受让人善意（不知且不应知）的除外。

例如，股东甲认缴了 200 万元的出资，按照章程规定应当在公司成立 3 年内缴纳，其到期未全部缴纳就转让给非善意的乙，则甲、乙对全部出资义务承担连带责任；如果到期时甲缴纳了 110 万元，则甲、乙对 90 万元的出资义务承担连带责任。

再如，丙公司以一套房屋折价 2 000 万元认缴出资，实际房屋价值为 1 400 万元，其将股权转让给丁，则丙、丁对 600 万元的出资承担连带责任；如果丁是善意相对人，则由丙单独承担责任。

三、股权转让的优先购买权

（一）优先购买权概述

对公司外部人转让股权的，转让股东（转让人）以外的其他股东享有优先购买权。“股东向股东以外的人转让股权的，应当将股权转让的数量、价格、支付方式和期限等事项书面通知其他股东，其他股东在同等条件下有优先购买权。股东自接到书面通知之日起三十日内未答复的，视为放弃优先购买权。两个以上股东行使优先购买权的，协商确定各自的购买比例；协商不成的，按照转让时各自的出资比例行使优先购买权。公司章程对股权转让另有规定的，从其规定”（第 84 条第 2 款和第 3 款）。例如，A 公司有甲、乙、丙三个股东。甲欲将自己的股权转让给丁（外部人），甲向乙、丙发出了书面通知，乙、丙相对于丁，享有同等条件下的优先购买权。

（1）转让股东应当将股权转让的条件（数量、价格、支付方式和期限）等事项书面通知其他股东，以便其他股东决定是否行使优先购买权。

（2）优先购买权的行使应受期间的限制。有限责任公司的股东主张优先购买转让股权的，应当在收到书面通知后 30 日内提出购买请求，接到书面通知之日起 30 日内未答复的，视为放弃优先购买权。

参考案例3-5

A公司有甲、乙、丙三个股东，甲欲将股权转让给外部人丁，甲向乙、丙发出书面通知。该通知未载明股权转让给丁的具体条件，乙、丙未予理睬，甲又发出了第二份书面通知，该通知载明了向丁转让的各项具体条件，要求乙、丙在20天内答复，乙、丙在30天以后表示要购买该股份。

——（1）第一份书面通知没有载明股权转让给丁的具体条件，因而对乙、丙不发生效力。（2）第二份是正式询问乙、丙是否行使优先购买权的书面通知。通知规定答复期是20日，但应适用30日的法定答复期，从乙、丙接到第二份通知之日起计算，乙、丙在30以后才表示要购买该股份，已经丧失了优先购买权。甲与丁可完成股权转让的交易。

（3）两个以上股东都要求行使优先购买权的，则由他们自己协商确定各自的购买比例；协商不成的，按照转让之时各自的出资比例行使优先购买权。例如，公司有股东甲、乙、丙三人，在公司设立时的出资比例是4∶4∶2，后来丙欲对外部人转让股权，甲、乙行使优先购买权。此时，股东出资的比例因乙向甲转让部分股份，已经变成了6∶2∶2，甲、乙如果不能通过协商确定各自的购买比例，则按6∶2的比例购买丙的股份。

（4）公司章程对股权转让（包括对优先购买权）另有规定的，从其规定。这是“约定大于法定”的一种表现。

（二）其他股东优先购买权受到侵害时的救济

对外转让股权，转让股东损害其他股东优先购买权的主要表现，是欺诈以及与受让股权的外部人恶意串通。例如，转让股东甲对外转让股权约定了40万元的股价，甲将合同书的40万元伪造成140万元，其他股东认为股价过高，就放弃了优先购买权。后来其他股东发现“庐山真面目”，可以转让股东欺诈为由，请求以40万元的转让价优先购买该股权。再如，转让股东甲与乙（非股东）在虚假的股权转让合同中约定，股权转让价为200万元，双方又签订了一份真实的股权转让合同，约定股权转让价为100万元。其他股东信以为真，放弃了优先购买权，后来其他股东发现真相，可以转让股东与第三人恶意串通为由，请求以100万元的转让价优先购买该股权。

（三）股东以外的股权受让人权益的保护

股东以外的股权受让人（外部受让人），因股东行使优先购买权而不能实现合同目的的，可以依法请求转让股东承担相应的民事责任。例如，股东甲向非股东乙转让股权，双方约定了转让价款，甲让乙准备资金，乙借了款准备履行股权转让合同，但由于其他股东行使了优先购买权，甲、乙的合同未能履行，则乙借款的利息损失等应当由甲承担。

（四）强制转让时的优先购买权

股权是财产权，可以作为被强制执行的对象。“人民法院依照法律规定的强制执行程序转让股东的股权时，应当通知公司及全体股东，其他股东在同等条件下有优先购买权。其他股东自人民法院通知之日起满二十日不行使优先购买权的，视为放弃优先购买权”（第85条）。

某股东的股权被人民法院强制执行时，其他股东的优先购买权仍然存在。为了保护这一权利，《公司法》规定了人民法院的通知义务，通知的对象有两个，一个是公司，另一个是全体股东。其他股东在执行阶段的优先购买权，受20日除斥期间（不变期间）的限制，即自人民法院的通知送达之日起满20日，其他股东不行使优先购买权的，该权利消灭。

（五）因继承发生的股权变动，其他股东没有优先购买权

有限责任公司的自然人股东因继承发生变化时，其他股东并无优先购买权，但公司章程另有规定或者全体股东另有约定的除外。例如，A公司的股东有张甲、李乙、王丙。张甲有妻子和一个儿子，张甲因病去世，他的股权由其妻子和儿子继承，李乙、王丙主张优先购买权，因没有法律根据，不能得到支持。

四、股权的特殊转让

（一）股权收购

1. 异议股东股权收购的法定条件

股权收购是公司回购异议股东的股权。根据《公司法》第89条第1款的规定，有下列情形之一的，对股东会该项决议投反对票的股东可以请求公司按照合理的价格收购其股权：

（1）公司连续5年不向股东分配利润，而公司该5年连续盈利，并且符合《公司法》规定的分配利润条件。公司连续5年盈利，而且在提取法定公积金后仍有剩余财产，但不分配给股东，对不分配利润决议投反对票的股东，有权要求公司按照合理价格，收购其全部股权（此种情况下，不存在收购部分股权的问题）。由于公司连续5年盈利，因此收购的价格一般要高于出资额。例如，甲、乙、丙、丁四人成立了A有限责任公司。丁是小股东，出资10万元，占投资总额的10%。公司连续5年都符合分配利润的条件，但大股东控制了股东会，作出了不同意分配利润的决议。此时丁要求公司收购其股份，自己退出公司，则公司收购的价额应当超过10万元。

（2）公司合并、分立、转让主要财产。公司股东作出合并的决议，或作出分立的决议，或者作出转让主要财产的决议，上述三种情况出现任一情况，对该项决议投反对票的股东都可以要求公司收购其全部股权，自己退出公司。

（3）公司章程规定的营业期限届满或者章程规定的其他解散事由出现，股东会通过决议修改章程使公司存续。按照章程的规定，营业期限届满或者其他解散事由出现时，公司应当解散，但股东会通过修改章程使公司继续存在下去，对此决议投反对票的股东，有权请求公司收购其全部股权，自己退出公司。

2. 异议股东请求收购的诉权

“自股东会决议作出之日起六十日内，股东与公司不能达成股权收购协议的，股东可以自股东会决议作出之日起九十日内向人民法院提起诉讼”（第89条第2款）。异议股东应当先与公司协商签订股权收购协议，不能达成协议的再起诉，即起诉前有一个协商的前置程序。这里有两个时间，一个是60日，另一个是90日，都是从决议通过之日起计算。60日内不能达成收购协议，须在60日之后30日内起诉，否则就丧失了要求公司收购其股权的实体权利。

3. 控股股东压迫情形下中小股东的股权收购请求权

所谓控股股东压迫，是指控股股东滥用控制权压迫中小股东的行为。“公司的控股股东滥用股东权利，严重损害公司或者其他股东利益的，其他股东有权请求公司按照合理的价格收购其股权”（第89条第3款）。面对控股股东压迫，其他股东依法享有股权回购请求权。要点：一是控股股东滥用了控制权；二是损害了公司或者其他股东的利益；三是由

公司回购，而不是由控股股东收购。

异议股东股权收购请求权，是提出异议（投反对票）的股东享有的权利；而受控股股东压迫的中小股东的股权收购请求权，不存在投票的问题。

4. 收购股权的处理时间和方式

公司不能长久持有对自己的股权。公司收购的本公司股权，应当在6个月内依法转让或者注销，经过诉讼的不受6个月的限制。

（二）股东资格的继承

“自然人股东死亡后，其合法继承人可以继承股东资格；但是，公司章程另有规定的除外”（第90条）。股权，除了包含自益权的内容以外，还包括共益权的内容，股权的行使，对公司的利益关系很大。另外，有限责任公司也有人合的因素，需要彼此存在信任关系。因此，有限责任公司可以通过章程的规定，排除自然人股东继承人对股东资格的继承权。没有股东资格继承权的人，有权要求获得股权的其他股东支付相应的对价。因为，在股东资格继承权被排除的情况下，自然人股东死亡后，其股权是由其他股东（全体或者部分）购买的。被排除股东继承资格的继承人，仍有继承权，其继承的财产是股权的转化财产（货币）。

【引例分析】

依据《公司法》的规定，股东可以用货币出资，也可以用实物、知识产权、土地使用权、股权、债权等可以用货币估价并可以依法转让的非货币财产作价出资；但是，法律、行政法规规定不得作为出资的财产除外。甲、乙、丙三人的出资符合法律规定，因此，该公司可以顺利办理注册登记。

【练习题】

1. 名词解释

有限责任公司　股东会　董事会　监事会　审计委员会　股东失权　股权转让

2. 思考题

（1）有限责任公司的概念是什么？

（2）有限责任公司的特征有哪些？

（3）有限责任公司设立的程序是什么？

（4）我国公司法对有限责任公司的组织机构有哪些要求？

（5）简述抽逃出资的责任。

（6）简述未履行出资义务的责任。

（7）简述出资义务的加速到期。

（8）我国公司法对有限责任公司股权转让有哪些要求？

（9）简述异议股东的股权收购的法定条件。

3. 选择题

（1）有限责任公司的股东可以用于出资的财产有下列哪些？（　　）

A. 货币　　　　B. 实物

C. 知识产权作价出资　　D. 土地使用权作价出资

（2）下列哪些说法是不正确的？（　　）

A. 不能用股权出资　　B. 不能用债权出资

C. 不能用房屋出资　　D. 不能用技术秘密出资

4. 案例分析题

（1）2024 年 7 月，王某以一栋房屋的所有权出资（未办理过户手续），与张某、赵某共同组建一个食品加工有限责任公司。王某欠甲 200 万元，到期未偿还。债权人甲起诉至人民法院，并申请对王某作为出资的那栋房屋实行财产保全，人民法院受理了起诉，查封了房屋，并且通知房管部门不得办理该栋房屋的过户手续，张某、赵某提出反对。经查，该栋房屋在房管部门登记的所有权人一直是王某。

问题：

人民法院可否对该栋房屋实行财产保全？

分析要点提示：

王某以房屋的所有权出资，就应当办理房屋所有权的转移登记，以使房屋的所有权归于食品加工有限责任公司，这是王某的出资义务，但是他并没有履行这一义务，致使这栋房屋的所有权一直没有转移。所以，王某对于张某、赵某，要承担出资不实的法律责任。在王某与甲的债务纠纷中，由于债务人王某是这栋房屋的所有权人，因此人民法院为了保障判决的执行而对该房屋依法采取财产保全措施，并无不可。

（2）张某欲设立注册资本为 500 万元的一人有限责任公司。张某准备自定章程、自任董事长、自任监事会主席，并准备在设立一人公司后，以该公司作为出资人与他人合作再设立一个有限责任公司。

问题：

张某的计划是否合法？为什么？

分析要点提示：

张某有权自定章程、自任董事长，但张某不能自任监事会主席。监事会是公司的监督机构，张某不能自己监督自己。

在一人有限责任公司设立之后，该公司再与他人合作，设立新的有限责任公司，不受法律的限制。

（3）乙有限责任公司由张甲一人出资设立。李丙与乙公司签订了买卖合同，在买受人李丙付款后，乙公司不能发货。李丙遂解除了合同，要求乙公司返还货款 300 万元，并支付违约金 60 万元，但乙公司无力支付 360 万元。李丙起诉了乙公司和股东张甲，要求乙公司偿还债务 360 万元，并要求张甲承担连带清偿责任。理由是张甲与乙公司的财产发生了混同，李丙提供的初步证据是按张甲要求把 300 万元货款汇到其个人账户的汇款凭证。

问题：

张甲应否对 360 万元债务承担连带清偿责任？

分析要点提示：

乙公司是一人公司，300 万元货款体外循环，李丙提供的初步证据已经足以产生对张甲与乙公司财产混同的合理怀疑，张甲若不能证明公司的财产独立于自己的财产，就应当对乙公司的 360 万元债务承担连带责任。

第四章　股份有限公司（一）

【本章引例】

A是甲股份有限公司的副董事长，连续多年持有公司12%的股份。某年1月，现任董事长B严重违反《公司法》和章程的行为被揭露，A请求董事会召开临时股东会，以更换董事，并通过更换董事来更换董事长。董事会对此未予答复。A又向监事会要求召开和主持股东会，监事会亦不予理睬。2个月后，A遂自行向公司股东发出召开临时股东会的通知，通知中载明待审议事项为更换董事。当年5月8日，临时股东会召开，会议过程中，B表示应由他来主持会议，遭到A的拒绝，会议最终使B落选。B主张该临时股东会的召开违反了《公司法》，剥夺了《公司法》赋予董事会的临时股东会的召集权，请求人民法院判决该临时股东会决议无效。

问题：

人民法院应否支持B的主张？

【本章学习目标】

通过本章的学习，你应该能够：

1. 掌握股份有限公司的概念；
2. 了解股份有限公司与有限责任公司的区别；
3. 了解股份有限公司的设立条件；
4. 了解股份有限公司发起人的责任；
5. 了解股东会的地位和职权；
6. 了解董事会的地位和职权；
7. 了解监事会的地位和职权；
8. 了解对上市公司组织机构的特殊要求。

第一节　股份有限公司概述

一、股份有限公司的概念

股份有限公司，是指其全部资本分为等额股份，股东以其所持股份为限对公司承担责任，公司以其全部财产对公司债务承担责任的企业法人。

股份有限公司有时简称为“股份公司”。在日本，股份有限公司被称为“株式会社”。

股份有限公司起源于17世纪初的荷兰和英国。荷兰的东印度公司和英国的东印度公司，就是最早的著名股份有限公司。股份有限公司是最典型的企业法人，其产生早于有限责任公司。股份有限公司，是作为殖民主义对外侵略、扩张和掠夺的工具产生的，但随后它作为一种集资经营、共担风险的经济组织形式风行于世，对促进社会生产力的发展起到了极大的作用。

二、股份有限公司的特征

（一）股份有限公司是最典型的资合公司

股份有限公司以其全部资产对公司债务承担责任。公司的对外信用，已经完全脱离了股东本身的信用。在股份有限公司中，只有公司的财产，才能构成对外信用的基础，才能成为公司债务的担保。公司资本总额多少，具有昭示公司信用度、信用规模的作用。

（二）股份有限公司的全部资本分为等额股份

股份有限公司的全部资本，分割为等额的股份。股份总数乘以每股金额，就等于公司全部资本总额。股份成为股东的最小出资单位。将全部资本分割成等额的股份，是为了易于发行、筹措资金、转让，同时，也方便计算股东的权利。股东所持股份的数量可以多，也可以少，但是每股所代表的金额是相等的。按照股份平等的原则，股东权利的大小，与其所持有的股份数量成正比。

（三）股份有限公司的股份以股票为表现形式

股份有限公司的股份采取股票形式，即股份以股票的形式证券化。将股份以股票的形式证券化，便于募集资金，同时便于股份的自由转让和变现。这也体现了股份有限公司的资合性质。

（四）股份有限公司的股东以其所持股份为限对公司承担责任

股东以其所持股份为限对公司承担责任，不对公司债务承担责任。公司债权人不能越过具有独立人格的公司，对已经完成出资义务的股东主张债权。公司也不得以章程和股东会的决议来扩大或加重股东的责任。

（五）股份有限公司通常是大规模企业

股份有限公司可以面向社会募集资本，使其具有最广泛的社会性。为维护社会公众利益，《公司法》要求公司公开必要的信息，如要求公司公开其章程、股东会决议、公司财务报告及与股票发行、转让有关的信息。股份有限公司能够动员大众资本，使巨大的资本集中于公司，因此股份有限公司通常是大规模企业。股份有限公司可以向社会集资，因此《公司法》对公司股东人数的上限不作规定，仅对发起人的人数作了限制（1人至200人）。

三、股份有限公司的分类

按照不同的标准，对股份有限公司可以进行不同的分类。

（一）依据设立方式分类

依据设立方式的不同，可以分为发起设立的股份有限公司和募集设立的股份有限公司。两者在股东的组成上、设立的程序上有很大差别。

（1）在发起设立的情况下，由发起人认购设立公司时应发行的全部股份。公司设立成功后发起人转化为股东，即仅由发起人出资、仅由发起人担任股东。在募集设立的情况下，由发起人认购设立公司时应发行的部分股份后，其余部分由非发起人（募集股东）认购。出资人有两部分人，一部分是发起人，另一部分是其他出资人（也称为投资人）；公司设立成功后的股东由发起人股东和非发起人股东（募集股东）两部分组成。

（2）采用发起设立方式时，设立的程序相对简单，设立成本低，因承担全部出资，要求发起人具备相当的经济实力。采用募集设立时，设立的程序较严格且复杂，设立成本比较高。发起人向社会公开募集股份时，必须要报经国务院证券管理部门（中国证券监督管理委员会，简称“中国证监会”）注册。

（3）募集设立，部分股份向特定对象募集或者向社会公开募集。募集设立是股份有限公司设立的一种方式，不能认为募集设立的公司就是上市公司。所谓上市公司，是成立满3年并符合条件的股份有限公司，其股票经IPO（Initial Public Offering，首次公开募股）并在证券交易所（二级市场）进行股票挂牌交易的公司。为设立公司而募集股份是发行股份，并不是在二级市场进行股票交易。

提问： 王某等4个人各自购买了G股份有限公司募集的股份。之后，他们找到了G公司的董事长李某，询问公司情况。李某说，公司成立3年后争取包装上市。G公司是上市公司吗？

答： 从已知条件看，G公司是募集设立的公司，尚未上市（是非上市公司）。

（二）依据股票是否上市分类

依据股票是否上市（在证券交易所上市交易），可以把股份有限公司分为上市公司和非上市公司。两种公司股票的流通性有很大差别。上市公司的股票因在证券交易所上市交易，流通性强，容易购买，也容易抛出。非上市公司不能在证券交易所挂牌交易，因而其股票的流通性受到影响。

股市投资者（股民等）通常是在证券交易所（上海证券交易所、深圳证券交易所、北京证券交易所）进行股票交易。所谓“炒股”，“炒”的是上市公司的股票。

（三）依据持股股东的国籍分类

依据持股股东的国籍，可以分为外商投资股份有限公司和中资股份有限公司。中资股份有限公司适用《公司法》，外商投资股份有限公司除了适用《公司法》，还要适用有关的特别法。两类公司股东的国籍虽然有所不同，但公司都是中国法人。

四、股份有限公司与有限责任公司的区别

有限责任公司与股份有限公司都是自然人创造的“人”，都是资合公司，都是企业，都具有法人资格，都实行“资本三原则”，但两者有重要区别，主要表现在以下几个方面：

（1）有限责任公司主要是中小型企业的组织形式，也有大型有限责任公司；股份有限公司主要是大型企业的组织形式，也有小规模股份有限公司。但有限责任公司与股份有限公司不是按企业规模这一经济要素划分的，而主要是依据筹资方式进行划分的。股份有限公司可以向社会公开筹资，因而实力强大，成为大型企业的组织形式，在市场中处于主导地位。

（2）有限责任公司采取发起设立的方式；而《公司法》对股份有限公司则规定了两种设立方式，一是发起设立，二是募集设立。募集设立的程序比较复杂，发起人的设立责任也比较重。

（3）有限责任公司的股东持有股份的证明是出资证明书，也称为股单。股东持有股份的转让，区分是向其他股东转让还是向股东之外的他人转让，而作不同对待：对于前者，法律不作限制；对于后者，则赋予其他股东优先购买权的保护。股份有限公司的股东持有股份的证明是股票，上市的股份有限公司的股票在证券市场上可以自由流通，无须经其他股东的同意。有限责任公司的出资证明书都是记名的，没有不记名股。股份有限公司的股票有记名、不记名两种。

（4）有限责任公司不发行股票，因此不存在上市的问题，有限责任公司也因此被称为非上市公司；股份有限公司分为上市公司和非上市公司，上市公司的股票可以上市（在证券交易所）自由交易。

（5）对有限责任公司的资本，法律没有分为等额股份的要求；而对股份有限公司的资本，法律则要求分为等额的股份，以便于转让和“计算权利”（如便于计算表决权、分配权等）。

（6）有限责任公司的股东人数比较少（股东人数为1人以上50人以下），在学理上被称为“少数人公司”。股份有限公司虽然也有一人公司，但一般股东人数比较多，对股东没有最多人数的限制（发起人除外），在学理上被称为“多数人公司”。

（7）有限责任公司与股份有限公司都以资本作为对外的信用基础，因而都是资合公司。股份有限公司的股票可以上市自由转让，股东人数众多，不过极不稳定、流动性强，股东的信用与公司的信用没有紧密的联系，公司的资合性质最为典型。有限责任公司的股东人数比较少，相互之间关系比较密切，且股东经常亲自参加经营管理，股东的信用直接影响公司的信誉。因此，一般认为，有限责任公司作为资合公司，具有人合的因素。

（8）有限责任公司的财务、会计、经营状况等不对外公开，因此是封闭型的公司。非上市股份有限公司也有封闭性。上市的股份有限公司是开放型公司，又称“公开公司”。上市的股份有限公司的特点是它的股票可以在股票交易所挂牌并公开进行交易，因此，这种公司的财务状况、经营状况等必须向社会公开。

（9）有限责任公司股东表决权的行使，实行“二元化原则”，即实行“一股一票”（类别股股东除外）和“一人一票”制。在一般情况下，按出资比例行使表决权。股份有限公司多实行“一股一票”（类别股股东除外）的资本多数决原则。

五、股份有限公司的作用、优势和存在的问题

（一）股份有限公司的作用和优势

1. 有利于资本的集中

股份有限公司可以对外发行股票，购买股票成了人们投资的方式。一是股份被均分为较小的金额，既不影响大额资金的进入，也便于广泛吸收小额分散资金，可以发挥聚沙成塔的功能。二是股份证券化，以股票的形式表现，流通性强、变现能力强。股东虽不能向公司退股，但可以转让股票，以便获得急需的资金或者规避风险。三是股东一般不受身份和个人条件的限制，通过购买股票就可以成为股东，以便获得收益，是一种灵活、方便的投资方式。四是股东对公司承担有限责任，投资风险的最高界限已经预先确定，使人们敢于、乐于投资。五是股份有限公司一般是大规模的公司，经济实力强大，抵御市场风险的能力较强，投资者对其容易产生信心。

可以说，股份有限公司是最有利于集中资本的公司形式。股份有限公司的产生和发展，极大地加速了资本的集中过程。假如必须等待积累驱使某些单个资本增加到能够修铁路的程度，那么恐怕直到今天世界上还没有铁路。但是，通过股份公司的集资转瞬之间就把这件事情完成了。集资经营是社会大生产的需要，是成就大规模事业的需要。

2. 有利于分散风险

个人独资企业没有法人资格，出资者承担无限责任。合伙企业也没有法人资格，合伙人承担连带无限责任。一旦经营失败或者遭遇其他风险，出资者、合伙者可能会面临倾家荡产的困境。风险的大小，难以预测。而股份有限公司具有法人资格，公司的独立人格隔断了股东与公司债权人之间的债的关系。公司以实有资产对公司的债权人承担责任，股东以出资额为限对公司承担责任。股东的责任和风险具有预先确定性，在公司经营失败或者遭遇其他风险时，股东出资以外的财产不致受牵连。有限责任制度的设计，把公司的一部分风险转移到了社会。这就点燃了人们投资的热情，起到了鼓励人们投资的作用。另外，由于数量众多的股东每人所持有的股份只占公司总资本的一小部分，因而风险也按出资比例分散到各股东身上。

3. 有利于实现“两权分离”

“两权分离”是指所有权与经营权的分离。股东以实物（只有发起人能够以实物出资）和货币出资后，股东对该实物和货币就丧失了所有权，所有权归公司，股东对实物和货币的所有权转化为股权。股权，在本质上是对公司整体（可以把公司整体视为一项综合财产）的所有权，即股东对公司享有所有权，公司对公司财产享有所有权。对公司来说，“两权分离”的本质，应当是股东权与经营权的分离。人数众多的股东退居幕后，不以股东的名义直接参与公司的经营管理，而是作为资本的所有者领取红利和股息，只是在股东会上表达意志。在法律层面上，公司的经营已经脱离了股东，公司采取适任原则，由专业人士进行管理。这样就促进了职业管理阶层的形成和发展，有利于提高公司的管理水平。

（二）股份有限公司存在的问题

1. 公司易于被大股东控制，中小股东利益易受到侵害

当前，我国公司中“一股独大”“一股独霸”的现象很突出。股份有限公司的大股东

通过控制董事会、监事会的选举，进而控制了公司，使大股东的意志转化为公司的意志。人数众多的小股东，流动性大，表决权分散，其名义上虽然是所有者，但其利益容易受到大股东的侵害。所以，当前的热门研究课题之一，就是小股东利益的保护问题。

2. 公司风险易于转化为社会风险

股份有限公司的股东承担的是有限责任。但是，公司经营不善或者其他风险导致的损失数额，可能大于公司的实有资产。这样公司的风险实际上由两部分人来承担，一是人数众多的公司股东，二是公司的债权人。公司一旦出现危机或者出现股灾，会引起社会的波动甚至政局的变化。股份有限公司发行的股票可以在证券市场上自由交易，因此通过卖出买进股票来赚取差价成了获利的手段，也成为转移风险的手段。股票交易容易被违法分子所控制。所以，上市公司的治理、证券市场的监管，也是当前的热门研究课题。

3. 公司设立程序严格，设立的责任比较重

因涉及社会公众利益，所以股份有限公司设立的程序比较严格，特别是募集设立时更是如此。这样，使得设立一家股份有限公司非常不易，设立的成本比较高，设立的责任也比较重。例如，在公司不能成立时，发起人对设立行为所产生的债务和费用承担连带责任，对认股人已缴纳的股款，承担返还股款并加算银行同期存款利息的连带责任。

第二节　股份有限公司的设立

一、股份有限公司的设立方式

“设立股份有限公司，可以采取发起设立或者募集设立的方式。发起设立，是指由发起人认购设立公司时应发行的全部股份而设立公司。募集设立，是指由发起人认购设立公司时应发行股份的一部分，其余股份向特定对象募集或者向社会公开募集而设立公司”（第 91 条）。发起人资本雄厚或公司资本总额相对较少，可采用发起设立的方式。募集设立是发起人认购部分资金，其余向他人募集。

募集设立又分为向特定对象募集设立和向社会公开募集设立两种。向特定对象募集称为私募；向社会公开募集称为公募。两者的程序不完全相同。

二、发起人的权利和义务

发起人是发起设立股份有限公司的人，包括发起设立的发起人和募集设立的发起人。公司设立后，发起人就成为原始股东。

（一）发起人的人数

“设立股份有限公司，应当有一人以上二百人以下为发起人，其中应当有半数以上的发起人在中华人民共和国境内有住所”（第 92 条）。首先由发起人提出设立股份有限公司的倡议，并开展筹办工作。股份有限公司的发起人可以是一个人。例如，甲有限责任公司可以采用发起设立方式或者募集设立的方式设立一个股份有限公司。

发起人中，应当有半数以上的在中华人民共和国境内有住所。这里要求的是住所，不是

国籍。[①] 外国人也可以作为发起人在我国发起设立股份有限公司。要求一定数量的发起人在我国境内有住所，是为了方便设立工作，也是为了便于管理及保护社会公共利益。

（二）发起人协议

“股份有限公司发起人承担公司筹办事务。发起人应当签订发起人协议，明确各自在公司设立过程中的权利和义务”（第 93 条）。发起人 2 人以上的，协商一致后，应订立书面发起人协议，明确各发起人负担筹办事务、出资等义务及应享有的权利。

（三）发起人制定公司章程

公司章程是成立公司的必要文件，全体发起人都应当参与公司章程的制定，只有一个发起人的也应当制定公司章程。“股份有限公司章程应当载明下列事项：（　）公司名称和住所；（二）公司经营范围；（三）公司设立方式；（四）公司注册资本、已发行的股份数和设立时发行的股份数，面额股的每股金额；（五）发行类别股的，每一类别股的股份数及其权利和义务；（六）发起人的姓名或者名称、认购的股份数、出资方式；（七）董事会的组成、职权和议事规则；（八）公司法定代表人的产生、变更办法；（九）监事会的组成、职权和议事规则；（十）公司利润分配办法；（十一）公司的解散事由与清算办法；（十二）公司的通知和公告办法；（十三）股东会认为需要规定的其他事项”（第 95 条）。

股份有限公司的章程，发起设立的，由发起人在章程上签名或者盖章；募集设立的，章程由成立大会通过。

（四）发起人认购股份并缴纳出资

1. 股份有限公司的注册资本

“股份有限公司的注册资本为在公司登记机关登记的已发行股份的股本总额。在发起人认购的股份缴足前，不得向他人募集股份。法律、行政法规以及国务院决定对股份有限公司注册资本最低限额另有规定的，从其规定”（第 96 条）。

股份有限公司的注册资本＝已发行股份的股本总额。也就是说，股份有限公司采用实缴制，尚未发行的股份不得计入注册资本。

发起人是公司的最初股东（原始股东），因此每个发起人都要认购股份并实缴出资。采用募集方式设立股份有限公司的，在发起人认购的股份实际缴足前，不得向他人募集股份。

2. 发起人认购股份的比例及缴纳

（1）“以发起设立方式设立股份有限公司的，发起人应当认足公司章程规定的公司设立时应发行的股份”（第 97 条第 1 款）。“认足”，即认购应发行股份的 100%。认购的股份总额＝注册资本的总额。发起设立的注册资本，全部由发起人认购。

（2）“以募集设立方式设立股份有限公司的，发起人认购的股份不得少于公司章程规定的公司设立时应发行股份总数的百分之三十五；但是，法律、行政法规另有规定的，从其规定”（第 97 条第 2 款）。以募集设立方式设立股份有限公司，发行的股份（注册资本），一部分由发起人认购，另一部分由募集认购人认购。一般发起人认购的股份不得少

---

① 《民法典》第 25 条规定：“自然人以户籍登记或者其他有效身份登记记载的居所为住所；经常居所与住所不一致的，经常居所视为住所。”第 63 条规定：“法人以其主要办事机构所在地为住所。依法需要办理法人登记的，应当将主要办事机构所在地登记为住所。”

于35%。要求发起人认购的股份达到法定比例，是为了防止发起人完全凭借他人资本设立公司，损害社会一般投资者的利益。

(3)“发起人应当在公司成立前按照其认购的股份全额缴纳股款”（第98条第1款）。发起设立和募集设立的发起人，不仅要认足股份，还要在公司成立之前全额实际缴纳股款。有限责任公司的“限期实缴制”不适用于股份有限公司。

(4) 发起人的出资形式适用《公司法》对有限责任公司的规定，即发起人可以用货币出资，也可以用实物、知识产权、土地使用权、股权、债权等可以用货币估价并可以依法转让的非货币财产作价出资；但是，法律、行政法规规定不得作为出资的财产除外。

就缴纳出资而言，对以发起方式设立的公司，也适用《公司法》对有限责任公司的规定，即发起人以货币出资的，应当将货币出资足额存入公司在银行开设的账户；以非货币财产出资的，应当依法办理其财产权的转移手续。

(5)“发起人不按照其认购的股份缴纳股款，或者作为出资的非货币财产的实际价额显著低于所认购的股份的，其他发起人与该发起人在出资不足的范围内承担连带责任”（第99条）。某发起人未缴纳或未缴足股款，或者非货币财产折价显著过高，各发起人对公司承担出资不足的连带责任，公司债权人也可以要求各发起人对自己的债权在出资不足的范围内承担连带责任。

三、发起人向社会公开募集股份（公募）的特别规定

发起人向社会公开募集股份，应当公告招股说明书，并制作认股书。认股书应当载明下列事项：

(1) 发行的股份总数；

(2) 面额股的票面金额和发行价格或者无面额股的发行价格；

(3) 募集资金的用途；

(4) 认股人的权利和义务；

(5) 股份种类及其权利和义务；

(6) 本次募股的起止日期及逾期未募足时认股人可以撤回所认股份的说明；

(7) 发起人认购的股份数。

认股书由认股人填写认购的股份数、金额、住所，并签名或者盖章。认股人应当按照所认购股份足额缴纳股款。

发起人可以实物等出资，而募集认股人只能以货币出资。募集认股人缴纳股款后，除未按期募足股份、发起人未按期召开成立大会或者成立大会决议不设立公司的情形外，不得抽回其股本。

“向社会公开募集股份的股款缴足后，应当经依法设立的验资机构验资并出具证明”（第101条）。验资是一种监管的方式。验资机构有注册会计师事务所、注册审计师事务所等。

四、公司成立大会及其职权

（一）发起人召集成立大会

(1) 以募集方式设立股份有限公司，召开公司成立大会是必经程序。发起人、认股人

参加成立大会。“募集设立股份有限公司的发起人应当自公司设立时应发行股份的股款缴足之日起三十日内召开公司成立大会。发起人应当在成立大会召开十五日前将会议日期通知各认股人或者予以公告。成立大会应当有持有表决权过半数的认股人出席，方可举行”（第 103 条第 1 款）。成立大会应当有持有表决权过半数的认股人出席，方可举行，这是为了保障大会决策的代表性与合法性。

（2）“以发起设立方式设立股份有限公司成立大会的召开和表决程序由公司章程或者发起人协议规定”（第 103 条第 2 款）。发起设立的程序简单，有更多的灵活性。

（二）公司成立大会的职权

公司成立大会行使下列职权：

（1）审议发起人关于公司筹办情况的报告；

（2）通过公司章程；

（3）选举董事、监事；

（4）对公司的设立费用进行审核；

（5）对发起人非货币财产出资的作价进行审核；

（6）发生不可抗力或者经营条件发生重大变化直接影响公司设立的，可以作出不设立公司的决议。

成立大会对上述所列事项作出决议，应当经出席会议的认股人所持表决权过半数通过（见第 104 条）。成立大会通过的是公司成立的事项，如果决定不设立公司，须专门作出决议。

五、申请设立登记与核准登记、签发营业执照

董事会应当授权代表，于公司成立大会结束后 30 日内向公司登记机关申请设立登记。

公司登记机关自接到股份有限公司设立登记申请后，对符合《公司法》规定条件的，予以登记，发给公司营业执照；对不符合条件的，不予登记。

公司营业执照签发日期，为公司成立日期。公司成立后，应当进行公告。

在设立股份有限公司的同时设立分公司的，应当就所设分公司向公司登记机关申请登记，领取营业执照。股份有限公司成立后设立分公司，应当由公司法定代表人向公司登记机关申请登记，领取营业执照。

六、发起人的设立责任

发起人的设立责任，既包括公司不能成立时，发起人对有关债权人的责任，也包括公司成立后，发起人对公司承担的责任。这里所说的责任，是指民事责任，是民事责任中的财产责任。

（一）公司不能成立时的责任

1. 公司不能成立的主要原因

（1）公司资本不足。

股份有限公司分为发起设立和募集设立。在采用发起设立方式时，发起人认缴的股本未能达到法定资本的最低限额，公司不能成立。在采用募集设立方式时，法定资本由发起

人认缴的股本和向社会公开募集的股本两部分组成，认缴的股本不足或者募集的股本不足，都导致公司不能成立。

（2）成立大会作出不设立公司的决议。

发生不可抗力或者经营条件发生重大变化直接影响公司设立的，成立大会可作出不设立公司的决议。不可抗力是指不能预见、不能避免并且不能克服的客观情况。例如，设立过程中公司的主营产品被禁止生产（政府禁令可以构成不可抗力）；经营条件发生重大变化（如市场环境恶化、新技术出现而淘汰原可带来巨大利润的技术、国家产业政策有重要调整）等。成立大会审时度势，考虑公司设立没有前途或者风险太大，就会作出不设立公司的决议。

（3）公司在设立中有违法行为。

由于公司在设立中有违法行为，公司的设立没有被批准或者没有被准许登记。设立中的违法行为包括伪造文件、章程不符合法定要求等。因设立中有违法行为，则公司的设立没有被批准或者没有被核准注册，公司自然不能成立。

2. 公司不能成立时发起人应当承担的责任

股份有限公司不能成立时，发起人应当承担下列责任：

（1）对设立行为所产生的债务和费用负连带责任。

实施设立公司的行为时，会与他人发生债权债务关系，产生各种各样的费用。如租赁场地的费用，召集会议的费用，可行性调查的费用，聘请律师、会计师等有关专业人员的费用，财产评估费用，验资的费用等。如果公司成立，这些债务和费用就由公司承受。公司不能成立，发生的债务和费用就由发起人对债权人承担连带责任，发起人之间按照协议或者按照约定的出资比例按份承担责任。实践中，有些发起人以“筹办处”等名义对外发生关系，其产生的财产后果在公司不能成立时，仍应由发起人承担责任。

（2）对认股人已缴纳的股款，负返还股款并加算银行同期存款利息的连带责任。

在募集设立时，除发起人认缴一部分股款之外，还向社会募集大部分股款。这部分缴纳股款的人，为认股人。若公司成立，认股人转化为股东，其股东权益受到保障。若公司不能成立，则（募集）认股人就成为发起人的债权人。这样，就减少了投资的风险，保护了投资者的积极性，防止发起人把风险转移给投资者，有利于稳定社会经济秩序。

在股份有限公司发起设立时和有限责任公司设立时，情况比较简单，因为设立者（发起人）就是认股人，不向认股人以外的人募集。在公司不能成立时，撤回自己所认购的股份即可。

（二）公司成立时的责任

1. 出资不足的责任

股份有限公司成立后，发起人未按照公司章程的规定缴足出资的，应当补缴；其他发起人承担连带责任。股份有限公司成立后，发现作为设立公司出资的非货币财产的实际价额显著低于公司章程所定价额的，应当由交付该出资的发起人补足其差额；其他发起人承担连带责任。

2. 对公司的赔偿责任

在公司设立过程中，由于发起人的过失致使公司利益受到损害的，应当对公司承担赔偿责任。有一种观点认为，发起人如为 2 人以上，自然应对公司承担连带赔偿责任。这种观点不符合《公司法》的规定，有过失的发起人对公司应当承担责任，无过失的发起人对公司不承担责任。公司可对有过失的发起人提起损害赔偿的诉讼。但是目前我国公司的股权结构不合理，很多股份有限公司往往由大股东控制，而大股东的前身，一般就是发起人。这样公司很难对发起人提起诉讼，这是我国立法要解决的问题。

七、公司文件的置备和股东知情权

“股份有限公司应当将公司章程、股东名册、股东会会议记录、董事会会议记录、监事会会议记录、财务会计报告、债券持有人名册置备于本公司”（第 109 条）。上述所列文件是“置备于本公司”，不是向社会公开发布。置备于本公司，是为了方便股东查阅。

股东享有知情权：

（1）股东有权查阅、复制公司章程、股东名册、股东会会议记录、董事会会议决议、监事会会议决议、财务会计报告，对公司的经营提出建议或者质询。

（2）连续 180 日以上单独或者合计持有公司 3%以上股份的股东除有权查阅上述公司文件外，还可以要求查阅公司的会计账簿、会计凭证。公司章程对查阅公司的会计账簿、会计凭证的持股比例有较低规定的，从其规定。公司有合理根据认为股东查阅会计账簿、会计凭证有不正当目的，可能损害公司合法利益的，可以拒绝提供查阅，而且应当自股东提出书面请求之日起 15 日内书面答复股东并说明理由。公司拒绝提供查阅的，股东可以向人民法院提起诉讼。

股份有限公司
股东知情权
判例要点

（3）股东可以要求查阅、复制公司全资子公司的相关材料。

（4）上市公司股东查阅、复制相关材料的，应当遵守《中华人民共和国证券法》等法律、行政法规的规定。

第三节 股东会

一、股东会的地位

“股份有限公司股东会由全体股东组成。股东会是公司的权力机构，依照本法行使职权”（第 111 条）。新修订的《公司法》将有限责任公司和股份有限公司权力机构的称谓统一为“股东会”，不再区分“股东会”与“股东大会”。

股东会对外不代表公司，它是公司内部的权力机构。有学者指出，股东会是公司最高权力机构。但从法律规定来看，股东会是唯一的权力机构，所以，毋须用“最高”来界定股东会的权力。

从法律逻辑来看，股东会作为公司内部的权力机构，必定是常设机构，不能以是否召集开会作为是否为常设机构的标准。

二、股东会的职权

依据《公司法》的规定，股份有限公司股东会可行使下列职权：

（1）选举和更换董事、监事，决定有关董事、监事的报酬事项；
（2）审议批准董事会的报告；
（3）审议批准监事会的报告；
（4）审议批准公司的利润分配方案和弥补亏损方案；
（5）对公司增加或者减少注册资本作出决议；
（6）对发行公司债券作出决议；
（7）对公司合并、分立、解散、清算或者变更公司形式作出决议；
（8）修改公司章程；
（9）公司章程规定的其他职权。

股东会可以授权董事会对发行公司债券作出决议。

参考案例 4-1

某年1月，A、B、C、D、E、F六个人发起设立了甲股份有限公司，A的出资比例为5%。A为董事之一，同年5月，A欲辞去董事职务。同年6月，公司召开股东会，A收到通知，但未参加，会议通过一项决议：凡辞去公司职务的股东，必须向其他股东转让其股份。同年7月，A辞去董事职务，但不欲转让股份。股东B、C、D、E、F以上述股东会决议为依据，要求A转让股份。A认为该股东会决议不可思议。

——是否转让股份，是股权的固有内容之一，由股东享有，任何人不得非法限制或剥夺。股东会作为公司的意思机关，对公司的重大事项进行决策，但是出席会议的股东不得对未出席会议的股东的股份进行处分。因此，“凡辞去公司职务的股东，必须向其他股东转让其股份”的决议内容，不对A发生效力，A有权拒绝转让股份。

三、股东会年会和临时股东会

（一）年会

根据《公司法》的规定，股东会应当每年召开一次年会。年会是依据法律和公司章程每年定期召开的股东会议，又称为股东常会。股东年会由董事会于每会计年度终结后6个月内召集。

对于股东年会未按时召开的责任，《公司法》未作出规定。一般认为，应当在公司章程中作出规定，以弥补立法的不足。

（二）临时股东会

股份有限公司除了召开股东年会以外，遇到急需议决的问题，应召开临时股东会予以研究、解决。有下列情形之一的，应当在2个月内召开临时股东会会议：
（1）董事人数不足《公司法》规定人数或者公司章程所定人数的2/3时；
（2）公司未弥补的亏损达股本总额1/3时；
（3）单独或者合计持有公司10%以上股份的股东请求时；
（4）董事会认为必要时；
（5）监事会提议召开时；
（6）公司章程规定的其他情形（见第113条）。

对于临时股东会未按时召开的责任，我国《公司法》未作出规定，也应当在公司章程中作出规定，以弥补立法的不足。

四、股东会的召集、主持及通知

（一）股东会的召集、主持

股东会会议由董事会召集，董事长主持；董事长不能履行职务或者不履行职务的，由副董事长主持；副董事长不能履行职务或者不履行职务的，由过半数的董事共同推举 1 名董事主持。

董事会不能履行或者不履行召集股东会会议职责的，监事会应当及时召集和主持；监事会不召集和主持的，连续 90 日以上单独或者合计持有公司 10%以上股份的股东可以自行召集和主持。次序是：先由董事会召集（本职工作）；次由监事会召集；再次由持有公司 10%以上股份的股东召集。小股东可以联合其他小股东，以使持有的股份合计超过 10%。

单独或者合计持有公司 10%以上股份的股东请求召开临时股东会会议的，董事会、监事会应当在收到请求之日起 10 日内作出是否召开临时股东会会议的决定，并书面答复股东。

（二）股东会的召开通知

召开股东会会议，应当将会议召开的时间、地点和审议的事项于会议召开 20 日前通知各股东；临时股东会会议应当于会议召开 15 日前通知各股东。

单独或者合计持有公司 1%以上股份的股东，可以在股东会会议召开 10 日前提出临时提案并书面提交董事会。临时提案应当有明确议题和具体决议事项。董事会应当在收到提案后 2 日内通知其他股东，并将该临时提案提交股东会审议；但临时提案违反法律、行政法规或者公司章程的规定，或者不属于股东会职权范围的除外。公司不得提高提出临时提案股东的持股比例。

公开发行股份的公司，应当以公告方式作出上述规定的通知。

为保护中小股东的利益，应防止“表决突袭”，即股东会不得对通知中未列明的事项进行表决，作出决议。

五、股东的出席权、表决权

“股东出席股东会会议，所持每一股份有一表决权，类别股股东除外。公司持有的本公司股份没有表决权。股东会作出决议，应当经出席会议的股东所持表决权过半数通过。股东会作出修改公司章程、增加或者减少注册资本的决议，以及公司合并、分立、解散或者变更公司形式的决议，应当经出席会议的股东所持表决权的三分之二以上通过”（第 116 条）。

（一）出席权

股东会是股东表达意愿和行使权利的集会，出席权是公司所有股东都拥有的权利。由于股份有限公司小股东所持股份较少，无力影响表决结果，因此一般不参加股东会。例如，在证券交易市场炒股的股民，只要持有公司股票（最少一手，一手是 100 股），就是公司的股东，但他们很少有参加股东会的。不参加股东会，是股东自愿放弃权利的行为，而不是没有出席权。股东的出席权受法律保护，不得被剥夺。有的公司擅自规定，持股达一定数量的股东才可以参加股东会，达不到此数量的股东应自行凑足此数，然后派代表出席股东会。这种规定明显是违反法律规定的，是无效的。

自然人股东或者法人股东、非法人组织的代表人可能无法出席股东会，也可能出于各种考虑不愿意亲自出席股东会，他们可以委托代理人出席会议。“股东委托代理人出席股东会会议的，应当明确代理人代理的事项、权限和期限；代理人应当向公司提交股东授权委托书，并在授权范围内行使表决权”（第 118 条）。这里所说的代理人，应当是自然人。

（二）表决权

1. 表决权与资本多数决

表决权，是股东以投票方式就股东会的议决事项表达意志的权利。从我国公司法的规定来看，公司的重大决策，应是股东集体表决的结果。

股份有限公司的表决权被量化了，每一股份有一表决权（类别股股东除外），即以股份的多少计算表决权的数量，而不是以股东的人数计算表决权的数量。这种表决权的量化标准被称为“资本多数原则”或者“资本多数决”。股份有限公司是典型的资合公司，“一股一权”的规则是资本在经济层面的本质要求（类别股股东除外）。

股东会任何决议的表决和通过，都不以股东的人数为标准，而以已经发行的股份总数为计算标准，都是“资本票”。股份有限公司股东会表决权的规定见表 4-1。

表 4-1　股份有限公司股东会表决权的规定（资本票）

	决议内容	表决权比例	《公司法》规定
1	为股东、实际控制人提供担保。	有权表决并出席会议的过半数	第 15 条
2	普通议决事项。	出席会议的过半数	第 116 条
	特别议决事项：(1) 修改公司章程。(2) 增加或者减少注册资本。(3) 公司合并、分立、解散。(4) 变更公司形式。	出席会议的 2/3 以上	
3	上市公司：(1) 在一年内购买、出售重大资产超过公司资产总额的 30%。(2) 在一年内向他人提供担保的金额超过公司资产总额的 30%。	出席会议的 2/3 以上	第 135 条
4	出现公司章程规定的解散事由，但决定通过修改公司章程使公司存续。	出席会议的 2/3 以上	第 229 条、第 230 条
备注	(1) 本表所列决议事项，应在股东会会议上表决。 (2) 过半数，不包括本数；2/3 以上，包括本数。 (3) 表决权比例为强制性规定。		

2. 简单多数与绝对多数

对于普通议决事项，简单多数（过半数）就可通过决议。对于特别议决事项，必须以绝对多数（出席会议股东所持表决权过 2/3）才可通过决议。

3. 资本多数决与累积投票制

资本多数决，使股东具有的表决力与其持有的股份成正比，持股越多，表决力越大。持股最多者的意思表示处于支配者的地位，通过表决，成为公司的意思，并对小股东产生拘束力。小股东往往是“用脚投票”，即转让股票“走人”。

资本多数决，往往容易引起大股东与小股东的权益冲突。《公司法》第 116 条规定的“每一股份有一表决权”（类别股股东除外），被认为是大小股东实质地位不对等的制度根源。它使公司实际控制在掌握多数投票权的人手中，拥有多数投票权的股东掌握了董事会，甚至掌握了监事会。

为保护小股东的利益，防止大股东为一己私利而滥用权利，创设了累积投票制。“股东会选举董事、监事，可以按照公司章程的规定或者股东会的决议，实行累积投票制。本法所称累积投票制，是指股东会选举董事或者监事时，每一股份拥有与应选董事或者监事人数相同的表决权，股东拥有的表决权可以集中使用”（第 117 条）。

适用累积投票制，可以保证小股东对公司机构的影响力。这种表决制是指股东会在选举董事、监事时，确定每一股份享有与应选人数相同的表决权（如应选人数是 3 人，即确定每一股份是 3 票）。可以集中选举 1 人，也可以分开选举数人，由得票较多的人当选。这样，小股东有机会选出自己的代言人。

累积投票制和普通投票制有明显的区别。例如，某股份有限公司要选举 5 名董事，该公司有 10 万股，大股东 A 持 6 万股，中小股东 B 至 Z 25 人，共持 4 万股。按表决规则，对董事选举要逐个表决，每个候选人过半数当选，均过半数以多数当选，则大股东 A 对每个候选人有 6 万票，共 30 万票，其余 25 个中小股东，对每个候选人有 4 万票，共 20 万票。在普通投票制下，票数不能混用，即不能局部集中，这样大股东 A 就绝对控制了选举权，即大股东 A 对 5 个他满意的候选人各投 6 万票。其他 25 个股东即便联合起来投票，他们满意的候选人也最多每人得 4 万票。但在累积投票制下，情况会有所不同。以上面的例子来分析，26 个股东的总票数不变，但可以局部集中，票数可以混用。假如 25 个中小股东把票数集中在 2 个候选人身上，这 2 个候选人每人可得 10 万票。大股东 A 将 30 万票用在 3 个候选人身上，每人可得 10 万票。这样就可以产生代表中小股东利益的 2 个董事。

当然，任何事物都是有利也有弊，累积投票制的弊端在于，可能会在董事会内部产生利益冲突的派别。但总的来看，累积投票制利大于弊。

第四节　董事会、经理

一、董事会的地位、组成

董事会是股份有限公司的业务执行机关。董事会向股东会负责。

股份有限公司设董事会，但《公司法》第 128 条作了除外规定：“规模较小或者股东人数较少的股份有限公司，可以不设董事会，设一名董事，行使本法规定的董事会的职权。该董事可以兼任公司经理。”也就是说，对较小的股份有限公司，董事会不是必设机关。公司不设董事会而设一名董事，实务中该董事称为执行董事。

设立董事会的股份有限公司，董事会成员为 3 人以上（含 3 人），不一定是单数，比如可以是 4 人、8 人等。

职工人数 300 人以上的公司，除依法设监事会并有公司职工代表的外，其董事会成员中应当有公司职工代表。董事会中的职工代表由公司职工通过职工代表大会、职工大会或者其他形式民主选举产生。

二、董事会的职权

根据《公司法》的规定，董事会行使下列职权：

（1）召集股东会会议，并向股东会报告工作；

（2）执行股东会的决议；

（3）决定公司的经营计划和投资方案；

（4）制订公司的利润分配方案和弥补亏损方案；

（5）制订公司增加或者减少注册资本以及发行公司债券的方案；

（6）制订公司合并、分立、解散或者变更公司形式的方案；

（7）决定公司内部管理机构的设置；

（8）决定聘任或者解聘公司经理及其报酬事项，并根据经理的提名决定聘任或者解聘公司副经理、财务负责人及其报酬事项；

（9）制定公司的基本管理制度；

（10）公司章程规定或者股东会授予的其他职权。

公司章程对董事会职权的限制不得对抗善意相对人。

三、审计委员会

设立审计委员会是在公司治理方面最具有代表性的制度创新。“股份有限公司可以按照公司章程的规定在董事会中设置由董事组成的审计委员会，行使本法规定的监事会的职权，不设监事会或者监事。审计委员会成员为三名以上，过半数成员不得在公司担任除董事以外的其他职务，且不得与公司存在任何可能影响其独立客观判断的关系。公司董事会成员中的职工代表可以成为审计委员会成员。审计委员会作出决议，应当经审计委员会成员的过半数通过。审计委员会决议的表决，应当一人一票。审计委员会的议事方式和表决程序，除本法有规定的外，由公司章程规定。公司可以按照公司章程的规定在董事会中设置其他委员会”（第 121 条）。

（1）设置审计委员会，取代了监事会，行使的是监事会的职权。因此，不能既设立审计委员会又设置监事会，只能二选一。

（2）审计委员会是在董事会之中设立，不是与董事会并列的机构。

（3）审计委员会成员为三名以上，都由董事担任。过半数成员不得在公司担任除董事以外的其他职务。例如，审计委员会成员有三名委员，其中两名只能担任董事，而不能担任其他职务，有一名可以同时担任其他职务。审计委员会成员必须独立、客观，不得与公司存在任何可能影响其独立客观判断的关系，例如，与大股东有亲属关系就不应进入审计委员会。

（4）就决策机制而言，审计委员会决议的表决，应当一人一票。审计委员会的议事方式和表决程序，除《公司法》有规定的外，由公司章程规定。

四、董事长及董事

（一）董事长、副董事长

1. 董事长、副董事长的产生

董事会设董事长 1 人，可以设副董事长。董事长和副董事长由董事会以全体董事的过半数选举产生。

2. 董事长、副董事长的职权

“董事长召集和主持董事会会议，检查董事会决议的实施情况。副董事长协助董事长工作，董事长不能履行职务或者不履行职务的，由副董事长履行职务；副董事长不能履行职务或者不履行职务的，由过半数的董事共同推举一名董事履行职务”（第 122 条第 2 款）。此处“过半数的董事”，是指董事会全体成员的半数，而非出席会议的半数。

（二）董事的产生和任期

1. 董事的产生

股份有限公司董事的产生有两种方式：其一，在公司成立时，发起设立的，董事由发起人选举产生；募集设立的，董事由成立大会选举产生。其二，在公司成立后，董事由股东会选举产生。

选举董事，属于股东会的决议事项，必须经出席会议的股东所持表决权的半数以上通过。

2. 董事的任期

董事的任期由公司章程规定，但每届任期不得超过 3 年。董事任期届满，连选可以连任。董事的任期和监事的任期不同，董事的任期是不得超过 3 年，而监事的任期是 3 年，连选可以连任。

董事任期届满未及时改选，或者董事在任期内辞任导致董事会成员低于法定人数的，在改选出的董事就任前，原董事仍应当依照法律、行政法规和公司章程的规定，履行董事职务。董事辞任的，应当以书面形式通知公司，公司收到通知之日辞任生效，但辞任导致董事会成员低于法定人数的，董事应当继续履行职务。

股东会可以决议解任董事，决议作出之日解任生效。无正当理由，在任期届满前解任董事的，该董事可以要求公司予以赔偿。

五、董事会会议

（一）会议的召开、举行和决议的通过

1. 常会和临时会议的召开

常会又称定期会议，是定期召开的会议。临时会议是根据需要不定期召开的会议。

董事会通过举行会议行使职权，因此会议的召集就特别重要。“董事会每年度至少召开两次会议，每次会议应当于会议召开十日前通知全体董事和监事。代表十分之一以上表决权的股东、三分之一以上董事或者监事会，可以提议召开临时董事会会议。董事长应当自接到提议后十日内，召集和主持董事会会议。董事会召开临时会议，可以另定召集董事会的通知方式和通知时限”（第 123 条）。

2. 董事会的出席和决议的通过

董事会会议应当有过半数的董事出席方可举行。这与股东会不同，股东会不要求股东过半数出席。

董事会作出决议，应当经全体董事的过半数通过。过半数并不能以出席的董事为基数计算，全体董事，也包括未出席的董事。

“董事会会议，应当由董事本人出席；董事因故不能出席，可以书面委托其他董事代为出席，委托书应当载明授权范围”（第 125 条第 1 款）。其一，委托他人代为出席，应当出具书面的授权委托书，口头委托不发生效力。其二，受委托代为出席的人（受托人）只能是其他董事，而不能是董事以外的人。这样规定，考虑到董事以外的人不了解公司情况，且容易泄露公司秘密。

股东会适用资本多数决，而董事会并不适用资本多数决，在董事会上，每一个董事有一份表决权。在董事会作出决议时，董事可以独立地为意思表示，从这一点来看，董事处于独立于股东的地位，但董事的产生往往取决于控股股东的意志，董事为保全地位，需要考虑控股股东的信任，因此董事会的决议往往体现控股股东的意志。

（二）议事规则

董事会应当对所议事项的决定作成会议记录，出席会议的董事在会议记录上签名。这是为了追求会议记录的真实性以及董事表明对会议记录负责的态度。

“董事应当对董事会的决议承担责任。董事会的决议违反法律、行政法规或者公司章程、股东会决议，给公司造成严重损失的，参与决议的董事对公司负赔偿责任；经证明在表决时曾表明异议并记载于会议记录的，该董事可以免除责任”（第 125 条第 2 款）。由于对董事会的决议，董事要承担责任，因此董事应表明赞同和反对的意思，不允许无记名投票。

有限责任公司董事会与股份有限公司董事会有关规定的比较见表 4－2。

表 4－2　有限责任公司董事会与股份有限公司董事会有关规定的比较

		有限责任公司	股份有限公司
1	是否设立董事会	一般设（第 67 条第 1 款），有例外（第 75 条）	一般设（第 120 条），有例外（第 128 条）
2	董事会组成人数	3 人以上（第 68 条第 1 款）	同左（第 120 条）
3	董事会成员中应否有公司职工代表	区分为“应当有”和“可以有”两种情况（第 68 条第 1 款）	同左（第 120 条）
4	非职工代表董事的产生	股东会选举（第 59 条）	同左（第 112 条）
5	董事任期	(1) 章程规定；(2) 不得超过 3 年；(3) 可连选连任（第 70 条）	同左（第 120 条）
6	董事长、副董事长的产生	由章程规定（第 68 条第 2 款）	由董事会以全体董事的过半数选举产生（第 122 条第 1 款）
7	董事会职权	第 67 条	第 120 条

续表

		有限责任公司	股份有限公司
8	董事会会议的召集人、主持人	董事长（第 72 条）	董事长（第 122 条第 2 款）
9	董事会临时会议的提议召开人	未规定	（1）代表 1/10 以上表决权的股东；（2）1/3 以上的董事或者监事（第 123 条第 2 款）
10	董事会的议事与表决	（1）除《公司法》有规定的外，由章程规定；（2）一人一票（第 73 条）	（1）须过半数出席；（2）须全体董事的过半数通过；（3）一人一票（第 124 条）

六、经理

股份有限公司设经理，由董事会决定聘任或者解聘。经理是主持公司的日常管理工作的高级管理人员。在对外交易中，除非将经理规定为法定代表人，否则经理是以公司的代理人身份出现的。“经理对董事会负责，根据公司章程的规定或者董事会的授权行使职权。经理列席董事会会议”（第 126 条第 2 款）。“公司董事会可以决定由董事会成员兼任经理”（第 127 条）。董事兼任经理是一种管理模式，可以提高公司的决策效率。

七、公司对董事、监事、高级管理人员报酬的披露义务

“公司应当定期向股东披露董事、监事、高级管理人员从公司获得报酬的情况”（第 129 条）。公司的这一披露义务，体现了对股东利益的保护，也是公司治理的重要一环。报酬不限于工资、奖金，还包括红利、保险和股票优先认购权等形式。

第五节　监事会

一、监事会的地位

监事会是股份有限公司的监督机构。除规模较小的公司及在董事会中设置审计委员会外，股份有限公司应当设监事会。

监事会的设立，是为了达到公司内部自治监督的目的。监事会对董事和经理的业务活动进行监督，对股东会负责并报告工作。

监事会与董事会相互独立，互不隶属。二者的总体目标是一致的，但职能有所不同：董事会行使执行公司业务的职权，监事会则行使监督权。二者是一种制衡的关系。

上市公司实行独立董事制度。在监督方面，独立董事处于董事会内部，属于内部监督；监事会是与董事会并列的机构，相对于董事会，是外部监督。二者的职能各有侧重，独立董事的存在，不能否定监事会的作用。当前的任务是加强监事会的职能，使其能够真正发挥作用。

二、监事会的组成

“监事会成员为三人以上。监事会成员应当包括股东代表和适当比例的公司职工代表，其中职工代表的比例不得低于三分之一，具体比例由公司章程规定。监事会中的职工代表由公司职工通过职工代表大会、职工大会或者其他形式民主选举产生。监事会设主席一人，可以设副主席。监事会主席和副主席由全体监事过半数选举产生。监事会主席召集和主持监事会会议；监事会主席不能履行职务或者不履行职务的，由监事会副主席召集和主持监事会会议；监事会副主席不能履行职务或者不履行职务的，由过半数的监事共同推举一名监事召集和主持监事会会议。董事、高级管理人员不得兼任监事”（第130条第2、3、4款）。

公司股东代表出任监事，由股东会依照选举程序产生。而职工代表担任监事，则由公司职工大会或者职工代表大会民主选举产生。职工代表担任监事，有利于维护职工的利益。但职工代表担任监事，要全面履行监事的职责，而不仅仅是维护职工的利益。财务负责人不得兼任监事，但一般财务工作人员可以兼任监事。监事可以专任，也可以兼任。

监事会主席，由监事会推举或者选举，不需要经过股东会的决议。除召集会议外，监事会主席的权利义务与其他监事相同。

有的学者认为，法人也可以担任监事。但从公司立法的精神来看，监事应为自然人。

我国公司法对董事的人数规定了下限（3人），对监事的人数也规定了下限（3人）。实务中，应当考虑公司规模、职工人数等因素，在3人以上确定监事的具体人数。

三、监事的任期和退任

（一）监事的任期

监事的任期每届为3年。监事任期届满，连选可以连任。监事的任期与董事的任期有所不同。监事的任期是每届3年，而董事的任期是每届不得超过3年。监事的任期等于或者长于董事的任期，便于监事对董事的业务活动进行连续的监督。

（二）监事的退任

监事的退任，可以是因为任期届满，也可以是因为监事的辞任。在监事任期中，董事会无权解除其职务。当监事是由公司职工担任时，董事会不得将其解雇，因为解雇职工的同时，也就解除了其监事职务。当监事是由股东会选举产生时，董事会并无解除其监事职务的权力。监事的解聘，必须由股东会决定，股东会解除当事人的监事职务后，公司才能将其解雇。

四、监事会的职权、议事方式和表决程序

（一）监事会的职权

根据《公司法》的规定，监事会行使下列职权：

（1）检查公司财务；

（2）对董事、高级管理人员执行职务的行为进行监督，对违反法律、行政法规、公司章程或者股东会决议的董事、高级管理人员提出解任的建议；

（3）当董事、高级管理人员的行为损害公司的利益时，要求董事、高级管理人员予以纠正；

（4）提议召开临时股东会会议，在董事会不履行《公司法》规定的召集和主持股东会会议职责时召集和主持股东会会议；

（5）向股东会会议提出提案；

（6）依照《公司法》第 189 条关于股东代表诉讼的规定，对董事、高级管理人员提起诉讼；

（7）公司章程规定的其他职权。

监事可以列席董事会会议，并对董事会决议事项提出质询或者建议。

监事会发现公司经营情况异常，可以进行调查；必要时，可以聘请会计师事务所等协助其工作，费用由公司承担。

监事会可以要求董事、高级管理人员提交执行职务的报告。董事、高级管理人员应当如实向监事会提供有关情况和资料，不得妨碍监事会或者监事行使职权。

（二）监事会的召开、议事方式和表决程序

“监事会每六个月至少召开一次会议。监事可以提议召开临时监事会会议。监事会的议事方式和表决程序，除本法有规定的外，由公司章程规定。监事会决议应当经全体监事的过半数通过。监事会决议的表决，应当一人一票。监事会应当对所议事项的决定作成会议记录，出席会议的监事应当在会议记录上签名”（第 132 条）。

（1）监事会需要通过会议方式行使职权。监事会会议分为定期会议（常会）和临时会议。定期会议每 6 个月至少召开一次，以便定期审查公司的经营状况，及时发现问题。对紧急事项或突发事项，监事可提议召开临时会议，迅速作出有关决策。

（2）监事会决议应当经全体监事的过半数通过，过半数，不包括本数。监事会决议的表决，应当一人一票。此为“人头票”，不为“资本票”，有的股东担任监事，其股份的多少，都不影响投票权的平等性。

（三）监事个人的职权

《公司法》规定了监事会的职权，监事会作为独立的机构而行使职权，其行使职权的基础是基于监事会的决议。对于股份有限公司，除规定监事会行使监督职权外，还应允许监事个人行使监督职责。当然，监事会的监督权与监事的监督权应当有所区别。

第六节 上市公司

一、上市公司的概念

上市公司，是指其股票在证券交易所上市交易的股份有限公司。我国目前有 5 000 多家上市公司在交易所（上海证券交易所、深圳证券交易所、北京证券交易所）上市交易股票。在证券交易市场交易，是在二级市场交易。

股份有限公司分为上市公司和不上市公司。股份有限公司成立后，并不要求必须取得上市资格，成立三年后才可以申请上市。

上市交易是股份有限公司的“专利”，有限责任公司欲上市，须先将公司变更为股份有限公司。

二、股东会对上市公司重大特殊事项的决策权（特别决议权）

“上市公司在一年内购买、出售重大资产或者向他人提供担保的金额超过公司资产总额百分之三十的，应当由股东会作出决议，并经出席会议的股东所持表决权的三分之二以上通过”（第 135 条）。股东会决议分为普通决议和特别决议，本条是关于特别决议（特别决议权）的规定。对于普通决议，简单多数（过半数）就可通过决议。对于特别决议，必须以绝对多数（出席会议股东所持表决权过 2/3）才可通过决议。另外，与《公司法》第 15 条相比，在担保方面提高了决议的层次，第 15 条规定为他人提供担保，按照公司章程的规定，由“董事会或者股东会决议”（为公司股东或者实际控制人提供担保的除外），而上市公司只能由股东会决议。

提问：《公司法》第 135 条规定的股东会的特殊决议权，是指购买重大资产超过 30%、出售重大资产超过 30%、担保金额超过 30%，还是指购买重大资产（不问比例）、出售重大资产（不问比例）以及担保金额超过 30%？

答：该 30%不仅是指对向他人提供担保的比例，也是指对购买重大资产和出售重大资产的比例。例如，甲公司在 2024 年 7 月出售公司重大资产达到公司资产的 16%，适用普通决议（过半数就可以通过），到年底又要出售公司重大资产的 15%，综合计算在一年内超过了 30%，这就必须适用《公司法》第 135 条的特别决议，须出席会议股东所持表决权过 2/3 才可通过决议。

三、独立董事

（一）独立董事的含义

“上市公司设独立董事，具体管理办法由国务院证券监督管理机构规定”（第 136 条第 1 款）。中国证券监督管理委员会制定的《上市公司独立董事管理办法》第 2 条规定：“独立董事是指不在上市公司担任除董事外的其他职务，并与其所受聘的上市公司及其主要股东、实际控制人不存在直接或者间接利害关系，或者其他可能影响其进行独立客观判断关系的董事。”独立董事是公司董事，是董事会成员，但不执行具体经营管理事务。

我国公司法既规定了上市公司的独立董事，又规定了国有独资公司的外部董事，独立董事和外部董事不是同一概念。

独立董事的存在价值，在于实现董事会的内部监督。实务中，因独立董事多由大股东推荐，出现了独立董事“花瓶化”的现象，独立董事制度需要进一步改革。

独立董事相关案例

独立董事不能取代监事的地位。监事会仍有存在的价值，主要还是应当依靠监事会来发挥监督作用。

从目前上市公司聘请的独立董事来看，大体上有三类人员：（1）行业技术专家；（2）经济学家；（3）财会专家。独立董事必须有权、有闲（目前的独立董事一般都有繁重的工作），才能更好地发挥作用。

（二）独立董事的义务

独立董事对上市公司及全体股东负有诚信与勤勉义务。独立董事应当按照相关法律法规、规章和公司章程的要求，认真履行职责、行使职权，[①] 维护公司整体利益，尤其要关注中小股东的合法权益不受损害。独立董事应当独立履行职责，不受上市公司主要股东、实际控制人或者其他与上市公司存在利害关系的单位或个人的影响。

四、上市公司的审计委员会对董事会决议的前置审议程序

“上市公司在董事会中设置审计委员会的，董事会对下列事项作出决议前应当经审计委员会全体成员过半数通过：（一）聘用、解聘承办公司审计业务的会计师事务所；（二）聘任、解聘财务负责人；（三）披露财务会计报告；（四）国务院证券监督管理机构规定的其他事项”（第137条）。董事会对以上所列四种事项进行表决，须履行的前置性程序是，先由审计委员会全体成员过半数通过。这一前置性程序，也体现了审计委员会的具体职权，立法目的是确保上市公司财务、审计工作的独立性，以保障广大小股东的权益。

非上市的股份有限公司董事会设审计委员会的，没有法定的前置审议程序。

五、董事会秘书

“上市公司设董事会秘书，负责公司股东会和董事会会议的筹备、文件保管以及公司股东资料的管理，办理信息披露事务等事宜”（第138条）。上市公司董事会秘书是公司的高级管理人员，与董事长秘书不是一回事。

董事会秘书的主要职责有：

（1）负责公司股东会会议的筹备、文件保管事宜；

（2）负责董事会会议的筹备、文件保管事宜；

（3）负责公司股东资料的管理；

（4）负责办理信息披露事务。对上市公司而言，信息披露是一项非常重要的义务。

在执行董事会事务方面，董事会秘书起着重要作用。董事会秘书同时也是公司与股东沟通的纽带，例如，在证券市场交易的散户（股民），有问题都是向董事会秘书提问，由

---

① 根据《上市公司独立董事管理办法》第17条的规定，独立董事履行下列职责：（1）参与董事会决策并对所议事项发表明确意见；（2）对本办法第23条（关联交易、变更或豁免承诺、被收购事项）、第26条（财务审计事项）、第27条（任免董事、聘免高管事项）和第28条（董事、高管薪酬事项）所列上市公司与其控股股东、实际控制人、董事、高级管理人员之间的潜在重大利益冲突事项进行监督，促使董事会决策符合上市公司整体利益，保护中小股东合法权益；（3）对上市公司经营发展提供专业、客观的建议，促进提升董事会决策水平；（4）法律、行政法规、中国证监会规定和公司章程规定的其他职责。《上市公司独立董事管理办法》第18条规定：“独立董事行使下列特别职权：（一）独立聘请中介机构，对上市公司具体事项进行审计、咨询或者核查；（二）向董事会提议召开临时股东大会；（三）提议召开董事会会议；（四）依法公开向股东征集股东权利；（五）对可能损害上市公司或者中小股东权益的事项发表独立意见；（六）法律、行政法规、中国证监会规定和公司章程规定的其他职权。独立董事行使前款第一项至第三项所列职权的，应当经全体独立董事过半数同意。独立董事行使第一款所列职权的，上市公司应当及时披露。上述职权不能正常行使的，上市公司应当披露具体情况和理由。”

董事会秘书回答。不过从实际效果来看，并不太好，不少董事会秘书对散户的提问，采取敷衍态度。

六、关联交易董事表决时的回避

“上市公司董事与董事会会议决议事项所涉及的企业或者个人有关联关系的，该董事应当及时向董事会书面报告。有关联关系的董事不得对该项决议行使表决权，也不得代理其他董事行使表决权。该董事会会议由过半数的无关联关系董事出席即可举行，董事会会议所作决议须经无关联关系董事过半数通过。出席董事会会议的无关联关系董事人数不足三人的，应当将该事项提交上市公司股东会审议”（第 139 条）。

（1）上市公司董事与董事会会议决议事项所涉及的企业有关联关系，是指在某项交易中董事与企业或者个人有利益关系。例如，甲公司欲与乙公司订立一份长期合同，需要董事会表决，董事章某的妻子是乙公司的实际控制人，则章某应当回避，不得参加此项表决。

（2）在有关联关系的情况下，要求该董事回避是理所当然的。董事也有义务主动向董事会书面报告，以确保公司决策过程的透明度、诚信度。董事的回避具体表现在两个方面：一是对该项决议不得行使表决权；二是不得代理其他董事行使表决权。代理人是可以独立为意思表示的，如果允许关联董事代理其他董事行使表决权，就给回避制度留下了漏洞。

（3）在关联关系董事回避的情况下，该董事会会议由过半数无关联关系董事出席即可举行，但董事会会议所作决议须经无关联关系董事过半数通过。会议的召开和决议的通过，都采用简单多数决定制。如某上市公司有 7 名董事，其中 3 名与董事会决议事项涉及的企业有关联关系，这样剩下 4 名无关联关系董事，只要有其中 3 名董事出席即可举行董事会会议。如果有 3 名无关联关系董事出席，则该决议必须得到该 3 名董事全部通过。因为“过半数通过”，不是出席会议的过半数，而是无关联关系董事的过半数通过。

（4）出席董事会的无关联关系董事人数不足 3 人（2 人或者 1 人）时，有以下两个不足：一是人太少容易出现决策偏差；二是可能无法实行“简单多数决”（2 人时，1 人同意、1 人反对，或者只有 1 人时）。此种情况下，应将该决议事项提交上市公司股东会决议。这样就避免了董事人数过少的尴尬，减少了决策偏差的可能性。

七、上市公司披露股东、实际控制人信息的义务

“上市公司应当依法披露股东、实际控制人的信息，相关信息应当真实、准确、完整。禁止违反法律、行政法规的规定代持上市公司股票”（第 140 条第 1 款）。

上市公司是公众公司，其股权结构及实际控制人情况必须向社会公开，以保护投资者和意向投资者的利益。股东依据股权对公司的经营活动等享有决策权；实际控制人虽然实际支配公司行为，但不是直接依据股权对公司进行控制。例如，可以通过协议安排使某人成为上市公司的实际控制人。

披露的相关信息应当真实、准确、完整，以防止投资者和意向投资者受误导，被欺诈。

八、禁止非法代持股票、交叉持股

（一）禁止非法代持上市公司的股票

“禁止违反法律、行政法规的规定代持上市公司股票”（第 140 条第 2 款）。代持上市公司的股票，反映的是实际投资人与代持人之间代持股票的委托合同关系，代持人是名义股东（股票在代持人名下）。非法代持，一般是为了掩盖真相，例如，证券公司某部门的首席，为规避禁止买卖股票的规定，就借用亲戚的账户买卖股票，这就是非法由亲戚代持股票。对非法代持的反面解释，是合法代持。例如，在 QFII（Qualified Foreign Institutional Investor，合格的境外机构投资者）等业务中，上市公司股东名册上登记的是结算机构等名义持有人，这种代持是合法的。

参考案例 4-2

甲是持有上市公司 5%以上股份的股东，其受让了乙的部分股份，甲负担《证券法》规定的强制信息披露义务①，为了规避此项义务，甲与乙签订一份代持合同，由乙代持甲新增加的股份。问：甲、乙的代持合同效力如何？

——委托代持合同是委托合同的一种。这里说的委托代持，“代持”本身并不是无效事由，如果代持是为了规避法律，代持合同就可能无效。规避法律的原因，往往是委托人欠缺某种资质、资格，或者为了规避法律的一些特殊规定。本案是甲、乙实施了规避信息披露义务的违法行为，因而签订的代持合同无效。

（二）禁止交叉持股

交叉持股是指公司互相持股。为保持上市公司与其控股子公司的独立性和自主性，《公司法》第 141 条规定：“上市公司控股子公司不得取得该上市公司的股份。上市公司控股子公司因公司合并、质权行使等原因持有上市公司股份的，不得行使所持股份对应的表决权，并应当及时处分相关上市公司股份。”

（1）上市公司控股子公司不得取得该上市公司的股份，即控股子公司不得购买或通过其他途径持有上市公司的股份。

（2）控股子公司可能因公司合并、质权行使等原因持有上市公司股份，例如，控股子公司与上市公司的一个股东合并为一个公司（吸收合并），该控股子公司就取得了上市公司的股份。这类取得，不得行使所持股份对应的表决权，并应当及时处分上市公司股份，即不得持续保留。

① 《证券法》第 80 条规定：“发生可能对上市公司、股票在国务院批准的其他全国性证券交易场所交易的公司的股票交易价格产生较大影响的重大事件，投资者尚未得知时，公司应当立即将有关该重大事件的情况向国务院证券监督管理机构和证券交易场所报送临时报告，并予公告，说明事件的起因、目前的状态和可能产生的法律后果。前款所称重大事件包括：……（八）持有公司百分之五以上股份的股东或者实际控制人持有股份或者控制公司的情况发生较大变化，公司的实际控制人及其控制的其他企业从事与公司相同或者相似业务的情况发生较大变化；……。”

【引例分析】

根据《公司法》第 114 条的规定，A 对权利的行使自始至终在法律规定的范围之内。股东会所形成的决议是合法有效的。所以，人民法院不应支持 B 的主张。

【练习题】

1. 名词解释

累积投票制　资本多数决　上市公司　独立董事

2. 思考题

（1）股份有限公司的概念是什么？

（2）股份有限公司与有限责任公司有哪些区别？

（3）简析股份有限公司的治理结构。

（4）简述股份有限公司发起设立的程序。

（5）简述股份有限公司募集设立的程序。

（6）简析股份有限公司不能成立时，发起人的连带责任。

3. 选择题

关于股份有限公司的监事会，下列哪些表述是正确的？（　　）

A. 监事会成员不得少于 3 人

B. 监事会应当包括股东代表和适当比例的公司职工代表

C. 公司股东代表出任监事，由股东会依照选举程序产生

D. 监事、股东须由自然人担任

4. 案例分析题

甲股份有限公司股东会决议解除张乙的董事职务。张乙认为，自己的任期还有一年，决议提前解除的理由不充分且无证据。张乙欲提起诉讼，请求人民法院判决决议无效或者撤销决议。

问题：

应如何分析此案？

分析要点提示：

公司与董事之间是委托合同关系。《民法典》第 933 条规定：“委托人或者受托人可以随时解除委托合同。因解除合同造成对方损失的，除不可归责于该当事人的事由外，无偿委托合同的解除方应当赔偿因解除时间不当造成的直接损失，有偿委托合同的解除方应当赔偿对方的直接损失和合同履行后可以获得的利益。”

依据以上规定，公司与董事双方均有任意解除权。无论任期是否届满，公司都可以随时解除董事职务，董事也可以随时辞职。任意解除，也称为无因解除，解除人不需要提出理由，也无须对理由举证。张乙仅以解除董事职务理由不充分且无证据而请求人民法院判决决议无效或者撤销决议，不会得到人民法院的支持。张乙可以请求公司赔偿或者给予合理补偿。

第五章　股份有限公司（二）

【本章引例】

H（集团）股份有限公司于2018年6月3日发行股票，股票种类为人民币普通股（A股），每股面值1元，发行股数为3 800万股，占发行后总股本的26.01%。每股发行价格为14.49元。

G公司发布公告称：公司拟以股东大会决议方式主动撤回A股股票在上交所的上市交易。公司股票自2024年8月16日起停牌，直至上交所在公告公司股票终止上市决定之日后5个交易日内对公司股票予以摘牌，如终止上市事项未获股东大会审议通过，公司将向上交所申请股票自2024年8月27日起复牌。

问题：

1. 股票的发行与股票的转让有何不同？
2. 股票的发行价格能否高于面值？
3. 暂停上市和终止上市有何不同？

【本章学习目标】

通过本章的学习，你应该能够：

1. 掌握股份的概念；
2. 了解股份的种类；
3. 掌握股份发行的概念，了解股份发行的要求；
4. 掌握股份转让的概念，了解股份转让的要求；
5. 掌握上市的概念和对上市公司机构的要求。

第一节　股份有限公司股份概述

一、股份的含义

股份是公司资本的成分，是均分公司全部资本的最小单位，是股份有限公司股东持有的、公司资本的基本构成单位，也是划分股东权利义务的基本构成单位。

股份有限公司的资本划分为股份，采用面额股的每一股的金额相等。公司的股份采取股票的形式。股票是公司签发的证明股东所持股份的凭证。

股份有限公司的股份，可以从以下三个角度来说明：

（1）股份是公司资本的成分，全部股份金额的总和就是公司资本总额。

（2）股份是股东权利义务的计算单位。

（3）股票是股份的表现形式。

二、股份的种类

股份有限公司的股份依据不同的标准，可以分为不同的种类。

（一）普通股和类别股

按照股份所代表的权利的不同，可以把股份分为普通股和类别股。

普通股是股份有限公司最基本的股份种类。普通股股东享有平等的表决权。普通股股东在公司提取了公积金以及支付优先股股利之后，参与公司盈余分配。普通股的股息率不固定，随公司经营业绩而定。在公司终止清算时，普通股股东在优先股股东之后分配剩余资产。

类别股是股东享有某种特别权利或者负担某种特别义务的股份。“公司可以按照公司章程的规定发行下列与普通股权利不同的类别股：（一）优先或者劣后分配利润或者剩余财产的股份；（二）每一股的表决权数多于或者少于普通股的股份；（三）转让须经公司同意等转让受限的股份；（四）国务院规定的其他类别股”（第 144 条第 1 款）。也就是说，类别股有四类。公开发行股份的公司不得发行前述第二项（差异化表决权）、第三项（转让受限）的类别股；公开发行前已发行的除外（见第 144 条第 2 款）。类别股对满足多元化的投资需求、平衡股东之间的利益关系具有重要意义。

类别股
热点分析

公司章程应当对类别股的事项明确记载，固定股东约定的权利义务，为继受股东、公司债权人等利害关系人提供信息。“发行类别股的公司，应当在公司章程中载明以下事项：（一）类别股分配利润或者剩余财产的顺序；（二）类别股的表决权数；（三）类别股的转让限制；（四）保护中小股东权益的措施；（五）股东会认为需要规定的其他事项”（第 145 条）。

（二）记名股和无记名股

将股东的姓名记载于股票上，该股份为记名股，该股票为记名股票。不记载股东姓名的股票，该股份为无记名股，该股票为无记名股票。“公司发行的股票，应当为记名股票”（第 147 条第 2 款）。公司不能发行无记名股票。

记名股的意义，主要在于掌握和控制股份的转让。无记名股的转让只需交付股票，即发生股份转让的效力，持有股票的人即获得股东资格，享有股东权。记名股的转让，由股东以背书方式或者法律、行政法规规定的其他方式转让，否则不发生转让的效力。记名股有利于提升反洗钱、反恐怖主义、反腐败融资的监管力度。

（三）面额股和无面额股

面额股和无面额股是以股票是否载有票面金额为标准进行的分类。面额股是指股票票面记载票面金额的股份，每一股的金额相等。许多国家或地区的公司法对公司股票的最低票面值作了规定。无面额股是指股票票面不记载金额。

（1）“公司的资本划分为股份。公司的全部股份，根据公司章程的规定择一采用面额股或者无面额股。采用面额股的，每一股的金额相等。公司可以根据公司章程的规定将已发行的面额股全部转换为无面额股或者将无面额股全部转换为面额股。采用无面额股的，应当将发行股份所得股款的二分之一以上计入注册资本”（第 142 条）。本条采用了择一采用的立法模式，公司可以选择面额股或者无面额股的一种，但不能同时采用；同时规定了面额股与无面额股之间的转换，并且未设定转换次数限制；又规定了发行无面额股时注册资本的计算规则。无面额股的核心制度价值是便利公司融资，提高公司融资效率。经营不善、股价低于股票面值的公司可以不受禁止折价发行规则的限制，通过发行新股获得新的融资，帮助公司走出困境。

（2）“面额股股票的发行价格可以按票面金额，也可以超过票面金额，但不得低于票面金额”（第 148 条）。也就是说，允许平价发行和溢价发行，但是不允许折价发行。如果允许折价发行，就会使公司账面资本大于实收资本，同时降低了股份有限公司的偿债能力。

溢价发行，即发行价超过票面金额。溢价发行在我国是一种普遍现象。例如，广东汇成真空科技股份有限公司人民币普通股股票于 2024 年 6 月 5 日在深圳证券交易所上市，每股面值 1.00 元，每股发行价格为人民币 12.20 元。以超过票面金额发行股票所得溢价款应列入公司资本公积金。

（四）国家股、法人股、个人股和外资股

依据持股主体的不同，可以将股份分为国家股、法人股、个人股和外资股。这是具有中国特色的分类。

国家股，是指由国家授权投资的机构，以国有资产向股份有限公司出资形成的股份。国家股的“名义股东”是代表国家投资的国有资产管理机构，即在股份有限公司股权登记上记名为该机构。

法人股，是指具有法人资格的组织以其财产向股份有限公司出资形成的股份。根据法人的类别，法人股又可以分为企业法人股、事业法人股和社团法人股。

个人股，是指自然人以其财产向股份有限公司出资形成的股份。个人股又可以分为社会个人股和公司职工股。公司职工股的持有可以调动职工的积极性。我国目前很多股份有限公司的职工持有本公司的股份。

外资股，一般认为是指由外国投资者向我国股份有限公司投资，以及我国香港、澳门、台湾地区投资者向内地（大陆）股份有限公司投资形成的股份。笔者认为，将我国香港、澳门、台湾地区投资者向内地（大陆）股份有限公司投资形成的股份称为外资股，与主权观念不符。例如，台胞投资企业可以适用外商投资企业法律的有关规定，但不能把台胞投资企业称为外商投资企业。外资股应当是外国法人和自然人投资形成的股份。

（五）人民币普通股和人民币特种股

人民币普通股，又称为 A 股、人民币股。它是指由中国境内注册公司发行，在中国境内上市，以人民币认购和交易的股票。通常说的“炒股”，是指在证券交易市场买卖 A 股。

人民币特种股，是指以人民币标明面值，以外币或港元认购和交易的股份。人民币特种股原为专供外国和我国香港、澳门、台湾地区投资者买卖的股份，现在已经放开，我国内地（大陆）投资者也可以交易。

人民币特种股又分为 B 股和 H 股。B 股是以人民币标明面值，以美元在境内证券交易所上市交易的人民币特种股票。2000 年 2 月 19 日，中国证监会正式宣布，允许境内居民以合法持有的外汇开立 B 股账户，交易 B 股股票。H 股是以人民币标明面值，以港元认购和交易，在香港联合交易所上市交易的人民币特种股票。

三、股份的表现形式（股票）

（一）股票的概念

股份有限公司的股份采取股票形式。股票是公司签发的证明股东所持股份的凭证。或者说，股票是股份有限公司股份证券化的形式。

（二）股票的特征

1. 股票是一种要式证券

股票的形式，可以是纸面形式和无纸化形式。无纸化股票即簿记形式的股票，以登记结算机构所记载的电子信息作为股权凭证。机构投资者和个人投资者（股民）在证券交易市场上买卖的股票，是无纸化股票。

纸面形式的股票，记载的事项应当符合法定要求。“股票采用纸面形式或者国务院证券监督管理机构规定的其他形式。股票采用纸面形式的，应当载明下列主要事项：（一）公司名称；（二）公司成立日期或者股票发行的时间；（三）股票种类、票面金额及代表的股份数，发行无面额股的，股票代表的股份数。股票采用纸面形式的，还应当载明股票的编号，由法定代表人签名，公司盖章。发起人股票采用纸面形式的，应当标明发起人股票字样”（第 149 条）。

2. 股票是一种非设权证券

设权证券，是指证券所代表的权利原本并不存在，通过证券的制作和交付，权利才得以产生。如《票据法》规定的支票、汇票和本票就是设权证券。非设权证券，是指证券所代表的权利已经存在，证券只是把这种权利表现出来。股东权非股票所创，股票只是把已经存在的股东权表现出来，股票与股份的关系形同表里，股票是股份的证券化形式。因而，股票是非设权证券。

3. 股票是一种有价证券

有价证券，是指表示一定财产权的证券。财产权可以“价”来衡量。股票表示了股东的财产权，而且可以用“价”来衡量。股票所代表的股东权利中，包含了红利的分配权和公司终止时剩余财产的分配权等财产权的内容。股票可以买卖、质押，这也说明股票是有价证券。

实务中，把业绩优良公司的股票称为绩优股；业绩较差的公司的股票被称为垃圾股。

（三）股票的交付

“股份有限公司成立后，即向股东正式交付股票。公司成立前不得向股东交付股票”（第 150 条）。股票的持有者是股东，股票是公司签发的证明股东持有股份的凭证。在严格意义上，公司成立之前只有发起人和（募集）认股人，没有股东。另外，在公司登记成立后才允许交付股票，也是为了保护交易安全。

第二节 股份有限公司的股份发行

一、股份发行的含义

股份发行是指股份有限公司为筹集资本而进行的出售、配售、配送股份的法律行为。

（1）股份有限公司发行股份的目的是筹集资本。人们常把发行股份称为融资，而把认购称为投资。

（2）发行的具体方式有出售、配售、配送。“出售”股份即招股，需要有人认购。“配售”股份，也称为“配股”，是股份发行的一种形式，发行的对象是公司既有的股东。对配股，股东可以选择认购或放弃认购。配送股份简称为送股，是公司将其未分配利润转为股本，按照比例“赠送”给原有股东，是股份的一种发行方式。送股，增加了注册资本（增加了总股本）。

（3）发行股份（股票）是一级市场的行为。买到股份以及得到配股、被送股的股东，对该股份是原始取得。

（4）股份有限公司的股份表现为股票，故发行股份表现为发行股票。投资机构和股民在证券交易市场买卖股票（俗称为“炒股”），是在二级市场进行交易，交易的款项不是股份有限公司筹集的资本，取得的股票是继受取得，而不是原始取得。例外是股民在证券交易市场的“打新”。“打新”也称为“打新股”，就是用资金参与新股申购，如果中签的话，就可以买到即将上市的股票。“打新”是以发行价购买股份有限公司发行的新股，“打新”人支付的款项是股份有限公司筹集的资本。

二、股份发行的阶段

根据股份有限公司所处阶段的不同，股份发行分为设立发行和新股发行两类。股份的设立发行，公司尚未成立，处于筹备阶段；新股发行，是已经成立的公司再次发行股份。

（一）设立发行

设立发行，指公司在设立过程中为筹集资本而发行股份，是首次发行股份。已经成立的股份有限公司宣称“首次公开发行股票”（Initial Public Offerings，简称 IPO），其并不是首次发行股票（股份），而是首次“公开”发行股票（股份），这是我们通常所说的“上市”，不是设立发行。

股份的设立发行又包括两种方式：一是在发起设立时，发起人认购公司应发行的全部股份；二是在募集设立时，发起人认购公司应发行股份的一部分，即认购不少于公司股份35%的股份，其余部分向特定对象募集（又称为私募或定向募集）或者向社会公开募集（又称为公募）。公开募集就是公开发行股票。发起设立程序简便，募集设立在程序上较为复杂，受到更严格的法律监管。

（二）新股发行

（1）新股发行（增加新股的发行），是指已经成立的公司在原有注册资本（股本）的基础上再次（第二次及以后各次）发行股份。新股发行在实务中称为增资扩股。新股发行的目的是增加公司资本，加强公司的实力。

（2）新股发行可以是出售，也可以是配售、送股。配售、送股的发行方式只能用于新股发行，不能用于设立发行。新股发行可以用公积金转增注册资本，设立发行不存在使用公积金的问题。

（3）新股发行可以是公开募集股份（又称为公募），也可以是向特定对象募集（又称为私募或定向募集）。例如，《天风证券股份有限公司 2023 年度向特定对象发行 A 股股票募集资金使用的可行性分析报告（修订稿）》称："本次向特定对象发行 A 股股票的发行对象为公司控股股东宏泰集团。"天风证券向自己的一个股东发行股票，属于所谓的私募。①

（4）新股发行，可以是非上市公司的新股发行，也可以是上市公司的新股发行。

（5）股份有限公司"首次公开发行股票"（IPO），属于在证券交易市场第一次发行新股、向社会公开募集股份的一种特殊表现。如果一家公司"首次公开发行股票"（IPO），成为上市公司之后再次发行新股，即再次在证券交易市场公开募集股份，则不属于 IPO。

三、股份发行的原则

"股份的发行，实行公平、公正的原则，同类别的每一股份应当具有同等权利。同次发行的同类别股份，每股的发行条件和价格应当相同；认购人所认购的股份，每股应当支付相同价额"（第 143 条）。股票是证券的一种。"证券的发行、交易活动，必须遵循公开、公平、公正的原则"（《证券法》第 3 条）。

（一）公开原则

公开原则的目的，是使投资者获得必要、正确的信息，以便就投资作出正确决策。公开原则要求股份有限公司发行股份前，应当就有关股份发行的正确、充分的信息向社会公开披露。公开的文件包括招股说明书、财务会计报告等。公开披露的方式是公告。

（二）公平原则

公平原则的目的，是使所有投资者平等地获得与其投资相适应的权利。公平原则要求股份有限公司同次发行的股票，每股的发行条件和价格应当相同。任何单位或者个人所认购的股份，每股应当支付相同价额。公平原则还要求股份必须同股同权、同股同利（类别股除外）。

（三）公正原则

公开、公平是公正的体现。公开、公平是为了追求公正的结果。公正原则，反对虚假陈述、虚构业绩、内幕交易、操纵市场等不公正的交易行为。有一种观点认为，公正原则，是指申请发行股份的股份有限公司或发起人，依法应当受到政府的公平待遇。实际上，公正原则是对公司发行股份提出的要求，不是直接针对政府提出的要求。

---

① 发行的特定对象（购买股票的人）可以是：（1）公司股东；（2）公司的董事、监事、高级管理人员、核心员工；（3）其他符合条件的自然人、法人及非法人组织。

四、新股发行的决议和授权资本制

新股的发行，是已经成立的公司增加注册资本的行为。新股，意味着在此之前已经发行过股份。新股的发行，应当符合一定的条件和程序。

（一）发行新股的决议

公司发行新股，股东会应当对下列事项作出决议：

（1）新股种类及数额；

（2）新股发行价格；

（3）新股发行的起止日期；

（4）向原有股东发行新股的种类及数额；

（5）发行无面额股的，新股发行所得股款计入注册资本的金额。

公司发行新股，可以根据公司经营情况和财务状况，确定其作价方案（见第 151 条）。

其一，股东会作出增资决议，必须经出席会议的股东所持表决权 2/3 以上通过。增加注册资本的方案由董事会制定。

其二，发行新股是已经成立的股份有限公司增加注册资本的行为，发行完毕之后，须到公司登记机关办理注册资本的变更登记。例如，甲公司原有 10 亿元的注册资本，发行新股募集的资金是 3 亿元，新股股票的票面价格是 1 亿元，溢价款是 2 亿元，则注册资本需要变更登记为 11 亿元，2 亿元列入资本公积金。

其三，公司发行新股可以是对特定对象的不公开发行，也可以向社会公开募集发行。

其四，公司可以向原有股东发行新股（向原有股东配售股票，简称“配股”），也可以向其他人发行新股（简称“增发”）。

提问：甲股份有限公司将通过以公开募集方式发行新股来增资，乙公司可以将其对丙公司的 1 000 万元的债权作为出资吗？

答：股份有限公司以公开募集方式发行的新股，认购人只能以货币认购，而不能以债权来认购。

（二）股份发行的授权资本制

“授权资本制”和“法定资本制”系相对概念。所谓“法定资本制”，是指在公司设立时，股东须一次性充分认购公司拟发行的股份，我国公司法此前一直践行该项资本原则，保障资本的充足、稳定。所谓“授权资本制”，是指公司章程预先确定公司的资本总额，并授权董事会在公司成立后作出决议，发行资本总额中尚未发行的股份。

新修订的《公司法》第 152 条引入了股份有限公司发行股份的授权资本制：“公司章程或者股东会可以授权董事会在三年内决定发行不超过已发行股份百分之五十的股份。但以非货币财产作价出资的应当经股东会决议。董事会依照前款规定决定发行股份导致公司注册资本、已发行股份数发生变化的，对公司章程该项记载事项的修改不需再由股东会表决。”这是一次有益的“新尝试”，有助于保持公司筹集资本的灵活性和机动性。

（1）授权资本制是授予董事会发行新股的权力，是“权力的下放”。例外情形是，以非货币财产作价出资的应当经股东会决议。

（2）授权形式包括公司章程和股东会决议。

（3）授权时间是 3 年内；授权比例是不超过已发行股份的 50%。

“公司章程或者股东会授权董事会决定发行新股的，董事会决议应当经全体董事三分之二以上通过”（第 153 条）。本条是关于授权资本制中董事会决议发行新股的表决规则，即需经董事会特别决议通过。

授权资本制
热点分析

第三节　股份有限公司的股份转让

一、股份转让的含义和意义

（一）股份转让的含义

“股份有限公司的股东持有的股份可以向其他股东转让，也可以向股东以外的人转让；公司章程对股份转让有限制的，其转让按照公司章程的规定进行”（第 157 条）。股东持有的股份可以依法转让，新修订的《公司法》同时回应了股份有限公司封闭化的发展特点，新增了股份有限公司章程可以对股份转让作出限制的规定。

股份转让是转移股东权的法律行为，这种转让一般是有偿转让，也有赠与等无偿转让的情形。有偿转让是一种买卖。通过买卖、赠与、继承取得股份，属于继受取得。

股东持有的股份不能向公司退回，但可以依法转让。转让人如果转让了全部股份，则失去股东的地位。受让人不论受让部分股份还是全部股份，都成为新股东。

股份转让不同于股份的发行。发行是创设股份的行为，发行人是公司或设立中的公司；转让不是创设新的股份，而是转让既有的股份，转让人是公司股东。

（二）股份转让的意义

1. 对于转让人的意义

（1）回笼出资。转让人需要资金，可以转让股份以收回出资。

（2）实现股份增值的利益。例如，股东可以高于票面金额的价格出卖股票，或者以高于买入价的价格出卖股票。

（3）转移风险。股东对公司的出资是永久性出资，不能抽回，但可以转让，通过转让可以规避风险。

2. 对于受让人的意义

（1）获得股东的资格，以便通过分红获得收益。还有不少股东买入股票是为了逢高抛出，赚取差价。

（2）增加股权，加强对公司的控制或者兼并公司。买入股份达到一定比例，就可以成为控股股东。

3. 对于公司的意义

（1）股份转让不属于退资，不会影响公司股份的数额，只是公司的股东变更。

（2）股份有限公司是资合公司，因此，股份的转让一般不会影响公司的信用。

二、对股份转让的要求

（一）转让的场所

“股东转让其股份，应当在依法设立的证券交易场所进行或者按照国务院规定的其他方式进行”（第158条）这里的“场所”是一个空间的概念。我国目前依法设立的证券交易场所有两类：一类是证券交易所（上海证券交易所、深圳证券交易所、北京证券交易所）提供的证券集中竞价交易的场所。利用证券交易所提供的交易场所和系统进行的交易，称为场内交易。上市公司的股票应在场内进行交易。另一类是场外交易场所，是指依法设立的供非上市的证券进行交易的场所。这包括店头、柜头交易场所和联合报价系统。

（二）转让的方式

股份有限公司股份的表现形式是股票，转让股份是以转让股票的方式实现的。“股票的转让，由股东以背书方式或者法律、行政法规规定的其他方式进行；转让后由公司将受让人的姓名或者名称及住所记载于股东名册。股东会会议召开前二十日内或者公司决定分配股利的基准日前五日内，不得变更股东名册。法律、行政法规或者国务院证券监督管理机构对上市公司股东名册变更另有规定的，从其规定”（第159条）。

（1）背书转让方式只能适用于纸面股票，这里的“纸面形式”，就是通常所说的书面形式。书面形式的股票，在背书后交付给受让人以后发生转让的效力。

（2）无纸化股票采用其他方式转让。这里的“其他方式”主要是指“簿记券式”。这种形式实际上是按照中国证监会规定的统一格式记载股东权益的书面名册。即以记载来代表持有股票，持有者手头上并无纸面股票。由于当前的股票交易量大，交易频繁，因此，无纸化的股票交易在买卖双方达成买进和卖出的合意并由电脑系统记录以后，股票的权属便发生转移，事后，买入者和卖出者都可以申请开出“交割单”，以证明自己的股份进行交易的事实。

（三）转让的限制

（1）“公司公开发行股份前已发行的股份，自公司股票在证券交易所上市交易之日起一年内不得转让。法律、行政法规或者国务院证券监督管理机构对上市公司的股东、实际控制人转让其所持有的本公司股份另有规定的，从其规定”（第160条第1款）。“发行”与“公开发行”是不同的概念。对在公司公开发行股份之前已发行的股份，有一年的转让限制，设定转让的限制期限对于保护广大小股东的利益非常重要。期限届满，实务中称为“解禁”。证券市场（二级市场）的短线投资者一般都很注意上市公司是否面临“解禁”。

此外，上市公司的股东、实际控制人转让本公司股份还要受法律、行政法规或者国务院证券监督管理机构特别规定的限制。

（2）“公司董事、监事、高级管理人员应当向公司申报所持有的本公司的股份及其变动情况，在就任时确定的任职期间每年转让的股份不得超过其所持有本公司股份总数的百分之二十五；所持本公司股份自公司股票上市交易之日起一年内不得转让。上述人员离职后半年内，不得转让其所持有的本公司股份。公司章程可以对公司董事、监事、高级管理人员转让其所持有的本公司股份作出其他限制性规定”（第160条第2款）。此规定对于增加董事、监事、高级管理人员的向心力和责任感具有重要的作用，对保护广大小股东的利益也具有特别重要的意义。

按本条规定，股东担任董事、监事、高级管理人员的，其股份转让受特别限制：

其一，有申报义务。

其二，在任期每年有转让比例（25%）的限制，该 25%不是转让人自己拥有股份的 25%，而是公司总股份的 25%。而且，对任期要按固定时间计算。例如，甲公司股东张某 2024 年 6 月 3 日担任监事，任期 3 年，干了一年就辞任了，他在后两年转让股份仍然受每年 25%转让额的限制。

其三，受一年期间内不得转让的限制。起算时间是自股票上市交易之日起。

其四，离职后半年内，禁止转让本公司的股份。例如，前述甲公司股东张某 2024 年 6 月 3 日担任监事，任期 3 年，干了一年就辞任并且离职了，他不仅半年内不得转让股份，届满半年后仍然受每年 25%转让额的限制。

（3）“股份在法律、行政法规规定的限制转让期限内出质的，质权人不得在限制转让期限内行使质权”（第 160 条第 3 款）。例如，甲公司向某商业银行借款，将部分股份出质给银行，银行在限售期内不得行使质权（不得变现）。

三、股份回购

（一）股份回购的含义

股份回购是指公司用自己的财产向自己的股东收购股份。回购包括有限责任公司的回购（见第 89 条）和股份有限公司的回购。这里所说的回购，是指股份有限公司的回购。股份有限公司的回购又包括异议股东回购和一般回购。

允许公司自由收购本公司的股份，有以下弊病：

第一，回购导致名义上的股份大于公司注册资本额，即产生一种虚假的表象。

第二，允许自由收购本公司股份，会产生市场操纵和内幕交易。

第三，股份回购容易被大股东利用来控制表决权。

以上弊病会造成对公司债权人和公司中小股东利益的损害。《公司法》对回购股份采取原则禁止、例外允许的立法模式。

（二）异议股东回购

我国非公开发行股份的股份有限公司是封闭化的公司，这类公司的中小股东在公司的决策与其投资意愿矛盾或背道而驰的时候，就会产生“退出”公司的需求。为适应这种需求，新修订的《公司法》规定了非公开发行股份的股份有限公司的异议股东回购请求权。所谓异议股东，是对公司决议投反对票的股东。

“有下列情形之一的，对股东会该项决议投反对票的股东可以请求公司按照合理的价格收购其股份，公开发行股份的公司除外：（一）公司连续五年不向股东分配利润，而公司该五年连续盈利，并且符合本法规定的分配利润条件；（二）公司转让主要财产；（三）公司章程规定的营业期限届满或者章程规定的其他解散事由出现，股东会通过决议修改章程使公司存续”（第 161 条第 1 款）。

（1）公开发行股份的股份有限公司的股东没有回购请求权，因为其持有的股份是可以在公开市场自由转让的股份，股东可以通过卖出股份而退出公司。例如，炒股的赵某在证券市场买了 1 000 股“中信证券”的股票，成为“中信证券”的股东，他不想持有股票，卖出即可，不能要求公司回购。

（2）异议股东回购请求权发生于下列三种情形之一：其一，连续 5 年盈利却连续 5 年不向股东分配利润且符合分配利润的法定条件，在第 5 年股东会又作出不分配利润决议时，投了反对票的股东就有权请求公司回购其全部股份。其二，公司转让主要资产，例如某公司决议将公司的主要资产（一宗土地的使用权）出售，投了反对票的股东可以要求公司回购其全部股份。其三，公司章程规定的解散事由出现，股东会通过决议修改章程使公司存续，例如公司章程规定经营 10 年终止，而公司股东会开会决议延长 5 年，投了反对票的股东可以要求公司回购其全部股份。

（3）异议股东请求公司回购，是请求以合理的价格回购，需要双方就价格等进行协商。“自股东会决议作出之日起六十日内，股东与公司不能达成股份收购协议的，股东可以自股东会决议作出之日起九十日内向人民法院提起诉讼”（第 161 条第 2 款）。

（4）公司收购了异议股东的本公司股份，不能长期持有，应当在 6 个月内依法转让或者注销。

（三）一般回购

1. 一般回购的条件

一般回购区别于异议股东的回购，符合一般条件就可以由公司回购。“公司不得收购本公司股份。但是，有下列情形之一的除外：（一）减少公司注册资本；（二）与持有本公司股份的其他公司合并；（三）将股份用于员工持股计划或者股权激励；（四）股东因对股东会作出的公司合并、分立决议持异议，要求公司收购其股份；（五）将股份用于转换公司发行的可转换为股票的公司债券；（六）上市公司为维护公司价值及股东权益所必需”（第 162 条第 1 款）。

（1）公司注册资本的总额，即股份的总额（股本总额）。例如，某股份有限公司有 9 000 万元注册资本，其欲将注册资本改为 8 000 万元，则可回购 1 000 万元的股份。其应当自收购之日起 10 日内将收购的股份注销。

（2）与持有本公司股份的其他公司合并，导致持股人的减少及相应份额的减少。例如，甲股份有限公司的股份总额是 9 000 万元，乙公司持有甲公司 1 000 万元的股份，后甲公司与乙公司合并为甲公司（吸收合并），乙的主体资格消灭了，不能再作为股份的持有人，甲可以回购乙持有的 1 000 万元股份。甲公司应当在 6 个月内将收购的股份转让出去（可以转让给本公司其他股东，也可以转让给股东以外的人），或者将收购的股份注销（此时注册资本应当变动）。

（3）为将股份用于员工持股计划或者股权激励，可以回购股份，并应当在 3 年内将回购的股份转让给员工或者受股权激励的人。

（4）股东因对股东会作出的公司合并、分立决议持异议，有权要求公司收购其股份。例如，甲公司股东会作出了与乙公司合并的决议，股东 A 所持有的股份额较少，无力阻止决议的形成，就提出把自己的股份卖给甲公司，甲公司应当购买（回购），这体现了对异议股东的保护。

（5）可转换公司债券是指股份有限公司发行的，在一定期间内依照约定的条件可转换为股票的公司债券。只有股份有限公司能发行可转换公司债券，有限责任公司不能发行（见第 202 条）。上市公司可以回购部分股份与其发行的可转换公司债券进行“交换”（转换）。在“交换”的次日，债券的持有人转换为上市公司的股东。

（6）上市公司基于维护公司价值所必需及维护股东权益所必需，也可以回购股份。例如，有提升公司股价、稳定资本市场而回购股份的必要时，可认定为“必需”。

2. 对回购股权的决议

（1）公司因减少注册资本或因与持有本公司股份的其他公司合并收购本公司股份的，应当经股东会决议。

（2）公司因将股份用于员工持股计划或者股权激励收购本公司股份，或因将股份用于转换公司发行的可转换为股票的公司债券收购本公司股份，或者因上市公司为维护公司价值及股东权益所必需收购本公司股份，可以按照公司章程或者股东会的授权，经 2/3 以上董事出席的董事会会议决议。如果公司章程没有规定，股东会也没有授权，应当经股东会决议。

3. 对回购股权的处理

公司不能永久地持有对自己公司的股份，应当按照法律规定的时间对回购的股份进行处分。

（1）因减少公司注册资本收购本公司股份的，应当自收购之日起 10 日内注销。

（2）因与持有本公司股份的其他公司合并收购本公司股份的，以及因股东对股东会作出的公司合并、分立决议持异议，公司收购异议股东股份的，应当在 6 个月内转让或者注销。

（3）因将股份用于员工持股计划或者股权激励、将股份用于转换公司发行的可转换为股票的公司债券，以及上市公司为维护公司价值及股东权益所必需收购本公司股份的，公司合计持有的本公司股份数不得超过本公司已发行股份总数的 10%，并应当在 3 年内转让或者注销。

4. 上市公司回购股份的方式

股份有限公司包括上市公司和未上市公司，对上市公司回购的方式，有严格的要求。

（1）上市公司收购本公司股份的，应当依照《证券法》的规定履行信息披露义务。

（2）“证券在证券交易所上市交易，应当采用公开的集中交易方式或者国务院证券监督管理机构批准的其他方式”（《证券法》第 38 条）。公开的集中交易方式是在证券交易所挂牌的集中竞价的交易方式，其成交原则是价格优先、时间优先。以下三种回购应当采用公开的集中交易方式：其一，上市公司为将股份用于员工持股计划或者股权激励而回购的；其二，将股份用于转换上市公司发行的可转换为股票的公司债券而回购的；其三，上市公司为维护公司价值及股东权益所必需而回购的。

四、对本公司股份质押的禁止

质押是一种担保方式，其本身不是转让，但它可以导致转让的后果。“公司不得接受本公司的股份作为质权的标的”（第 162 条第 5 款）。如果公司能够接受本公司股票作为质押权的标的，就可能产生与收购本公司股票同样的效果。如果将股票质押给发行股票的公司，债务履行期届满，质权人（此时为发行股票的公司）未受清偿的，可能会与出质人协议将股票折价归质权人所有，这就等于公司收购本公司的股票。

参考案例 5-1

甲有限责任公司持有乙股份有限公司 20%的股份，乙公司董事会作出决议：“（1）为甲公司所欠丙公司的 1 000 万元债务提供连带保证。（2）接受甲公司以其所持乙公司的股份质押给自己（乙公司），作为反担保。”乙公司的另一股东丁认为董事会的该项决议无效。问：乙公司股东丁的主张有无依据？

——（1）公司为股东提供担保的，应当经股东会决议，乙公司董事会无权作出担保的决议（见第15条第2款）。（2）乙公司董事会的决议违反了不得接受本公司的股份作为质权的标的的规定。综上，乙公司董事会的决议无效，丁的主张是正确的。

五、对取得本公司或者其母公司的股份财务资助的限制

财务资助，是指股份有限公司对取得本公司或者其母公司的股份提供财产帮助的行为，包括提供赠与、借款、担保、减免债务等。“公司不得为他人取得本公司或者其母公司的股份提供赠与、借款、担保以及其他财务资助，公司实施员工持股计划的除外。为公司利益，经股东会决议，或者董事会按照公司章程或者股东会的授权作出决议，公司可以为他人取得本公司或者其母公司的股份提供财务资助，但财务资助的累计总额不得超过已发行股本总额的百分之十。董事会作出决议应当经全体董事的三分之二以上通过。违反前两款规定，给公司造成损失的，负有责任的董事、监事、高级管理人员应当承担赔偿责任”（第163条）。

（1）财务资助的行为是“取得本公司或者其母公司的股份”的行为。

（2）财务资助可能构成滥用公司资产的行为。对财务资助是原则禁止，例外允许。

（3）公司实施员工持股计划的，可以财务资助。例如公司可以对员工持股提供借款。

（4）为了公司的利益可以资助，即资助须具有正当性，不超过法定限额，同时要严格履行决议程序。

（5）滥用公司资产，违法提供财务资助，给公司造成损失的，负有责任的董事、监事、高级管理人员应当承担赔偿责任。该责任在性质上是侵权责任。

参考案例5-2

A公司的股东甲向股东乙转让全部股权，转让款800万元，A公司董事会作出决议为受让人股东乙提供800万元借款，以便其履行股权转让合同。根据董事会决议，A公司与股东乙签订了借款合同，并向其提供了800万元借款。问：股权转让合同的效力如何？借款合同的效力如何？A公司若有损失，董事应否承担责任？

——（1）从已知条件来看，股权转让合同没有无效事由，应当认定为有效。（2）A公司的资助行为，构成滥用公司资产，借款合同无效。乙股东应当向A公司返还800万元并赔偿利息损失。（3）A公司若有损失，对借款决议投赞同票的董事应当承担赔偿责任。

六、宣告股票失效的公示催告程序

公示催告程序，是指由人民法院根据申请人的申请，以公告方式告知并催促可能存在的不明利害关系人限期申报权利，逾期无人申报权利，判决宣告原票据失效、恢复失票人权利的一种审判程序。“股票被盗、遗失或者灭失，股东可以依照《中华人民共和国民事诉讼法》规定的公示催告程序，请求人民法院宣告该股票失效。人民法院宣告该股票失效

后，股东可以向公司申请补发股票”（第164条）。

适用公示催告程序的案件，实行一审终审制，不适用两审终审制和再审程序。

公示催告程序的适用，限于可以背书转让的票据失票案件。股票是票据的一种，以背书的方式转让，因此可以适用公示催告程序。

公示催告程序由两个阶段组成：第一个阶段是公示催告阶段，由申请人申请启动，由人民法院发出公告，催促利害关系人申报权利；第二个阶段是判决阶段，须由申请人在公告到期后再次提出申请才能启动。

依照公示催告程序，人民法院判决宣告该股票失效后，股东可以向公司申请补发股票。公示催告程序，适用于股东本人持有纸面股票的情形，如果是“簿记券式”股票（在证券交易市场买卖的股票是“簿记券式”股票），就不能适用公示催告程序，也就不存在补发的问题。

七、上市公司的股票

上市，是指股票在证券交易所（上海证券交易所、深圳证券交易所、北京证券交易所）可以自由交易。股票上市，使投资者可以通过买卖股票的方式转让股份（股票代表了股份）。这与股份的发行不同，股份的发行属于一级市场，获得股票的人是第一批股东；股票的买卖（股份的买卖）属于二级市场，买到股票的人是第一批股东以外的股东。上市公司股票的流通及上市公司的管理，除适用《公司法》以外，还适用《证券法》。

股份有限公司股票的上市、退市（暂停上市、终止上市）等，按《证券法》的规定办理。退市，是指公司股票不再在证券交易所交易，包括暂停上市和终止上市，前者暂时停止股票交易，停牌后可以复牌，并非否定上市公司的上市资格；后者公司彻底失去上市资格，停牌后摘牌。标注ST的股票，意即“特别处理”（Special Treatment）的股票，是财务等状况异常，有退市风险的股票。

【引例分析】

1. 股票的发行与股票的转让有显著的区别：股票发行的主体是公司，购买股票的人成为公司股东；股票转让的出让人是股东，受让人成为新股东。

2. 股票的发行价格可以高于面值。《公司法》第148条规定：“面额股股票的发行价格可以按票面金额，也可以超过票面金额，但不得低于票面金额。”

3. 暂停上市是一种临时性的措施，公司达到法定条件的，还可以恢复上市（复牌）。终止上市是永久停止公司股票的挂牌交易（摘牌）。

【练习题】

1. 名词解释

股份　股份发行　授权资本制　异议股东回购请求权

2. 思考题

（1）股份发行的原则是什么？

（2）股份转让的含义和意义是什么？

（3）简述股份有限公司的财务资助。

3. 选择题

下列有关股份有限公司股份转让的表述哪些是正确的？（　　）

A. 发起人持有的本公司的股份，自公司成立之日起 5 年内不得转让

B. 通常情形下，公司不得收购本公司的股票

C. 公司董事、监事、高级管理人员所持有的本公司的股份在任职期内不得转让

D. 公司不得接受本公司的股份作为质权的标的

4. 案例分析题

甲公司公开发行了股票，在公开发行前 A、B 等人就是甲股份有限公司的股东，甲公司 2023 年 2 月 1 日成立。（1）2024 年 1 月 28 日，A 与第三人 G 签订股权转让协议，转让其全部股份。（2）在甲公司股份上市交易一年后，B 与第三人 H 签订股权转让协议，转让其全部股份。签订合同时 B 刚被聘请为甲公司总经理一个月，任期为三年。

问题：

这两份股权转让协议的效力如何？

分析要点提示：

（1）甲公司 2023 年 2 月 1 日成立，至 2024 年 2 月 1 日才满一年，第一份股权转让协议成立日期是 2024 年 1 月 28 日，在不满一年的时候转让，违反了《公司法》第 160 条第 1 款的规定，转让合同无效。

（2）按照《公司法》第 160 条第 2 款的规定，公司股票上市交易一年后，董事、监事、高级管理人员可以转让自己的股份，但在任职期间内每年转让的股份不得超过总数的 25%。因此，B 与 H 签订的股权转让协议超过 25%的部分无效，即第二份转让协议是部分无效的合同。

第六章　国家出资公司

【本章引例】

某大学学生就设立国有独资公司进行讨论。一种意见认为，可将国有独资公司的组织形式（类型）设定为股份有限公司，不设股东会，全部董事由政府委派。另一种意见认为，国有独资公司只能采取有限责任公司的形式，全部董事由政府委派，但应当包含至少一名外部董事。

问题：

上述哪些意见是不正确的？

【本章学习目标】

通过本章的学习，你应当能够：

1. 掌握国家出资公司的概念；
2. 了解国家出资公司的类型；
3. 知晓党组织在国家出资公司的公司治理中的作用；
4. 了解国有独资公司的机构。

第一节　国家出资公司概述

一、国家出资公司的概念

“本法所称国家出资公司，是指国家出资的国有独资公司、国有资本控股公司，包括国家出资的有限责任公司、股份有限公司”（第168条第2款）。公司都具有法人资格，国家出资公司也不例外。

国家出资公司是新修订的《公司法》采用的统筹国有公司的全新概念，以专章（“国家出资公司组织机构的特别规定”）确立了国家出资公司在《公司法》中的地位。

《公司法》中的国家出资公司相较于《中华人民共和国企业国有资产法》中规定的国

家出资公司，在外延上有适当的缩小，排除了非公司制企业和一般的国有资本参股企业。如果一个公司里的国有资本仅仅是参股而非控股，则在公司法语境下，不算“国家出资公司”。

国家出资公司是国家直接出资、国家享有出资人权益的公司，如果公司虽然有国有财产，但不是国家直接出资，就不是严格意义上的国家出资公司。

提问：甲公司是国有独资公司，乙公司是国有资本控股公司，甲公司与乙公司又出资设立了丙有限责任公司，甲占丙公司 35%的股份，乙占丙公司 65%的股份。丙公司是国家出资公司吗?

答：不是。《公司法》第 168 条所说的国家出资公司是国家直接出资的“一级”公司，不包括丙公司这类“二级”公司。国家出资公司的特点是国家作为公司股东，丙公司的股东不是国家，是甲、乙两个公司。

二、国家出资公司的类型

新修订的《公司法》以“国家出资公司”这一概念替换了原“国有独资公司”，将国有资本控股公司纳入其中，由以往强调国家所有权与法人财产权的分离，到强调出资人所有权与控制权的分离，意义重大。

国家出资公司的类型，包括国有独资公司和国有资本控股公司两大类。国有独资公司的组织形式（类型）可以是有限责任公司，也可以是股份有限公司。同样，国有资本控股公司的组织形式（类型）可以是有限责任公司，也可以是股份有限公司。

（一）国有独资公司

国有独资公司，是指由国家单独出资、国务院或者地方人民政府授权本级人民政府国有资产监督管理机关履行出资人职责的一人公司。

国有独资公司的设立方式有两种：其一，国有资产监督管理机构或者其他部门、机构代表国家单独出资设立国有独资公司；其二，投资主体单一（国家）的国有企业按《公司法》改建设立国有独资公司。

国有独资公司在关系国家安全、国民经济和社会利益的特殊领域有重要意义，有助于实现保障民生、服务社会、提供公共产品和服务的目标。基于国有独资公司的特殊形态，呈现出“表与里”的二分表征：形式上，国有独资公司满足一人公司对股东数量的要求，其股东只有国家，政府授权的国有资本监督管理机构或者其他部门、机构只可以代为履行出资人职责，并不是股东。实质上，国有独资公司与其股东是两个相互独立的主体，国有独资公司以其所有财产对公司债务承担责任，股东仅在其出资范围内承担有限责任。但国有独资公司特殊的资本性质产生了特别的治理需求，因此国有独资公司的组织机构优先适用《公司法》第七章对国家出资公司的特别规定，在没有特别规定适用空间时，才适用关于有限责任公司与股份有限公司组织机构的一般规则。

国有独资公司与个人独资企业的区别是非常明显的。（1）出资主体不同。国有独资公司的出资主体是法人（国家）；个人独资企业的出资主体是自然人。（2）企业形式不同。国有独资公司采用公司制形式；个人独资企业没有公司制形式。（3）责任的独立性不同。

国有独资公司是有限责任公司或股份有限公司，对外独立地承担财产责任；个人独资企业不具有独立的人格，由出资人对外承担无限责任。

国有独资公司，是公司制的国有企业。国有独资公司作为市场主体，与其他市场主体是平等的，在交易中处于平等的地位。国有企业的利益，在终极意义上体现了国家利益、社会公共利益，但在人格（主体资格）上，国有企业有自己的特定利益（法人利益），因此，在民商事活动中不能把侵害国有企业的利益等同于侵害国家利益。竞争是市场经济的灵魂，它要求市场的主体不具有法律以外的特权，它要求市场主体以平等的身份进行经营竞争，这种要求同样适用于国有独资公司。[①]

（二）国有资本控股公司

国有资本控股公司，是指国有资本出资额或持股份额占比 50%以上，或虽不足 50%但其表决权足以对股东会决议产生重大影响的公司。

国有资本控股公司作为国家出资公司的一种，是国家作为股东（出资人）的公司。如果不是国家直接出资的公司，不管出资额有多少或股份占比有多少，都不是国有资本控股公司。

国有资本控股公司的组织形式（类型），有国有资本控股的有限责任公司和国有资本控股的股份有限公司两类。

所谓“控股”，反映的是公司内部的资本构成和控制权归属。“表决权”对股东会决议产生的重大影响是构成“控股”地位的关键。比较特殊的是“每一股的表决权数多于或者少于普通股的股份”的类别股，这种类别股可能直接影响国有资本对公司的“控制”。因此，认定国有资本控股公司中的国有资本控制权，不能仅依据出资多寡，表决权因素更重要。

国家出资公司
热点分析

三、国家出资公司出资人职责的履行

“国家出资公司，由国务院或者地方人民政府分别代表国家依法履行出资人职责，享有出资人权益。国务院或者地方人民政府可以授权国有资产监督管理机构或者其他部门、机构代表本级人民政府对国家出资公司履行出资人职责。代表本级人民政府履行出资人职责的机构、部门，以下统称为履行出资人职责的机构”（第 169 条）。对国家出资公司出资人职责的履行，有两个“代表”：第一个是“国务院或者地方人民政府分别代表国家依法履行出资人职责，享有出资人权益”；第二个是“国有资产监督管理机构或者其他部门、机构代表本级人民政府对国家出资公司履行出资人职责”。第一个被代表的是国家；第二个被代表的是本级人民政府。第二个代表人统称为“履行出资人职责的机构”。

值得说明的是，《公司法》第 169 条的内容体现了两个重要突破：一是它突破了传统的国有资产、国有企业的管理体制；二是它提出由国有资产监督管理机构或其他部门、机构代表本级人民政府对国家出资公司履行出资人职责，为国有资产的统一监管奠定了基础。

① 有一种观点认为，侵害国有企业的利益，就等于侵害国家利益。以欺诈手段订立的合同是可撤销的合同，以欺诈手段与国有企业订立的合同是无效合同，因为国有企业的利益是国家的利益。本书认为，这种观点没有把国有企业当成一个真正的市场主体，是不正确的。

第二节　国家出资公司的治理与机构

一、党组织在国家出资公司的公司治理中发挥领导作用

“国家出资公司中中国共产党的组织，按照中国共产党章程的规定发挥领导作用，研究讨论公司重大经营管理事项，支持公司的组织机构依法行使职权”（第 170 条）。本条为中国共产党的组织参与公司治理提供了法律依据。党组织在国家出资公司的领导作用，其核心职能在于把方向、管大局、保落实。

党组织的领导作用在具体落实过程中，将前置研究作为重要环节。根据党中央相关规定，重大经营管理事项经党组织前置研究完毕后，依据决策事项的性质，分别由董事会或经理层进行决策。实践中，应注意厘清党组织、董事会与经理层的权责边界。

国家出资公司中的党组织相关案例

在董事会决策之前，前置研究应确保与董事会的有效沟通，实现决策的科学性和有效性。需要关注前置研究的具体内容和沟通机制，以确保党组织的领导作用的实现。

需要指出的是，党组织“发挥领导作用”与“发挥政治核心作用”是完全不同的。“领导作用”就是指国家出资公司的党组织依法参与公司治理。民营企业如果符合条件，也要设立党组织，但它们是发挥“政治核心作用”，开展党的工作。

二、国家出资公司的合规治理

“国家出资公司应当依法建立健全内部监督管理和风险控制制度，加强内部合规管理”（第 177 条）。国家出资公司内部合规治理机制，包括内部监督管理、风险控制、内部合规管理三个方面。这是从公司法层面为国家出资公司设置了合规建设的强制性条款。2018 年，国务院国有资产监督管理委员会印发《中央企业合规管理指引（试行）》，构建了国企合规管理的制度 1.0 版本。2022 年，《中央企业合规管理办法》出台，这是国资委针对国有企业合规管理发布的首部部门规章，标志着国企合规管理工作进入 2.0 时代。新修订的《公司法》将国家出资公司的合规要求，从部门规章上升到基础性法律之中，意味着国企合规管理步入 3.0 时代。

三、国有独资公司的相关规定

（一）国有独资公司的意义

1. 国有独资公司为国有企业转换经营机制提供了一种组织形式

《公司法》施行前已设立的国有企业，符合《公司法》规定设立有限责任公司的条件，具有单一投资主体的，可以依照《公司法》改建为国有独资的有限责任公司；多个投资主体的，可以改建为一般有限责任公司。对于国有企业改建为公司的实施步骤和具体办法，不宜在《公司法》中规定，应由国务院另行规定。目前的国有独资公司，也可以是股份有限公司。

2. 国有独资公司为国家实现社会公共利益的宏观调控提供了一种企业形式

公共利益，可以体现在特殊产品的生产和特殊行业的参与、控制上。“特殊产品”，是

指金银、货币、纪念币、邮票等属于国家专控物资的产品。“特定行业”，是指提供自来水、电、热力等公用服务的行业以及新闻出版等特殊行业。国家掌握了这些行业中的垄断企业，在一定意义上，就等于把握了宏观经济的命脉，就能够对全局起调控作用。

（二）国有独资公司的章程

公司必有章程，国有独资公司也不例外。“国有独资公司章程由履行出资人职责的机构制定”（第 171 条）。国有独资公司作为一人公司，章程由履行出资人职责的机构制定。在制定章程的主体上，国有独资公司与其他公司不同，但在效力上并无区别。

（三）国有独资公司的机构设置

国有独资公司不设股东会，设董事会、经理，根据需要，设立内部机构和分公司。对监事会，有两种方案：一是设立监事会；二是不设监事会，但采取替代方案。

1. 不设股东会及股东会职权的行使

“国有独资公司不设股东会，由履行出资人职责的机构行使股东会职权。履行出资人职责的机构可以授权公司董事会行使股东会的部分职权，但公司章程的制定和修改，公司的合并、分立、解散、申请破产，增加或者减少注册资本，分配利润，应当由履行出资人职责的机构决定”（第 172 条）。

国有独资公司只有一个股东（国家），故不设股东会，由履行出资人职责的机构（国务院或地方人民政府授权的国有资产监督管理机构或者其他部门）行使股东会职权，履行出资人职责的机构可以授权公司董事会行使股东会的部分职权，决定公司的重大事项，但下列四项职权必须由履行出资人职责的机构行使：

（1）公司章程的制定和修改；

（2）公司的合并、分立、解散、申请破产；

（3）增加或者减少注册资本；

（4）分配利润。

2. 董事会

董事会是公司决策经营机构。“国有独资公司的董事会依照本法规定行使职权。国有独资公司的董事会成员中，应当过半数为外部董事，并应当有公司职工代表。董事会成员由履行出资人职责的机构委派；但是，董事会成员中的职工代表由公司职工代表大会选举产生。董事会设董事长一人，可以设副董事长。董事长、副董事长由履行出资人职责的机构从董事会成员中指定”（第 173 条）。《公司法》既规定了上市公司的独立董事（见第 136 条第 1 款），又规定了国有独资公司的外部董事。广义的外部董事包括上市公司的独立董事和国有独资公司的外部董事（狭义的外部董事）。

（1）国有独资公司董事会行使的职权，除了一般公司董事会的职权外，还有一部分是被授予的股东会职权。

（2）国有独资公司的董事会成员中，应当过半数为外部董事，并应当有公司职工代表。外部董事即由公司外部人员担任公司董事，并在董事会中占据主要比例（过半数）。外部董事在公司不兼任总经理、副总经理等职务。外部董事制度本意在于避免董事与经理层（管理层）的身份重叠，保证董事会独立于经理层进行价值判断和决策，外部董事站位更高，能够更好地维护股东和公司的利益。

（3）国有独资公司的董事任期由公司章程规定，但每届任期不得超过 3 年。董事任期届满，连选可以连任。

（4）外部董事和内部董事由履行出资人职责的机构委派，但职工董事由公司职工代表大会选举产生。

（5）董事会设董事长一人，可以设副董事长。董事长、副董事长由履行出资人职责的机构从董事会成员中指定，并非由董事会选举产生。

3. 经理

经理是公司的高级管理人员，根据公司章程或董事会的授权行使职权。“国有独资公司的经理由董事会聘任或者解聘。经履行出资人职责的机构同意，董事会成员可以兼任经理”（第 174 条）。兼任经理的董事，应当是内部董事，外部董事若兼任经理就丧失了独立性。须强调的是，董事兼任经理，须经履行出资人职责的机构同意。

4. 监事会

监事会是公司的监督机构，对国有独资公司来说，它不是必设机构。“国有独资公司在董事会中设置由董事组成的审计委员会行使本法规定的监事会职权的，不设监事会或者监事”（第 176 条）。国有独资公司可以采用单层制的公司治理结构，即可以不设监事会或者监事（设监事会或监事为采用双层制治理结构）。采用单层制治理结构，应当在董事会中设立审计委员会来“替代”监事会。

5. 管理者专任制度

管理者专任，是指董事长、副董事长、董事、高级管理人员兼职的禁止。“国有独资公司的董事、高级管理人员，未经履行出资人职责的机构同意，不得在其他有限责任公司、股份有限公司或者其他经济组织兼职”（第 175 条）。此项要求，是为了保护国有独资公司的利益，是为了防止公司管理者因兼职而疏于管理，也是为了杜绝公司管理者同时为另一利益主体工作，从而有侵害国有独资公司利益的可能性。管理者专任，不是绝对的，经履行出资人职责的机构同意，管理者也可以兼职。另外，在非经济组织（如协会、学会等）兼职并不受限制。

专任制度与竞业禁止义务不相矛盾。国有独资公司的管理者实施专任制的，仍须承担竞业禁止的法定义务。

（四）有限责任公司形式的国有独资公司与一般有限责任公司的区别

国有独资公司可以是有限责任公司，也可以是非上市的股份有限公司（上市公司谁买股票谁就是股东，股东群体非常庞大，因而国有独资公司不能是上市公司）。这里仅将有限责任公司形式的国有独资公司与一般有限责任公司进行比较。以下将有限责任公司形式的国有独资公司称为国有独资有限责任公司。

1. 组织机构不同

（1）股东会的区别。

一般有限责任公司（不含一人有限责任公司）是由 2 人以上 50 人以下的股东成立股东会，决策权由股东会行使。而国有独资有限责任公司的出资者为一人，不设立股东会。有人认为一人公司也可设股东会。这种观点是不正确的，因为股东会是以会议的方式形成意志，而一人是不能成会的。国有独资有限责任公司的决策权由履行出资人职责的机构行使。

（2）董事会的区别。

一般有限责任公司设董事会，其成员为 3 人以上。董事任期由公司章程规定，但每届任期不得超过 3 年。董事任期届满，连选可以连任。董事长、副董事长的产生办法由公司章程规定。除两个以上的国有企业或者其他两个以上的国有投资主体设立的有限责任公司以外，董事会成员不要求有职工代表。一般有限责任公司，股东人数较少和规模较小的，可以设一名执行董事，不设董事会。

国有独资有限责任公司均设董事会，董事不存在任期限制。除职工代表外，成员不是由选举产生，而是由履行出资人职责的机构委派或者更换。董事会的成员要求有公司职工代表，职工董事由公司职工民主选举产生。董事长和副董事长也是由履行出资人职责的机构从董事会成员中指定。

国有独资有限责任公司的董事，应当过半数为外部董事；一般有限责任公司没有这项要求。

2. 重大事项的决定不同

一般有限责任公司的重大事项，由股东会决定。国有独资有限责任公司的重大事项，由履行出资人职责的机构决定，但可以授权董事会行使股东会部分职权，决定有关重大事项。

【引例分析】

1. 国有独资公司的组织形式（类型），可以是有限责任公司，也可以是非上市的股份有限公司，认为国有独资公司只能采取有限责任公司的组织形式是不正确的。

2. 认为全部董事由政府委派，但应当包含至少一名外部董事，该观点是不正确的。其一，国有独资公司的董事会成员中，应当过半数为外部董事，并应当有公司职工代表（职工董事）。外部董事并非一名，而是“过半数”。其二，董事会成员由履行出资人职责的机构委派；但是，董事会成员中的职工代表由公司职工代表大会选举产生。履行出资人职责的机构（国有资产监督管理机构或者其他部门、机构），是中央政府和地方政府下设的机构。政府不直接委派董事。

【练习题】

1. 名词解释

国家出资公司　国有独资公司　国有资本控股公司

2. 思考题

（1）国家出资公司可以是有限责任公司、股份有限公司吗？

（2）对于国家出资公司，代表国家履行出资人职责的主体是谁？

（3）《公司法》对国家出资公司中的党组织是如何规定的？

（4）国有独资公司的章程由谁制定？

（5）国有独资公司董事会成员如何产生？

3. 选择题

（1）国有独资公司的下列哪些人员，未经履行出资人职责的机构同意，不得在其他有限责任公司、股份有限公司或者其他经济组织兼职？（　　）

A. 董事、监事、高级管理人员　　B. 董事、高级管理人员

C. 监事、高级管理人员　　　　　　　　D. 总经理

(2) 下列哪项表述是错误的?(　　)

A. 国有独资公司的董事会成员中，至少一人为外部董事，并应当有公司职工代表

B. 国有独资公司董事会成员由履行出资人职责的机构委派；但是，董事会成员中的职工代表由公司职工代表大会选举产生

C. 国有独资公司董事会设董事长一人，可以设副董事长。董事长、副董事长由履行出资人职责的机构从董事会成员中指定

D. 国有独资公司的经理由董事会聘任或者解聘

(3) 下列哪些表述是正确的?(　　)

A. 国家出资公司，由国务院或者地方人民政府分别代表国家依法履行出资人职责

B. 国家出资公司，由国务院代表国家依法履行出资人职责

C. 国有资产监督管理机构或者其他部门、机构代表本级人民政府对国家出资公司履行出资人职责

D. 国有资产监督管理机构或者其他部门、机构代表国家对国家出资公司履行出资人职责

(4) 下列哪些表述是错误的?(　　)

A. 国有独资公司的章程由履行出资人职责的机构制定

B. 国有独资公司的章程由公司董事会制定

C. 国有独资公司不设股东会，由履行出资人职责的机构行使股东会职权

D. 国有独资公司董事会不得行使股东会的职权

4. 案例分析题

某律师团队就成立国家控股公司的机构进行讨论。第一种观点认为，成立国有资本控股公司，可以不设立监事会，而在董事会中下设审计委员会，履行监事会的职责。第二种观点认为，《公司法》第176条明确规定："国有独资公司在董事会中设置由董事组成的审计委员会行使本法规定的监事会职权的，不设监事会或者监事。"国家出资公司包括国有独资公司和国有资本控股公司，《公司法》在第7章中只对国有独资公司规定可以不设监事会，而以董事会中设置审计委员会替代，因而，国有资本控股公司应当设置监事会。

问题：

以上哪种观点是不正确的?

分析要点提示：

第二种观点是不正确的。《公司法》第176条对国有独资公司的规定，是对国有企业改革实践的法律确认，它强调国有独资公司可以以董事会中的审计委员会取代监事会或监事，并不否认国有资本控股公司也可以这样做。《公司法》第69条和第121条分别规定有限责任公司和股份有限公司可以不设监事会或者监事而在董事会中设置审计委员会。国有控股公司可以是有限责任公司，也可以是股份有限公司，因而可适用上述规定。

第七章　公司董事、监事、高级管理人员的资格和义务

【本章引例】

某股份有限公司的股东会在审议董事会人选的时候，有 4 个人的任职资格受到质疑。(1) 张某，5 年前因对一起重大工程事故负有责任，被判处有期徒刑 1 年，出狱已经 4 年；(2) 李某，2 年前被任命为一家长期经营不善、负债累累的国有企业的厂长，他无力回天，上任仅 3 个月，该企业就被宣告破产；(3) 陈某，曾是一家个人独资企业的出资人，1 年前该企业因无力清偿巨额债务而倒闭，且陈某被人民法院列为失信被执行人，债权人至今仍向其追讨；(4) 刘某，70 岁，曾任市政府秘书长，已退休多年。

问题：

张某、李某、陈某和刘某 4 人，谁不得担任公司董事？

【本章学习目标】

通过本章的学习，你应当能够：

1. 了解董事、监事、高级管理人员的任职资格；
2. 理解董事、监事、高级管理人员忠实义务的内在要求；
3. 理解股东代表诉讼的含义；
4. 理解股东代表诉讼与股东诉讼的区别。

第一节　董事、监事、高级管理人员的资格

董事、监事、高级管理人员简称为“董监高”，他们在很大程度上控制公司的运营、决定公司的命运。“董监高”与股东不同，他们并不是公司的所有者，而是由股东会选举或者由股东会聘任，是公司经营的“受托人”。“董监高”的素质、管理水平与公司的发展和命运有着直接的关系，《公司法》对他们的任职资格和义务作专章予以规定。“董监高”

的任职资格限制及他们义务的法定化，不仅是公司正常运营的需要，也是保护有关各方利益的需要。

“董监高”中的高级管理人员，是指公司的经理、副经理、财务负责人，上市公司董事会秘书和公司章程规定的其他人员。经理，在实务中一般称为总经理、CEO 等。CEO 为公司首席执行官，其职权类似于我国公司总经理的职权。CFO 为首席财务官，是公司的财务负责人。CEO 和 CFO 都是公司的高级管理人员。CEO、CFO 都不是公司法上的概念，而是实务中的用词。

一、《公司法》规定的消极资格

消极资格是指任职资格的最低限制。积极资格是指任职工作和业务能力的要求。我国公司法只对董事、监事、高级管理人员的消极资格作出了规定。根据《公司法》第 178 条的规定，有下列情形之一的，不得担任公司的董事、监事、高级管理人员：

（1）无民事行为能力或者限制民事行为能力。

这里所说的“民事行为能力”，是指自然人的民事行为能力。自然人的民事行为能力是指自然人以自己的独立行为亲自参加民事行为，享有民事权利和承担民事义务的资格。《民法典》将自然人的民事行为能力分为完全民事行为能力、限制民事行为能力和无民事行为能力三种类型。

完全民事行为能力，是指能够独立实施一切民事行为的资格。具有完全民事行为能力的人可以担任公司的董事、监事、高级管理人员。根据《民法典》的规定，18 周岁以上的自然人是成年人，具有完全民事行为能力，可以独立进行民事活动，是完全民事行为能力人。16 周岁以上的未成年人，以自己的劳动收入为主要生活来源的，视为完全民事行为能力人。外国人在中国境内设立的公司内担任董事、监事、高级管理人员，也必须是完全民事行为能力人。

限制民事行为能力，是指只能独立实施法律限定的行为的资格。根据《民法典》的规定，8 周岁以上的未成年人和不能完全辨认自己行为的成年人是限制民事行为能力人。限制民事行为能力人可以进行与其年龄、智力、精神状况相适应的民事活动。限制民事行为能力人担任董事、监事、高级管理人员是与其年龄、智力、精神状况不相适应的，所以《公司法》禁止限制民事行为能力人担任公司的上述职务。

无民事行为能力，是指不具有独立实施法律行为的资格。根据《民法典》的规定，8 周岁以下的未成年人和完全不能辨认自己行为的成年人，是无民事行为能力人。无民事行为能力人不能担任公司的董事、监事、高级管理人员，其道理是显而易见的，他们不能认识或者不能充分认识自己行为的性质和后果。

限制民事行为能力人和无民事行为能力人担任公司的董事、监事、高级管理人员，会损害公司的财产，损害股东和公司债权人的利益，也会损害其自身的利益。虽然限制民事行为能力人和无民事行为能力人不能成为公司的“董监高”，但是有可能成为股东，例如因继承而成为股东。

提问： 限制民事行为能力人不能担任董事、监事和高级管理人员，那也就不能成为股东了，对吗？

答： 董事、监事和高级管理人员要亲自执行公司事务，因此必须为完全民事行为能力人。但股东可以不亲自参与公司事务，因此无民事行为能力人、限制民事行为能力人可以成为股东。例如，张甲是某公司的大股东，张甲死亡后，10 岁的儿子张乙继承了张甲的股份，成为该公司的大股东，张乙须由监护人代理行使股东表决权等权利。

(2) 因贪污、贿赂、侵占财产、挪用财产或者破坏社会主义市场经济秩序，被判处刑罚，或者因犯罪被剥夺政治权利，执行期满未逾 5 年，被宣告缓刑的，自缓刑考验期满之日起未逾 2 年。

上述犯罪，一是有关财产的犯罪，这类人员在一定时期内不得担任董事、监事或者高级管理人员的职务，其道理是显而易见的，因为担任上述职务的人员在公司里管理、支配着财产。二是因犯罪被剥夺政治权利。剥夺政治权利，是剥夺犯罪分子参加国家管理和政治活动权利的一种刑罚。根据《刑法》第 54 条的规定，剥夺政治权利是剥夺以下权利：选举权和被选举权；言论、出版、集会、结社、游行、示威自由的权利；担任国家机关职务的权利；担任国有公司、企业、事业单位和人民团体领导职务的权利。

为了避免缓刑的限制期超过实刑的限制期，被宣告缓刑的，自缓刑考验期满之日起未逾 2 年，不得担任公司的董事、监事、高级管理人员。

(3) 担任破产清算的公司、企业的董事或者厂长、经理，对该公司、企业的破产负有个人责任的，自该公司、企业破产清算完结之日起未逾 3 年。

因经营管理不善而破产清算，对此负有个人责任者，显然在短期内不适宜再担任公司的高层职务；不负个人责任者，如某公司破产，而财务主管并无任何过错，这就不妨碍其在新的公司担任高层管理人员职务。

(4) 担任因违法被吊销营业执照、责令关闭的公司、企业的法定代表人，并负有个人责任的，自该公司、企业被吊销营业执照、责令关闭之日起未逾 3 年。

被吊销营业执照、责令关闭，是公司被强制解散的情形。此种情况下，负有个人责任的法定代表人在其他公司任职就受到了限制。但其他董事、监事、高级管理人员的任职资格则不受限制。同属被强制解散的情形还有被撤销、人民法院依法予以解散，这两种情况下，法定代表人的再任职资格未被限制。

(5) 个人因所负数额较大债务到期未清偿被人民法院列为失信被执行人。

个人因所负数额较大债务到期未清偿被人民法院列为失信被执行人，不仅反映此人经济状况不佳，更反映此人缺乏信用。若让这类人管理公司，会给公司、公司债权人、股东带来潜在危害。因此，《公司法》不允许这类人担任公司的董事、监事和高级管理人员。

“数额较大”的标准是什么？《公司法》并未作出具体规定。“数额较大”是一个相对的概念。如甲欠乙 10 万元未还，对于一个小规模公司而言，这是较大的债务，而对于一个规模较大的公司来说，就不能算是较大的债务。

提问： 某人欠债数额巨大，但已经超过了诉讼时效，他可以不向债权人偿还了。他担任公司董事、监事和高级管理人员的职务还受影响吗？

答： 不受影响。某人所负数额较大的债务到期未清偿，虽属于信用欠缺的情况，但因为债务已超过诉讼时效，他不会被人民法院列为失信被执行人。《公司法》第 178 条第 1 款第 5 项明确规定，“个人因所负数额较大债务到期未清偿”的消极任职条件必须达到“被人民法院列为失信被执行人”的标准。因此，他可以担任公司董事、监事和高级管理人员的职务。

二、不符合《公司法》规定的任职资格的后果

公司违反《公司法》规定选举、委派董事、监事或者聘任高级管理人员的，该选举、委派或者聘任无效。

董事、监事、高级管理人员在任职期间出现《公司法》规定的不得担任公司的董事、监事、高级管理人员的五种情况之一的，公司应当解除其职务。

提问： 某董事个人所欠债务较大，且赖账不还。公司违法将其选举为董事。该董事以公司名义对外签订的合同的效力是否受影响？

答： 一般情况下，在解除职务之前，该董事以公司的名义对外签订的合同效力不受影响。这样认定合同的效力，是为了保护与公司交易的相对人的利益。

三、《公务员法》对公务员兼任公司的董事、监事、高级管理人员的限制

根据《中华人民共和国公务员法》（以下简称《公务员法》）第 59 条第 16 项的规定，公务员不得“违反有关规定从事或者参与营利性活动，在企业或者其他营利性组织中兼任职务”。公务员，是指依法履行公职、纳入国家行政编制、由国家财政负担工资福利的工作人员。国家公务员依法从事的公务活动，体现的是国家和整个社会的利益，反映的是国家意志。国家公务员的公务活动具有行使权力的性质，带有权威的色彩。国家公务员在工作中，还会接触和掌握大量国家秘密和市场商业秘密，而公司是以追求最大利润为目的的经济组织，如果允许国家公务员任意兼任公司的董事、监事、高级管理人员，为公司追求商业利润，让以整体利益为目标的人为特定的经济组织服务，则与公务员工作的性质不符，会在制度上给国家公务员滥用、盗用权力带来机会，会使其任职的公司因摄取权力资源而处于竞争中的优势地位。另外，从廉政建设的角度来看，也不允许国家公务员任意兼任商业职务。

但是，国家出资公司（国有独资公司、国有资本控制公司）不仅具有一般公司的性质，也具有维护全民利益、国家利益、社会利益的使命和功能，因而，依据有关规定公务员可以在国家出资公司中担任“董监高”的职务。

公司违反《公务员法》和有关规定擅自选举、委派公务员为董事、监事或者聘任公务员为高级管理人员的，该选举、委派或者聘任无效。

四、证券市场禁入

证券市场禁入，是指在一定期限内直至终身不得从事证券业务、证券服务业务，不得担任发行证券的公司的董事、监事、高级管理人员，或者一定期限内不得在证券交易所、国务院批准的其他全国性证券交易场所交易证券。

违反法律、行政法规或者国务院证券监督管理机构的有关规定，情节严重的，证券监督管理机构可以对有关责任人员采取证券市场禁入的措施。例如，2024 年 8 月，中国证券监督管理委员会北京监管局发布了对国鹏投资管理有限公司（以下简称“国鹏投资”）总经理杨某某的行政处罚决定书。国鹏投资曾因挪用基金财产等多项违法违规行为被处罚，杨某某作为其主管人员被处以警告、罚款，并被终身禁入证券市场。

第二节　董事、监事、高级管理人员的义务

一、对忠实义务和勤勉义务的一般规定

“董事、监事、高级管理人员应当遵守法律、行政法规和公司章程”（第 179 条）。“董事、监事、高级管理人员对公司负有忠实义务，应当采取措施避免自身利益与公司利益冲突，不得利用职权牟取不正当利益。董事、监事、高级管理人员对公司负有勤勉义务，执行职务应当为公司的最大利益尽到管理者通常应有的合理注意。公司的控股股东、实际控制人不担任公司董事但实际执行公司事务的，适用前两款规定”（第 180 条）。

新修订的《公司法》明确界定了忠实义务与勤勉义务的内涵和具体内容，新增了事实董事的认定规则，与第 192 条一起构成了事实董事制度。[①]

（一）忠实义务

忠实义务的基本含义是“受人之托，忠人之事”，在大陆法中经常被称为善意行事的义务，英美法学者有时称之为信托义务。忠实义务强调董事、监事和高级管理人员经营公司业务时，应毫无保留地为实现公司最大利益努力工作，当自身利益与公司整体利益发生冲突时，应当以公司利益为先。

忠实义务要求“董监高”：

（1）在法律允许的范围内忠诚于公司利益，始终以最大限度地实现与保护公司利益作为衡量是否执行职务的标准。

（2）忠实于全体股东，不能只对大股东负责，而漠视中小股东的利益。

（3）在个人利益与履行职务发生冲突的时候，以公司利益和全体股东的利益为先，不能利用职务为自己和利害关系人谋取利益。

（二）勤勉义务

勤勉义务，又称为善良管理人的注意义务（善管义务）或注意义务，是指“董监高”应诚信地履行对公司的职责，尽到普通人在类似情况和地位下谨慎的合理注意义务，为实

① 《公司法》第 192 条规定：“公司的控股股东、实际控制人指示董事、高级管理人员从事损害公司或者股东利益的行为的，与该董事、高级管理人员承担连带责任。”

现公司最大利益努力工作。“董监高”应当勤勉尽责，积极进取，主动发挥作用，不能“尸位素餐”，应当积极追求公司的绩效。

（三）事实董事的忠实义务和勤勉义务

事实董事又称为实质董事，是指不担任公司董事但实际执行公司事务的控股股东、实际控制人。事实董事也负担董事负担的忠实义务和勤勉义务。我国公司普遍存在“一股独大”的现象，很多控股股东、实际控制人虽未担任董事，但却实际掌握着公司的决策权，成为事实董事，因此，事实董事承担董事的忠实义务和勤勉义务，是顺理成章的事情。

二、对董事、监事、高级管理人员履行忠实义务的具体要求和公司归入权

（一）对董事、监事、高级管理人员履行忠实义务的具体要求

《公司法》第181条至第185条列举了董事、监事、高级管理人员履行忠实义务的具体情形。

1. 不得侵占公司财产、挪用公司资金

公司的董事、监事、高级管理人员不得有侵占公司财产、挪用公司资金、将公司资金以其个人名义或者以其他个人名义开立账户存储的行为。侵占公司财产，是指将公司交由自己代为保管的财产拒不交还的行为。挪用公司资金，是指为自用或者为私利挪用公司资金。为公司经营需要而调动资金，自然不是挪用。公司财产和资金对公司的意义重大，因而属于严格管理的事项。将公司资金以个人名义开立账户，是严重违反财务制度的行为，而且使公司资金脱离了正常的监督。将公司资金以个人名义开立的账户为非法、秘密账户。如果“董监高”违反了该义务，应责令其退还公司资金，由公司给予处分，将其所得收入归公司所有，构成犯罪的，应依法追究其刑事责任。

2. 不得非法获利或取得不正当利益

公司的董事、监事、高级管理人员不得利用职权贿赂或者收受其他非法收入、接受他人与公司交易的佣金归为己有。公司的董事、监事和高级管理人员经营公司业务时，应毫无保留地为实现公司最大利益努力工作，不得为个人谋取不正当的经济利益。

3. 不得擅自披露公司秘密

公司的董事、监事、高级管理人员不得擅自披露公司秘密。公司秘密包括经营信息和技术信息。公司秘密是公司竞争中的有力武器。擅自披露公司秘密，会使公司处于不利的境地，或者直接使公司财产流失，如技术秘密被披露，则技术秘密的财产价值随之降低。董事、监事、高级管理人员除依照法律规定或者经股东会同意外，不得披露公司秘密。保守秘密既是职业道德的要求，也是对董事、监事、高级管理人员履行忠实义务的要求。

提问：某股份有限公司的财务负责人将财务会计报告给他人复制，是否为擅自披露公司秘密？

答：股份有限公司的财务会计报告是公开文件，不属于公司秘密，因此财务负责人的行为不违法。

4. 对关联交易的规制

“董事、监事、高级管理人员，直接或者间接与本公司订立合同或者进行交易，应当

就与订立合同或者进行交易有关的事项向董事会或者股东会报告，并按照公司章程的规定经董事会或者股东会决议通过。董事、监事、高级管理人员的近亲属，董事、监事、高级管理人员或者其近亲属直接或者间接控制的企业，以及与董事、监事、高级管理人员有其他关联关系的关联人，与公司订立合同或者进行交易，适用前款规定”（第 182 条）。

（1）此处的关联交易，是董事、监事、高级管理人员直接或者间接与本公司订立合同或者进行交易，关联交易是有可能导致公司利益转移的交易。所谓“直接”交易，是指“董监高”以自己的名义与公司订立合同，进行交易；所谓“间接”交易，是指“董监高”委托与其有关联的人，以关联人的名义与公司订立合同，进行交易。受托的关联人包括：1）“董监高”的近亲属；2）“董监高”及其近亲属直接或者间接控制的企业；3）其他与“董监高”有关联关系的关联人。以上三类关联人以自己的名义与公司订立合同或者进行交易，但与“董监高”的委托关系并不明确甚至没有委托关系的，仍应适用关联关系的规定。

（2）董事、监事、高级管理人员对关联交易负有向股东会或董事会事先报告的义务。

（3）对关联交易，不是一律禁止，总体的价值导向是将交易的决定权转移给公司自身。关联交易，须按照章程的规定，经董事会或股东会决议通过。董事会、股东会对于关联交易，也应当从交易对价的合理性等方面进行考量，作出是否同意的决定。

5. 不得篡夺公司机会

篡夺公司机会，是指公司的董事、监事、高级管理人员把属于公司的商业机会转归自己而从中取利。“董事、监事、高级管理人员，不得利用职务便利为自己或者他人谋取属于公司的商业机会。但是，有下列情形之一的除外：（一）向董事会或者股东会报告，并按照公司章程的规定经董事会或者股东会决议通过；（二）根据法律、行政法规或者公司章程的规定，公司不能利用该商业机会”（第 183 条）。董事、监事、高级管理人员不得利用职务便利谋取属于公司的商业机会，篡夺公司机会是对忠实义务的违反。“董监高”可以正当利用公司机会，《公司法》对于此种行为采取的立法态度是附条件允许。

（1）利用公司机会的“董监高”负有向董事会或股东会报告的义务，按照公司章程的规定，经董事会或者股东会决议允许利用的，可以利用。董事会作出决议时，关联董事应当回避。

篡夺公司机会
判例要点

（2）有些商业机会，公司法定不能利用或依照章程不能利用，则“董监高”可以利用。例如，甲到 A 公司联系一项金融业务，A 公司董事乙与甲洽谈后，将此商业机会转给自己控制的 B 公司，因为 A 公司没有金融业务的经营许可，不能从事金融项目，所以乙的行为不构成篡夺 A 公司的商业机会。

6. 竞业限制

竞业限制，是指未经同意不得从事与本公司竞争的营业活动。竞业限制是对“董监高”的限制，不是对股东的限制。“董事、监事、高级管理人员未向董事会或者股东会报告，并按照公司章程的规定经董事会或者股东会决议通过，不得自营或者为他人经营与其任职公司同类的业务”（第 184 条）。例如，A 公司是生产玻璃的企业，其董事、监事、高级管理人员不得从事玻璃的生产、销售业务。

“同类的业务”应当限制解释为与公司营业有竞争的业务种类，对于没有竞争的业务自然不应当予以限制。竞业禁止实际上也是对“董监高”忠实义务的要求。

“董监高”事先向董事会或者股东会报告，并按照公司章程的规定，经董事会或者股东会决议同意，也可以从事与本公司竞争的营业活动。

（二）公司的归入权

董事、监事、高级管理人员违反《公司法》第 181 条至第 184 条规定的忠实义务，所得的收入应当归公司所有（见第 186 条）。此项规定被称为公司的归入权规范。归还的数额可能高于公司所遭受的实际损失。对“董监高”而言，将违法收入交给公司，是其应承担的一项民事责任。

参考案例 7－1

中国 A 公司从事重型机械买卖中介业务。A 公司委派董事张甲驻守亚洲某国，寻找、联系在中国购买重型器械的客户，张甲了解到该国 B 公司需要购买中国 C 公司生产的重型器械，就辞去在 A 公司的职务，与其弟弟在国内成立 D 公司，在辞职两个月后，以 D 公司的名义撮合 B 公司与 C 公司成交，D 公司取得 C 公司支付的 3 000 万元人民币的媒介居间费用。A 公司发现此事后，可依据什么规定主张自己的权利？

——尽管张甲已经辞职，但其行为仍然构成利用职务便利为自己谋取属于公司的商业机会。A 公司可以主张归入权，张甲与 D 公司构成连带责任。

提问：《公司法》规定了公司对“董监高”的归入权，对股东可否主张归入权？上市公司的股东将其持有的本公司的股票在买入后 6 个月内卖出得到利益，公司有无权利要求该利益归公司？

答：《证券法》第 44 条第 1 款规定：“上市公司、股票在国务院批准的其他全国性证券交易场所交易的公司持有百分之五以上股份的股东、董事、监事、高级管理人员，将其持有的该公司的股票或者其他具有股权性质的证券在买入后六个月内卖出，或者在卖出后六个月内又买入，由此所得收益归该公司所有，公司董事会应当收回其所得收益。但是，证券公司因购入包销售后剩余股票而持有百分之五以上股份，以及有国务院证券监督管理机构规定的其他情形的除外。”据此，股东违法进行短线交易的，公司可对其主张归入权。

三、接受质询及信息提供义务

（一）董事、监事、高级管理人员接受股东质询的义务

“股东会要求董事、监事、高级管理人员列席会议的，董事、监事、高级管理人员应当列席并接受股东的质询”（第 187 条）。股东有质询权，“董监高”就有相应的接受质询的义务。

（二）董事、高级管理人员信息提供义务

“监事会可以要求董事、高级管理人员提交执行职务的报告。董事、高级管理人员应当如实向监事会提供有关情况和资料，不得妨碍监事会或者监事行使职权”（第 80 条）。监事会、监事有监督权以及保障监督权的信息获取权，相应的，被监督的董事、高级管理

人员就有信息提供义务。

四、董事、监事、高级管理人员的民事责任

（一）赔偿责任

责任是违反义务的后果。“董事、监事、高级管理人员执行职务违反法律、行政法规或者公司章程的规定，给公司造成损失的，应当承担赔偿责任”（第 188 条）。这种赔偿责任，是一种民事财产责任。

对董事、监事、高级管理人员提起民事诉讼请求赔偿，一是公司作为原告起诉，二是股东作为原告，提起股东代表诉讼。

例如，A 公司董事长张甲（法定代表人）违反对公司的忠实义务，擅自以公司名义为亲属李乙提供保证担保，最终造成公司损失 2 000 万元。对张甲提起诉讼，请求其承担赔偿责任，有三种途径：其一，由监事会策动（不设监事会的有限责任公司由监事策动），A 公司主动作为原告起诉张甲，但张甲是董事长，提起诉讼有很大难度。其二，应股东书面请求，监事会（或不设监事会的有限责任公司的监事）以 A 公司的名义（公司作为原告）起诉张甲。其三，股东作为原告提起诉讼（股东代表诉讼），此举须在股东书面请求监事会以 A 公司的名义起诉无果的情况下进行。

（二）董事、高级管理人员对第三人的责任

董事、高级管理人员对第三人的责任，是董事、高级管理人员在执行职务过程中对公司外部人造成损害的直接予以赔偿的责任。对公司的责任，责任主体是“董监高”；对第三人的责任，责任主体是“董高”。

“董事、高级管理人员执行职务，给他人造成损害的，公司应当承担赔偿责任；董事、高级管理人员存在故意或者重大过失的，也应当承担赔偿责任”（第 191 条）。本条中的“他人”，即第三人，包括公司的债权人等。董事、高级管理人员的职务行为造成第三人损害的，公司应承担后果，但本条特别规定，“董高”也直接承担后果。这是新修订的《公司法》的重要制度创新，对有效遏制公司侵权、违约行为，从源头上遏制决策者的不当投机行为，加强对第三人的保护，具有重要意义。

董事、高级管理人员对第三人责任判例要点

董事、高级管理人员对第三人的赔偿责任，必须具备以下构成要件：（1）在行为的范围上，须是执行职务行为；（2）在行为的性质上，须违反法律、行政法规；（3）在主观上，须存在故意或重大过失，一般过失（轻过失）不发生对第三人的赔偿责任；（4）在结果上，须给他人造成损害且损害与“董高”的行为有因果关系。

对第三人造成损害的，该第三人可以请求公司赔偿，也可以直接请求“董高”赔偿。

（三）控股股东、实际控制人与董事、高级管理人员的连带责任

“公司的控股股东、实际控制人指示董事、高级管理人员从事损害公司或者股东利益的行为的，与该董事、高级管理人员承担连带责任”（第 192 条）。公司的控股股东、实际控制人指示董事、高级管理人员从事损害公司或者股东利益的行为的，该控股股东或实际控制人被称为事实董事（也有人称之为影子董事）。事实董事就其损害公司或者股东利益的指示行为与实施损害行为的董事或高级管理人员一起承担连带责任。对公司造成损害

的，对公司承担连带责任；对股东造成损害的，对股东承担连带责任。该连带责任主要是赔偿责任。

（四）董事赔偿责任保险制度

“公司可以在董事任职期间为董事因执行公司职务承担的赔偿责任投保责任保险。公司为董事投保责任保险或者续保后，董事会应当向股东会报告责任保险的投保金额、承保范围及保险费率等内容”（第 193 条）。本条为倡导性条款，董事赔偿责任保险旨在鼓励人们在担任公司董事时大胆决策，消减因法律所确立的董事责任而给其决策带来的后顾之忧，保护董事免受潜在的法律风险的影响，同时也有助于维护公司的长期利益。

五、股东代表诉讼

（一）股东代表诉讼的含义

股东代表诉讼，也称为股东派生诉讼、股东代位诉讼，是指当公司的董事、监事、高级管理人员等侵害了公司权益，而公司怠于提起诉讼时，股东以自己的名义提起诉讼。

股东代表诉讼的文字上的含义，是股东代表公司进行诉讼。股东代表诉讼实质上是一种代位诉讼（代公司之位），股东取代了公司的原告的位置，胜诉的利益归公司，即代公司主张权利（见图 7-1）。

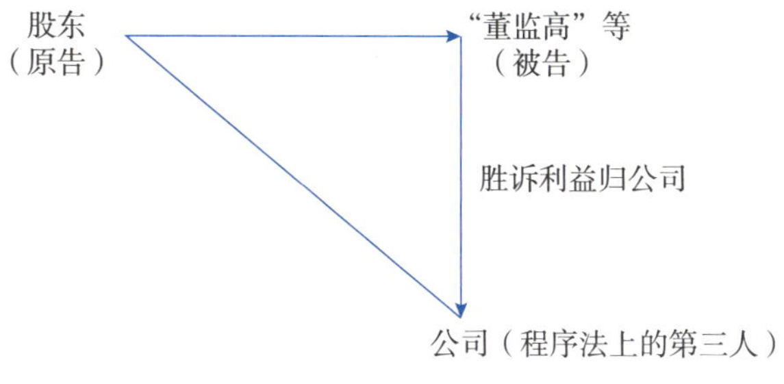

图 7-1 股东代表诉讼示意

引起股东代表诉讼的原因是公司的利益受到直接损害，这也就间接损害了股东的利益。提起股东代表诉讼的股东，一般是中小股东，因为他们说的话，公司往往不听。股东代表诉讼对弥补公司治理结构的缺陷，保护中小股东的利益具有重要的意义。

（二）股东代表诉讼的原告、被告和第三人

1. 股东代表诉讼的原告

股东代表诉讼的原告是（现任）股东，但并非是所有的股东都可以以自己的名义代表公司进行诉讼。具有股东代表诉讼原告资格的有两类：一是有限责任公司的股东；二是股份有限公司连续 180 日以上单独或者合计持有公司 1%以上股份的股东（见第 189 条第 1 款）。180 日以上连续持股期间，应为股东向人民法院提起诉讼时，已期满的持股时间。这里规定的合计持有公司 1%以上股份，是指两个以上股东持股份额的合计。例如，某股份有限公司的股东甲和乙，二人的股份各为 0.5%，合计为 1%，且二人连续持股均满 180 日，则二人可以作为股东代表诉讼的共同原告。若甲或乙单独持股已经达到 1%，且连续持股满 180 日，则自己就可以作为股东代表诉讼的原告起诉，无须联络他人。股份有限公司的股东人数较多，持股分散，流动性较强，对股东代表诉讼的原告资格作出限制是必要的，这样可以防止滥诉。

2. 股东代表诉讼的被告和第三人

股东代表诉讼的被告包括两类：

其一，执行职务时，违反法律、行政法规或违反公司章程的规定而应当向公司承担赔偿责任的董事、监事、高级管理人员。

其二，侵犯公司合法权益，应当向公司承担赔偿责任的“董监高”以外的人。如控股股东、实际控制人、公司客户等。

股东代表诉讼，应当列公司为第三人参加诉讼。在司法实践中，人民法院受理股东代表诉讼案件后，应通知公司以第三人身份参加诉讼。

提问：股东代表诉讼针对“他人侵犯公司合法权益”的情形，是只能提起侵权之诉吗？

答案：他人侵犯公司合法权益，是从广义上讲的。例如，某有限责任公司的客户违约，拒不履行债务，马上要过诉讼时效了，且其财产有急剧减少的趋势。公司的一个小股东书面要求公司起诉，公司置之不理。此时该股东可以作为原告，以公司客户为被告，就合同违约债务提起代表诉讼。

（三）股东代表诉讼的胜诉利益

股东以自己的名义起诉董事、监事、高级管理人员或者他人，即提起代表诉讼的，胜诉利益归属于公司。股东请求被告直接向自己承担民事责任的，人民法院不予支持。

参考案例 7-2

A、B、C三人共同成立了一家有限责任公司，A的股权占80%，B、C二人股权各占10%。公司一直由董事长（法定代表人）A负责实际经营，B、C插不上手。后来B发现A将公司货款、借款打入自己的账号，公司的资金长期体外循环。B要求A改正，A不理睬。B写信给公司监事会，要求监事会以公司的名义起诉A，返还货款和借款。监事会不予理睬。30天后，B以自己的名义起诉A，并将公司列为第三人。

——B提起的是股东代表诉讼，胜诉利益归公司。人民法院应判决A向公司返还货款、借款并赔偿利息损失。

（四）股东代表诉讼的前置性程序

股东代表诉讼设置前置性程序，是为了确保在提起诉讼之前，股东已经通过公司内部机制尝试解决问题，只有在内部机制失灵时，才允许股东代表公司提起诉讼。

1. 对董事、高级管理人员的起诉

对董事、高级管理人员，股东代表诉讼的前置性程序是：股东应先书面请求监事会向人民法院提起诉讼。

监事会收到股东书面请求后拒绝提起诉讼，或者自收到请求之日起30日内未提起诉讼，股东才可以自己的名义直接向人民法院提起诉讼。

当情况紧急、不立即提起诉讼将会使公司利益受到难以弥补的损害的，股东为了公司的利益可以不履行前置性程序，而以自己的名义直接向人民法院提起诉讼。这称为前置性程序的豁免。

参考案例 7-3

甲公司遇到了一个很好的商业机会，但甲公司的大股东乙公司委派的董事张某，利用职务便利，擅自将该商业机会转给了乙公司。甲公司的股东杨某了解到这一情况后，直接将张某告上法庭。问：人民法院应当如何处理？

——人民法院应当驳回股东杨某的诉讼请求，因为他没有履行前置性程序。

2. 对监事的起诉

对监事，股东代表诉讼的前置性程序是：股东应先书面请求董事会向人民法院提起诉讼。

董事会收到股东书面请求后拒绝提起诉讼，或者自收到请求之日起 30 日内未提起诉讼，股东有权为了公司的利益以自己的名义直接向人民法院提起诉讼。

当情况紧急、不立即提起诉讼将会使公司利益受到难以弥补的损害的，前置性程序豁免。

3. 对他人的起诉

对他人（控股股东、实际控制人、公司客户等），股东代表诉讼的前置性程序是：股东应先书面请求监事会或董事会向人民法院提起诉讼。

对他人侵犯公司合法权益，是请求董事会还是请求监事会向人民法院起诉，要根据具体情况而定。例如，实际控制人侵夺公司财产，受其控制的董事不闻不问，则小股东可书面请求监事会提起诉讼。

董事会或监事会收到股东书面请求后拒绝提起诉讼，或者自收到请求之日起 30 日内未提起诉讼，股东有权为了公司的利益以自己的名义直接向人民法院提起诉讼。

当情况紧急、不立即提起诉讼将会使公司利益受到难以弥补的损害的，前置性程序豁免。

（五）股东双重代表诉讼

所谓“双重”，一重是全资母公司，另一重是全资子公司。股东双重代表诉讼，是子公司利益被侵害，子公司不主张权利，母公司也不主张权利，则母公司的股东代表母公司和子公司（双重代表）起诉，胜诉利益归子公司（见图 7-2）。

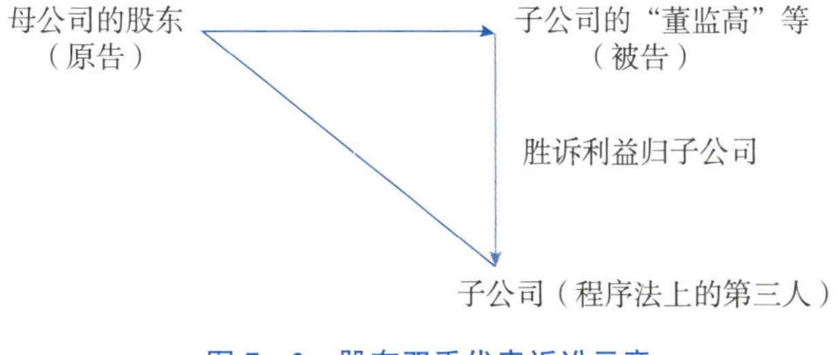

图 7-2　股东双重代表诉讼示意

公司全资子公司的董事、监事、高级管理人员有侵害公司权益情形，或者他人侵犯公司全资子公司合法权益造成损失的，有限责任公司的股东、股份有限公司连续 180 日以上单独或者合计持有公司 1%以上股份的股东，可以依照股东代表诉讼的一般规定书面请求全资子公司的监事会、董事会向人民法院提起诉讼或者以自己的名义直接向人民法院提起诉讼（见第 189 条第 4 款）。例如，A 有限责任公司是 B 有限责任公司的全资子公司，A 公司的董事甲违背法律规定侵害了 A 公司的利益，但是 A 公司不起诉自己的董事甲，B 公司（母公司）也装聋作哑，则 B 公司的股东乙履行前置性程序后可以提起代表诉讼，即乙自己作为原告，以甲为被告，请求甲向 A 公司（子公司）赔偿。

股东双重代表诉讼的主体限于全资母、子公司之间，即母公司须为子公司唯一的股东。在前置程序上，母公司的股东只需书面请求全资子公司的监事会、董事会起诉责任人即可，即“穷尽全资子公司内部救济”，无须再请求母公司的董事会、监事会提起诉讼。

股东双重代表诉讼程序判例要点

六、股东为自己利益对董事、高级管理人员的诉讼

股东为自己利益对董事、高级管理人员的诉讼，称为股东诉讼，也称为股东直接诉讼，是股东在自身权利受到董事、高级管理人员的侵害时，以自己的名义提起的诉讼。

“董事、高级管理人员违反法律、行政法规或者公司章程的规定，损害股东利益的，股东可以向人民法院提起诉讼”（第 190 条）。例如，某有限责任公司的总经理甲对小股东乙挟私报复，故意将举行股东会的时间报错，使乙徒劳往返。乙可以起诉甲，请求赔偿自己差旅费等损失。

股东对“董高”的直接诉讼，不同于股东代表诉讼。

（1）股东对“董高”的直接诉讼，是股东自己的利益受到侵害，股东作为原告起诉，被告包括董事、高级管理人员（不包括监事）。股东代表诉讼，是公司的利益受到侵害，由股东作为原告起诉，被告包括董事、监事、高级管理人员以及“董监高”以外的人。

（2）股东对“董高”的直接诉讼，胜诉利益归属股东自己。股东代表诉讼，胜诉利益归属公司。

【引例分析】

1. 张某，虽然被判处刑罚且执行期满未逾 5 年，但他的罪行并不属于《公司法》禁止担任董事的贪污、贿赂、侵占财产、挪用财产罪或者破坏社会经济秩序罪（工程重大事故罪属于危害公共安全罪的范畴），故张某可以担任董事。

2. 李某，虽然曾担任因经营不善而破产企业的厂长，且自该企业破产清算完结之日起未逾 3 年，但他对该企业的破产并不负有个人责任，故李某可以担任董事。

3. 陈某，对个人独资企业的债务承担责任，数额较大且到期未清偿，并且已被人民法院列为失信被执行人，所以陈某不得担任董事。

4. 《公务员法》第 107 条第 1 款规定：“公务员辞去公职或者退休的，原系领导成员、县处级以上领导职务的公务员在离职三年内，其他公务员在离职两年内，不得到与原工作业务直接相关的企业或者其他营利性组织任职，不得从事与原工作业务直接相关的营利性活动。”因为刘某已 70 岁了，退休多年，因此他担任董事的资格没有限制。

【练习题】

1. 名词解释

篡夺公司机会　竞业限制　股东代表诉讼

2. 思考题

(1) 股东能起诉公司吗?

(2) 股东能起诉公司的董事、监事、高级管理人员吗?

(3) 简述股东双重代表诉讼。

(4) 股东为自己利益对董事、高级管理人员的诉讼与股东代表诉讼的区别是什么?

3. 选择题

(1) 杨某持有甲有限责任公司10%的股权，该公司未设立董事会和监事会。杨某发现公司执行董事何某(持有该公司90%的股权)将公司产品低价出售给其妻开办的乙公司，遂书面向公司监事姜某反映。姜某出于私情未予过问。杨某应当如何保护甲公司和自己的合法利益?(　　)

A. 提请召开临时股东会，解除何某的执行董事职务

B. 请求公司以合理的价格回购自己的股份

C. 以公司的名义对何某提起民事诉讼，要求其赔偿甲公司的损失

D. 以自己的名义对何某提起民事诉讼，要求其赔偿甲公司的损失

(2) 刘某系甲有限责任公司的董事兼总经理，该公司主要经营计算机销售业务。任职期间，刘某代理乙公司从国外进口了一批计算机并擅自将其销售给丙公司，甲公司得知后提出异议。本案应如何认定和处理?(　　)

A. 刘某的行为与甲公司无关，甲公司无权提出异议

B. 刘某违反竞业限制义务，其代理乙公司与丙公司签订的销售合同无效，所进口的计算机应由甲公司优先购买

C. 刘某违反竞业限制义务，但这并不影响销售合同的效力，这笔买卖所得的收益应当归甲公司所有

D. 刘某违反竞业限制义务，但这并不影响销售合同的效力，也不影响他由这一买卖所得的收益，仅存在被解任的可能性

4. 案例分析题

D有限责任公司经营铁窗护网业务。李某是D公司的董事，周某是D公司的监事，乔某是D公司的总经理，王某是D公司的股东。李某、周某、乔某、王某4人密谋，利用D公司的业务渠道私下与他人进行铁窗护网业务，每人获利20万元。D公司董事会决议罢免李某的董事、乔某的总经理、周某的监事职务，取消王某的股东资格，没收4人各20万元。

问题：

D公司董事会的这项决议是否正确?

分析要点提示：

(1) 董事、监事、高级管理人员未经董事会或股东会同意，自营或者为他人经营与所任职公司同类的业务的，所得收入应当归公司所有(见第184条、第186条)，即公司有归入权。

（2）董事李某、监事周某、总经理乔某违反了竞业限制义务，王某是公司的股东，《公司法》没有对股东提出竞业禁止的要求，但股东王某与董事李某、监事周某、总经理乔某属恶意串通。当事人恶意串通，损害国家、集体或者第三人利益的，因此取得的财产收归国家所有或者返还集体、第三人。本案中，四人恶意串通，利用了D公司的业务渠道，除董事李某、监事周某、总经理乔某的各20万元收入归公司所有以外，股东王某20万元的收入也应收归D公司所有。

（3）罢免乔某的总经理职务属于董事会的职权。但是，罢免李某的董事和周某的监事职务属于股东会的职权，董事会只能提议，不能罢免。

（4）股东的资格是基于出资，按照现行法律的规定，不存在罢免的问题。

第八章　公司债券

【本章引例】

甲股份有限公司成立时注册资本为89 000万元。成立之后，公司业绩良好，规模迅速扩大。为扩大公司经营和进行技术开发，公司董事会作出决议，决定向社会公开发行公司债券。

问题：

1. 向社会发行公司债券在民法上是什么行为？
2. 甲公司董事会是否有权作出发行公司债券的决议？
3. 甲公司是非上市公司，能否发行可转换为股票的公司债券？

【本章学习目标】

通过本章的学习，你应该能够：

1. 掌握公司债券和公司债的概念；
2. 了解公司债券持有人与股票持有人权利的不同；
3. 了解公司债券的分类；
4. 了解公司债券的发行条件；
5. 了解对可转换公司债的特殊规定；
6. 了解公司债券持有人整体利益保护制度。

第一节　公司债券的概念、特征和种类

一、公司债券的概念

公司债券，是指公司发行的约定按期还本付息的有价证券。公司债券可以公开发行，也可以非公开发行。

公司发行公司债券，是为了筹集长期资金，期限一般不会太短。发行公司债券是直接

融资方式；银行贷款是间接融资方式。发行公司债券，可以满足公司对资金的需求，同时为社会上大量闲置资金有效地转化为投资提供渠道。

公司债与公司债券的概念并不相同。公司债，是指公司通过发行公司债券，与债券持有人之间形成的债权债务关系。所谓发行，是指公司公开向社会不特定多数人出售公司债券。当然，购买了债券以后才能形成债的关系。公司债，是债券化的债权、债务。公司债券，是债权证券。

公司发行公司债券，是为了向社会筹集资金。持有公司债券的人（通过购买、受赠与、继承等可持有公司债券），是公司的债权人，公司是他们的债务人。债务到期，公司要向他们还本付息。利息，属于法定孳息。法定孳息是依据法律关系而产生的收益，法定孳息的物质形式是金钱。当事人购买公司债券是投资的一种方式，是为了得到利息的收益。

二、公司债券的法律特征

（1）公司债券是公司债的债权凭证。公司债是通过发行公司债券形成的债权债务关系。公司债券的发行人是公司债的债务人，公司债券的持有人是公司债的债权人。债，分为定期债权债务和不定期债权债务。公司债券代表的是定期债权债务，公司对持有人有到期还本付息的义务。债，分为金钱之债和非金钱之债。以给付金钱为内容的债为金钱之债；以发货、出租、提供劳务等为内容的债，为非金钱之债。公司债券代表的是金钱之债。

（2）公司债券的发行对象是不特定的社会公众。购买人没有特殊的资格限制，自然人、法人和非法人组织都可以通过购买公司债券的方式进行投资。

（3）公司债券须依照法定条件和法定程序发行。公司债的产生与“一般债”的产生并不相同。“一般债”的产生并非“发行方式”。“一般债”的产生，也没有什么严格的程序，一般情况下，协商一致就可产生“一般债”。如张三向李四借钱就成立了“一般债”，甲公司依据买卖合同应当向乙公司发货就属于“一般债”。

（4）“公司债”是证券化的债权、债务；“一般债”是非证券化的债权债务。公司债的债务人是发行公司债券的公司，债务人特定化了，而债权人是不特定的多数人，具有规模化的特征。“一般债”的债权人是一个人或者少数人，债务人也是一个人或者少数人，不具有规模化的特征。

（5）公司债券可以流通，即可以通过买卖、赠与等方式而流转。这种公司债券的流转，实际上就是民法中的债权让与。债权是财产权，因此可以流转。公司债券可以流转，当然就可以质押。此外，公司债券也可以继承。

三、公司债券与出资证明书、股票的区别

（一）持有人的法律地位不同

公司债券的持有人是公司的债权人，对公司享有的是债权。出资证明书的持有人是有限责任公司的股东，对公司享有的是股权。股票持有人是股份有限公司的股东，对公司享有的也是股权，实质上股东是公司的组成成员。对于有限责任公司，股权的表现形式是出

资证明书；对于股份有限公司，公司的股份采取股票形式，股票是公司签发的证明股东所持股份的凭证。股票的发行公司，仅限于股份有限公司，有限责任公司不得发行股票。

（二）持有人的利益分配不同

公司债券持有人，到期有权请求公司还本付息，不管公司是否盈利。在公司没有破产的情况下，即使公司亏损，公司债券持有人也有权要求公司还本付息。而出资证明书的持有人和股票的持有人在公司有盈利的时候，才能请求分配盈利、股息。而且，在公司分配盈利或分配剩余财产时，债权人优先于股东。

（三）持有人的风险不同

购买公司债券是一种借钱给公司的行为，到期可以收回。而出资给有限责任公司或者认购股票，则是一种永久性的出资，一般情况下，只能通过转让的方式才能收回出资。另外，公司债券的利率是固定的；而盈利和利息的分派则是变化的。在公司终止时，公司债权人优先于股东分配财产。由此可见，公司债的投资安全性要大一些，风险要小一些。

（四）出具、发行的主体不同

出具出资证明书的公司为有限责任公司。股票的发行主体只能是股份有限公司，有限责任公司不能发行股票。公司债券的发行主体，可以是股份有限公司，也可以是有限责任公司。

（五）出具、发行的要求和条件不同

有限责任公司出具出资证明书，应当反映股东的真实出资额。有限责任公司或者股份有限公司发行的公司债券，可以按票面金额，也可以不按票面金额。股份有限公司发行的股票，可以按票面金额发行，也可以超过票面金额发行（溢价发行），但不能低于票面金额发行。

四、公司债券的种类

（一）纸面式公司债券、凭证式公司债券、记账式公司债券

根据公司债券的形态，公司债券可以分为纸面式公司债券、凭证式公司债券和记账式公司债券。

1. 纸面式公司债券

纸面式公司债券，是一种具有实物形态（票券）的公司债券。纸面式公司债券的券面有标准的格式。“公司以纸面形式发行公司债券的，应当在债券上载明公司名称、债券票面金额、利率、偿还期限等事项，并由法定代表人签名，公司盖章”（第196条）。

纸面式公司债券，是民法上典型的要式证券。

图8-1和图8-2是早期的纸面式公司债券图样。

图8-1　靖安县人造板股份有限公司债券

图 8-2　浙江金峰有限公司债券

2. 凭证式公司债券

凭证式公司债券，是以填具“债券收款凭证”的形式记录债权的。凭证式公司债券的表现方式是“债券收款凭证”。凭证式公司债券应当记名，可以挂失，但是不能上市流通。纸面式公司债券要印刷票券；而凭证式公司证券则要印刷凭证。

3. 记账式公司债券

记账式公司债券，是指没有实物形态的票券，以记账方式记录债权，通过证券交易所的交易系统发行和交易。它是以记录方式表现的公司债券，无须印刷票券和凭证。记账式公司债券应当记名，可以挂失。

（二）记名公司债券与无记名公司债券

根据公司债券是否记载债权人（债券持有人）的姓名或者名称，公司债券可以分为记名公司债券和无记名公司债券。记名公司债券，是指在债券票面上载明持有人姓名或者名称的公司债券。无记名公司债券，是指在债券票面上不载明持有人姓名或者名称的公司债券。

“公司债券应当为记名债券”（第 197 条）。新修订的《公司法》取消了无记名债券，与第 147 条取消了无记名股票相一致。

记名公司债券与无记名公司债券区分的主要意义在于：

（1）转让的程序不同。记名公司债券的转让，应当背书，并在公司债券持有人名册上记载；无记名公司债券的转让，交付债券即可。

（2）记名公司债券被盗窃或者遗失、灭失，当事人可以采取公示催告的方式挂失；而无记名公司债券被盗窃或者遗失、灭失，不得挂失。

提问：公司债券挂失有什么好处？

答：例如，甲遗失了一张记名公司债券，挂失后，他还可以向发行公司债券的公司要求偿还本息。

（三）可转换公司债券与不可转换公司债券

以公司债券能否转换为发行公司的股票为标准，公司债券可以分为可转换公司债券与不可转换公司债券。

可转换公司债券是指发行公司依法发行、在一定期间内依照约定的条件可转换成股份的公司债券。

不可转换公司债券是相对于可转换公司债券而言的，这种公司债券没有转换的可能性。可转换公司债券的持有人对公司享有债权，同时享有将其所持有的公司债券转化为股票的选择权（股票买入期权）。故可转换公司债券还兼具股票和期权的特征，被称为“混血证券”。

“股份有限公司经股东会决议，或者经公司章程、股东会授权由董事会决议，可以发行可转换为股票的公司债券，并规定具体的转换办法。上市公司发行可转换为股票的公司债券，应当经国务院证券监督管理机构注册”（第 202 条第 1 款）。上市公司和非上市的股份有限公司都可以发行不可转换股票的公司债券，也都可以发行可转换为股票的公司债券。其中，上市公司发行可转换股票的公司债券应当经国务院证券监督管理机构注册。

可转换公司债券必须明示。“发行可转换为股票的公司债券，应当在债券上标明可转换公司债券字样，并在公司债券持有人名册上载明可转换公司债券的数额”（第 202 条第 2 款）。可转换公司债券的期限最短为 1 年，最长为 6 年。可转换为股票的公司债券每张面值为 100 元。

“转换”，只是一种可能性。发行可转换为股票的公司债券的，公司应当按照其转换办法向债券持有人换发股票，但债券持有人对转换股票或者不转换股票有选择权。法律、行政法规另有规定的除外（见第 203 条）。这种选择权，是一种形成权。可转换公司债券自发行结束之日起 6 个月后方可转换为公司股票，转股期限由公司根据可转换公司债券的存续期限及公司财务状况确定。债券的持有人在转股的次日成为发行公司的股东。

（四）无担保公司债券与有担保公司债券

以公司债券的发行是否设定担保为标准，可将公司债券分为无担保公司债券和有担保公司债券。

无担保的公司债券，公司以其全部财产承担清偿责任。但公司的财产处于浮动状态，有可能增加，也有可能减少。有担保的公司债券，有保证、抵押和质押。保证，为发行公司债券的公司以外的第三人提供的担保。质押和抵押，可以是第三人提供的（第三人作为质押人或者抵押人），也可以是发行公司债券的公司自己提供（公司自己作为抵押人或者质押人）。显然，有担保的公司债券，在本息的偿付上比无担保的公司债券更有保障。

第二节 公司债券的发行、转让和还本付息

一、公司债券的发行

（一）公司债券的发行人

公司债券的发行人是符合条件的股份有限公司和有限责任公司。可转换公司债券，只有股份有限公司才可发行。

（二）公司债券的发行条件

公司债券的发行，是公司出售公司债券筹集资金的行为。公司债券可以公开发行，也可以非公开发行；可以向不特定对象发行，也可以向特定对象发行。公司发行公司债券应当符合《证券法》规定的发行条件。

股份有限公司发行可转换为股票的公司债券，还应当符合《证券法》关于公开发行股票的条件。

提问： 公司公开发行债券募集到资金后，经过股东会决议，也不可以改变公司债券募集办法中载明的债券募集资金用途吗？

答： 不得改变。

二、公司债券的转让

（一）公司债券转让的含义及一般性规定

公司债券是可流通债券，可以在不同主体之间流转（如买卖、赠与等）。公司债券的转让，实质上是债权的转让，即持有公司债券的人，将对公司的债权转移给他人。“公司债券可以转让，转让价格由转让人与受让人约定。公司债券的转让应当符合法律、行政法规的规定”（第 200 条）。

（二）公司债券的转让方式

“公司债券由债券持有人以背书方式或者法律、行政法规规定的其他方式转让；转让后由公司将受让人的姓名或者名称及住所记载于公司债券持有人名册”（第 201 条）。据此，债券转让有两种方式，一种是背书方式，另一种是其他法定方式（主要指公开发行的债券在证券交易场所采取挂牌集中竞价交易）。

背书，是指债券持有人在债券的背面填写相应的内容。图 8－3 是一张公司债券的背面，从中可以看出背书的内容。

债权人：（姓名或名称）
购进时间：____年____月____日
票面权利转让于被背书人
背书人：
被背书人：
背书时间：

票面权利转让于被背书人
背书人：
被背书人：
背书时间：

图 8－3　公司债券的背面

背书人是公司债券的转让人，被背书人是公司债券的受让人。背面的上下两段是重复的，因为公司债券可能被再次转让。例如，转让人是甲，甲就是背书人，受让人是乙，乙是被背书人。乙又转让给丙，乙将自己填写为背书人，丙就成为被背书人。如果丙再转让给丁，公司债券的背面没有“地方”了，此时，在背面加贴一张纸条，称为“粘单”。

参考案例 8－1

甲投资有限公司持有乙股份公司 1 000 万元的记名公司债券，2024 年 1 月，甲公司以 1 100 万元的价格将其转让给丙投资有限公司，将债券交付给丙公司。2024 年 7 月，该公司债券到期，丙公司持债券去乙公司要求还本付息，不料却遭到乙公司的拒绝，理由是该公司债券没有背书。问：乙公司的拒绝有无法律依据？

——记名公司债券的转让，不仅要将债券交付给受让人，还要在债券上进行转让背书。背书是转让成立的要件，要件不具备，乙公司有权拒绝兑现。

三、公司债券的还本付息

公司债券的债权人，到期有权请求公司还本付息。公司偿还本息的期限与方式以债券记载为准。公司偿还本息的时间和方式有以下几种：

(1) 期满全部还本付息。即到期时公司一次性对全部债权人清偿。

(2) 分期偿还。如在公司债券的发行期内，每年偿还一部分，分数次还清。这种方式较为常见。

(3) 期限内的任意偿还，即公司在发行期内可随时偿还。从理论的角度看，发行公司事先做了随时清偿的说明，是可以任意清偿的。但实践中，这种随时清偿不易操作，容易损害债权人的利益。

公司的债权人的债权是平等的。公司在清偿的时候，对债权人要“一视同仁”。

第三节　公司债券持有人整体利益保护制度

一、公司债券持有人会议

“公开发行公司债券的，应当为同期债券持有人设立债券持有人会议，并在债券募集办法中对债券持有人会议的召集程序、会议规则和其他重要事项作出规定。债券持有人会议可以对与债券持有人有利害关系的事项作出决议。除公司债券募集办法另有约定外，债券持有人会议决议对同期全体债券持有人发生效力”(第204条)。

(1) 同期债券持有人会议的设立，是为了对债券持有人整体利益的保护，是加强对公司经营的监督、降低债券持有人维权成本、完善公司治理机制的制度安排。对同期债券，持有人的利益是相同的，具有“集体性”或“整体性”，因而是就“同期”债券持有人设立债券持有人会议，不是对“所有”债券持有人设立债券持有人会议。

(2) 债券持有人会议的决议事项范围，是与债券持有人有利害关系的事项。公司债券募集办法应当根据实际情况对债券持有人会议的最低出席比例和表决通过比例等事项作出规定。根据表决的基本原理，债券持有人会议表决过程中，发行人及其关联方，以及对决议事项存在利害冲突的债券持有人应当回避表决。此外，公司债券募集办法也有必要明确何为与债券持有人有利害关系的事项。

(3) 债券持有人会议决议的效力范围，是对同期全体债券持有人发生效力，这就可能产生一个问题，就是“多数决”的表决原则可能被滥用，因此《公司法》规定公司债券募集办法对决议效力范围另有约定的除外。

二、公司债券受托管理人

公司债券受托管理人，是受托管理债券持有人事务，维护债券持有人利益的机构。债券受托管理人多为同期债券的承销机构（证券公司）。

“公开发行公司债券的，发行人应当为债券持有人聘请债券受托管理人，由其为债券持有人办理受领清偿、债权保全、与债券相关的诉讼以及参与债务人破产程序等事项”（第205条）。

（1）与设立债券持有人会议的规定类似，为债券持有人聘请债券受托管理人是对公开发行公司债券的强制性要求。非公开发行公司债券的发行人可以不聘请债券受托管理人，但发行人必须在公司债券募集办法中约定债券受托管理事项。

（2）公司债券受托管理人的职责和职能，是为债券持有人办理受领清偿、债权保全、与债券相关的诉讼以及参与债务人破产程序等事项。受托管理人可以为债券持有人群体履行统一的诉讼职能。

提问：公司债券发行人不能按约还本付息，债券受托管理人可以以自己的名义代表债券持有人起诉公司吗？

答：可以。

（3）“债券受托管理人应当勤勉尽责，公正履行受托管理职责，不得损害债券持有人利益。受托管理人与债券持有人存在利益冲突可能损害债券持有人利益的，债券持有人会议可以决议变更债券受托管理人。债券受托管理人违反法律、行政法规或者债券持有人会议决议，损害债券持有人利益的，应当承担赔偿责任”（第206条）。本条规定了债券受托管理人的义务、变更与法律责任。充分理解这一规定，需要注意以下几个方面：

一是债券受托管理人虽然是与发行人签订债券受聘管理协议，但是从法律关系来看，债券受托管理人是债券持有人的受托人，对委托人（债券持有人）负担义务。也就是说，债券受托管理人是公司聘请的，但要为债券持有人服务。

二是债券受托管理人的勤勉义务表现为债券受托管理人应当勤勉尽责，公正履行受托管理职责，不得损害债券持有人利益。

三是债券受托管理人在履行受托管理职责时与债券持有人存在利益冲突，可能损害债券持有人利益的，债券持有人会议可以作出决议单方变更债券受托管理人。

四是债券受托管理人违反相关规定损害债券持有人权益的，应当承担相应的法律责任。

【引例分析】

1. 向社会公开发行公司债券是一种融资行为，在民法上是公司向社会不特定的多数人借贷的行为。

2. 公司债券的发行，一般由公司股东会作出决议，但股东会可以授权董事会对发行公司债券作出决议。甲公司未召开股东会，仅以董事会决议为据，就决定发行公司债，在内部程序上是否合法，要具体看股东会对董事会是否有授权。

3. 非上市公司也可以发行可转换为股票的公司债券。

【练习题】

1. 名词解释

公司债　公司债券　可转换公司债券

2. 思考题

（1）公司债券与股票的区别是什么？

（2）发行公司债券依法需要具备哪些条件？

（3）法律对公司债券的转让要求是什么？

3. 选择题

（1）甲、乙、丙、丁四人均购买了某股份公司发行的可转换公司债。他们对由谁来决定债券的转换发表了以下不同意见，正确的意见是（　　）。

A. 由发行该债券的公司决定

B. 由发行该债券的证券经营机构决定

C. 由债券持有人决定

D. 由证监会决定

（2）下列关于可转换为股票的公司债券的说法，哪些是正确的？（　　）

A. 只有上市公司才能发行可转换公司债券

B. 公司发行公司债券只能由股东会作出决议

C. 可转换公司债券到期的，债券持有人可以请求公司将债券转换为股票，也可以要求公司还本付息

D. 公司发行可转换公司债券，应当经国务院证券监督管理机构注册

（3）关于设立债券持有人会议，下列哪些表述是不正确的？（　　）

A. 发行公司债券的，应当为同期债券持有人设立债券持有人会议

B. 公开发行公司债券的，应当为同期债券持有人设立债券持有人会议

C. 债券持有人会议可以对与债券持有人有利害关系的事项作出决议

D. 除公司债券募集办法另有约定外，债券持有人会议决议对同期全体债券持有人发生效力

4. 案例分析题

甲公司是非上市的股份有限公司，为募集资金欲非公开发行可转换为股票的公司债券（可转换公司债）。公司董事会向自己的法律顾问提出以下问题：（1）在我司上市前可否发行可转换公司债？（2）我司可否非公开发行可转换公司债？（3）我司可否收购本公司股份，将股份用于转换公司发行的可转换公司债？（4）我司是否可以单方面规定，债券持有人到期只能将公司债券转换为股票？（5）董事会可否作出发行可转换公司债的决议？

问题：

法律顾问应如何解答？

分析要点提示：

（1）非上市股份有限公司可以发行可转换为股票的公司债券，即公司在上市之前就可以发行。

（2）《公司法》第 194 条第 2 款规定："公司债券可以公开发行，也可以非公开发行。"可转换公司债是公司债券的一种，也可以非公开发行。

（3）根据《公司法》第 162 条第 1 款第 5 项的规定，公司以将股份用于转换公司发行的可转换公司债为目的的，可以收购本公司股份。

（4）《公司法》第 203 条规定：“发行可转换为股票的公司债券的，公司应当按照其转换办法向债券持有人换发股票，但债券持有人对转换股票或者不转换股票有选择权。法律、行政法规另有规定的除外。”据此，公司不可以单方面规定，债券持有人到期只能将公司债券转换为股票。

（5）根据《公司法》第 202 条第 1 款的规定，股份有限公司经股东会决议，或者经公司章程、股东会授权由董事会决议，可以发行可转换为股票的公司债券。发行可转换公司债是股东会的权利，甲公司董事会是否有权作出决议，一要看公司章程是否有授权，二要看股东会是否有授权。

第九章　公司财务、会计

【本章引例】

甲股份有限公司设有两本账簿：一本只对董事会成员公开，真实记录了公司的财务状况；另一本对外界公开，但是这一本账簿上的内容明显与内部账簿不符。

问题：

该公司在财务、会计方面是否存在违法行为？

【本章学习目标】

通过本章的学习，你应当能够：

1. 了解公司财务、会计制度的基本内容；
2. 了解外部审计的含义；
3. 理解公积金的概念；
4. 了解股利的分配方式。

第一节　公司财务、会计制度概述

一、公司财务、会计制度的建立

（一）公司财务、会计制度建立的依据

“公司应当依照法律、行政法规和国务院财政部门的规定建立本公司的财务、会计制度”（第 207 条）。这里的法律、行政法规和国务院财政部门的规定，主要是指《中华人民共和国会计法》（以下简称《会计法》）、《企业财务会计报告条例》、《企业会计制度》、《企业财务通则》、《企业会计准则》和《企业会计准则——基本准则》等。

（二）公司财务、会计制度的意义

（1）股东的出资转化为股权，在法律名义上，公司享有出资转化的财产权和利润的所有权，利润要依法分配给股东。股东是终极利益的享有者，股东对公司享有决策的权力，

有了健全的财务、会计制度，股东的利益才能得到切实的保障。

（2）公司对外进行交易，交易相对人要借助于公司的财务、会计制度来保护自己的利益。比如，交易相对人借助公司的财务、会计制度，评估其信用，防止资金流失；对于股东抽逃资金，交易相对人虽不能直接发现，但在诉讼时，通过人民法院审查财务、会计报表，可以了解资金的流动。没有健全的财务、会计制度的公司，是不可信任的公司。

（3）公司雇员对公司付出了劳动，就要求获得回报。这种回报包括日常薪金和长期保障（如保险）。如果没有健全的财务、会计制度，他们的回报就受到了现实的威胁。

（4）对公司的董事、高级管理人员来说，财务、会计信息是他们开展经营活动的一种依据；对公司的监事来说，财务、会计信息是他们实施监督的依据；对上市公司来说，财务、会计信息是投资者作出决策的一项依据，是独立董事进行监督的一项依据。

（5）财务、会计信息反映公司盈亏，是国家征税、计税的依据。

（三）会计账簿和账户的设立

“公司除法定的会计账簿外，不得另立会计账簿。对公司资金，不得以任何个人名义开立账户存储”（第 217 条）。

有的公司有两本账，一本是真实账，另一本是假账，用对外的假账，逃避税务部门的监管，逃避银行对资金流动的监管。有的公司甚至用假账逃避股东对公司的监督。“账外账”危害极大。公司资金，应当以公司名义开立账户。以个人名义开立账户，逃避了监管（包括逃避对现金流动的管制），又使资金体外循环，对公司管理人员侵占公司财产开启了方便之门。因此，《公司法》专设条文对以上两项行为予以禁止。

二、财务会计报告的编制与外部审计

（一）财务会计报告的编制

“公司应当在每一会计年度终了时编制财务会计报告，并依法经会计师事务所审计”（第 208 条）。财务会计报告应当依照法律、行政法规和国务院财政部门的规定制作。根据《会计法》的规定，会计年度自公历 1 月 1 日起至 12 月 31 日止。

公司财务报告，是反映公司财务状况和经营成果的总结性书面文件。根据《企业会计准则——基本准则》的规定，企业应当编制财务会计报告。财务会计报告的目标是向财务会计报告使用者提供与企业财务状况、经营成果和现金流量等有关的会计信息，反映企业管理层受托责任履行情况，有助于财务会计报告使用者作出经济决策。财务会计报告使用者包括投资者、债权人、政府及其有关部门和社会公众等。

财务会计报告主要包括下列会计报表及附属明细表：

（1）资产负债表；

（2）损益表；

（3）财务状况明细表；

（4）财务状况说明书；

（5）利润分配表。

（二）公司外部审计

1. 公司外部审计的含义

对财务会计报告的审计属于外部审计。外部审计又称为独立审计。《公司法》上的外部审计，是指会计师事务所接受公司委托，对公司的财务、会计资料进行独立审查并发表意见的活动。

外部审计是相对于内部审计而言的，公司的监事或其他职员对财务、会计资料进行审查，属于内部审计。公司委托会计师事务所进行审计，双方订立的是委托合同。委托合同成立后，会计师事务所委派注册会计师进行具体的审计工作。审计工作独立进行，不能屈从于公司的意见，更不能“拿人钱财，替人消灾”。

2. 对会计师事务所的聘用和解聘

“公司聘用、解聘承办公司审计业务的会计师事务所，按照公司章程的规定，由股东会、董事会或者监事会决定。公司股东会、董事会或者监事会就解聘会计师事务所进行表决时，应当允许会计师事务所陈述意见”（第 215 条）。聘用、解聘承办公司审计业务的会计师事务所的职权是属于股东会，还是属于董事会或监事会，应由公司章程作出规定，如果公司章程未作规定而发生争议的，应当由股东会作出决定。

公司的监事会、不设监事会的监事发现公司经营情况异常，可以进行调查，必要时，可以聘请会计师事务所等协助其工作，费用由公司承担。会计师事务所的协助工作，实质上是监事的内部审计与外部审计的结合。也就是说，在一定情况下，监事、监事会也可以聘用会计师事务所进行外部审计。

3. 公司提供真实、完整的财务、会计资料的义务

“公司应当向聘用的会计师事务所提供真实、完整的会计凭证、会计账簿、财务会计报告及其他会计资料，不得拒绝、隐匿、谎报”（第 216 条）。外部审计的成果表现是审计报告。审计报告的质量，来自真实、完整的财务、会计资料。因此，《公司法》明确规定公司提供真实、完整的财务、会计资料的义务是完全必要的。

三、财务会计报告的公示

股东对财务会计报告有知情权。“有限责任公司应当按照公司章程规定的期限将财务会计报告送交各股东。股份有限公司的财务会计报告应当在召开股东会年会的二十日前置备于本公司，供股东查阅；公开发行股份的股份有限公司应当公告其财务会计报告”（第 209 条）。

从法律规定可以看出，财务会计报告公示的方式有三种：第一种是“送交”。这是针对有限责任公司而言的。有限责任公司的股东较少（50 人以下），采取送交的方式最合适。第二种是“置备”。这是针对未公开发行股票的股份有限公司而言的。第三种是“公告”。这是针对公开发行股票的股份有限公司而言的。持有股票者皆为公司股东，股东数量众多，不采取公告方式，无法达到应有的公示效果。

参考案例 9-1

甲股份有限公司拟于 1 月 20 日召开上年度股东会年会，1 月 5 日，股东 A、B、C 向公司要求查询上年度的财务会计报告，遭到婉拒。公司称：“到开会时自然会向各位出示，各位没有必要这么早知道。”问：甲公司的做法是否违反了法律的规定？

——股份有限公司的财务会计报告应当在召开股东会年会的 20 日前置备于本公司，供股东查阅。甲公司拒不出示的做法是违法的。

第二节　公积金及利润分配

提取公积金，对利润进行分配，都属于公司的财务活动。

一、公积金概述

（一）公积金的含义

公积金又称为储备金，是公司依照法律、公司章程或股东会的决议，在公司资本之外留存的具有法定用途的累积资金，是依法从公司税后利润或其他收入中提取、积累的一种款项。

公积金不是公司的股本。公积金是货币资金，是公司的一项财产，公积金的提取，增强了公司的实力，提高了公司的信用。

（二）公积金的分类

按照公积金的提取是否具有强制性，公积金分为法定公积金和任意公积金。法定公积金是《公司法》规定必须提取的公积金，因此又称为强制公积金。任意公积金是公司在法定公积金之外，依据股东会决议提取的公积金。所谓“任意”，是法律不强制，由公司视具体情况决定是否提取。

按照公积金的来源，公积金又分为盈余公积金和资本公积金。盈余公积金来源于税后利润（营业收入）；资本公积金来源于资本发行等收入（非营业收入）。值得注意的是，《公司法》未将资本公积金列入法定公积金，《公司法》分别规定了法定公积金、任意公积金和资本公积金（见图 9－1）。

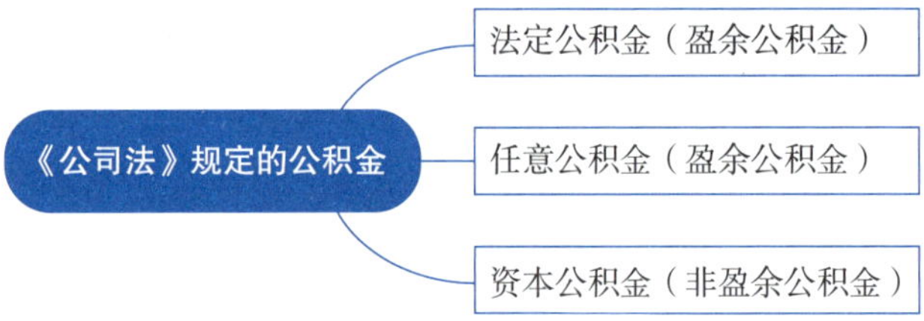

图 9－1　公积金分类示意

（三）公积金的用途

公积金的用途是法定的。“公司的公积金用于弥补公司的亏损、扩大公司生产经营或者转为增加公司注册资本。公积金弥补公司亏损，应当先使用任意公积金和法定公积金；仍不能弥补的，可以按照规定使用资本公积金。法定公积金转为增加注册资本时，所留存的该项公积金不得少于转增前公司注册资本的百分之二十五”（第 214 条）。依据本条，公积金的用途有三项：其一，弥补公司的亏损；其二，扩大公司生产经营；其三，转为增加公司注册资本。

新修订的《公司法》取消了资本公积金不得用于弥补亏损的法定限制，增加资本公积金有条件地适用于弥补亏损的规定。在顺序上，公司应当先用任意公积金和法定公积金弥补亏损，仍不足以弥补时，方可使用资本公积金弥补亏损。

提问： 可以用公积金给股东配股吗？

答： 可以。用公积金给股东配股，是将公积金转为注册资本的行为，也就是增加注册资本的行为。如果配股使用的资金是法定公积金，则所留存的该项公积金的比例不得少于转增前公司注册资本的25%。这项规定既适用于有限责任公司，也适用于股份有限公司。例如，某有限责任公司的注册资金为100万元，法定公积金为100万元，股东会决议将公积金转增资本（给现有股东配股），此时只能将公积金中的75万元转增资本，即至少留存25万元。转增75万元后，注册资本由100万元变更为175万元。

二、公积金的提取与利润的分配

（一）资本公积金的提取

资本公积金是公司的一种收益，但不是依一般经营活动所产生的收益（非营业收入），其来源于资本的发行或资产增值等收入。“公司以超过股票票面金额的发行价格发行股份所得的溢价款、发行无面额股所得股款未计入注册资本的金额以及国务院财政部门规定列入资本公积金的其他项目，应当列为公司资本公积金”（第213条）。

（1）股份有限公司可以溢价发行股票，即可以以超过股票票面金额的发行价格发行股份，所得的股票溢价款，是通过发行获得的一种资本，但不是股本，不计入注册资本，应列入公司资本公积金。例如，《浙江富特科技股份有限公司首次公开发行股票并在创业板上市招股说明书》载明：“每股面值人民币1.00元，每股发行价格人民币14.00元，发行日期2024年8月26日。”该公司的此次发行是溢价发行，每股有13元的溢价，溢价款应列入资本公积金。

（2）股份有限公司可以发行无面额股，“采用无面额股的，应当将发行股份所得股款的二分之一以上计入注册资本”（第142条第3款）。所得股款未计入注册资本的那一部分也是一种特殊的溢价款，是一种资本，但不是股本，应当列入公司资本公积金。

（3）根据财政部发布的《企业财务通则》，资产重估增值、接受捐赠等收入，应当列入资本公积金。有限责任公司也存在资本公积金的提取问题，只是它没有“股票溢价款”“无面额股溢价款”的来源而已。

（二）法定公积金的提取

股东对公司出资，是为了获取利润，但利润分配给股东之前，要先弥补损失及提取法定公积金。“公司分配当年税后利润时，应当提取利润的百分之十列入公司法定公积金。公司法定公积金累计额为公司注册资本的百分之五十以上的，可以不再提取。公司的法定公积金不足以弥补以前年度亏损的，在依照前款规定提取法定公积金之前，应当先用当年利润弥补亏损”（第210条第1款、第2款）。这里的“税后利润”是公司当年利润减去应纳所得税的余额。

（1）公司分配当年税后利润时，假如以前年度有亏损，先用过去提存的法定公积金（账户上已有的公积金）弥补亏损，不足以弥补的，再用当年利润弥补亏损，然后在税后利润中提取法定公积金。

（2）公司法定公积金累计额为公司注册资本的50%以上的，可以不再提取。注册资本与公司资产不一致的，仍按注册资本计算。例如，某公司注册资本为500万元，净资产

600 万元，账上已有的法定公积金累计达到 250 万元，则不再从利润中强制提取公积金，公司可以在税后提取任意公积金或将税后利润分配给股东。

（三）任意公积金的提取

“公司从税后利润中提取法定公积金后，经股东会决议，还可以从税后利润中提取任意公积金”（第 210 条第 3 款）。任意公积金属于盈余公积金，由股东会决议是否提取。任意公积金与法定公积金一样，从税后利润中提取。

（四）利润的分配

“公司弥补亏损和提取公积金后所余税后利润，有限责任公司按照股东实缴的出资比例分配利润，全体股东约定不按照出资比例分配利润的除外；股份有限公司按照股东所持有的股份比例分配利润，公司章程另有规定的除外”（第 210 条第 4 款）。股东对税后利润的分配，称为对红利的分配（分红）。

1. 有限责任公司利润的分配

有限责任公司按照股东实缴的出资比例分配利润，全体股东约定不按照出资比例分配利润的除外。

（1）实缴的出资，不同于认缴的出资。认缴的出资，是承诺要缴纳的出资。其一，我国出资缴纳实行限期实缴制。在认缴的出资全部缴纳完毕之前，公司就可能要分配红利。此时的分配，就是按实际缴纳的出资比例分配，而不是按认缴的出资比例分配。其二，在股东出资不实或者不按期出资的情况下，也应按照实际缴纳的出资比例分取红利，否则将产生不公平的结果。

（2）一般按照实缴的出资比例分取红利，但全体股东一致同意，可以不按出资比例分配红利。有限责任公司是资合公司，但有人合的因素，这种人合的因素会影响到红利的分配。例如，某有限责任公司的某一个股东，甚有知名度，公司的盈利得益于这种知名度，而知名度又不能计入注册资本，因此，全体股东一致决定给这位股东多分红利。

2. 股份有限公司利润的分配

股份有限公司原则上是按照股东持有的股份比例分配红利，但股份有限公司章程规定不按持股比例分配的除外。例如，对于拥有特殊资源但不能计入股份的股东，给予倾斜分配。股份有限公司决定利润不按持股比例分配，必须通过公司章程明确规定，而不能以股东会决议的形式决定。这种程序上的严格限制，其目的是防止公司在利润分配上的随意性。

利润分配问题判例要点

3. 公司分配利润的时限

为保护中小股东的利益，公司分配利润应有时间限制。“股东会作出分配利润的决议的，董事会应当在股东会决议作出之日起六个月内进行分配”（第 212 条）。该 6 个月是最长时限，可以缩短。

（五）违法分配利润的法律责任

“公司违反本法规定向股东分配利润的，股东应当将违反规定分配的利润退还公司；给公司造成损失的，股东及负有责任的董事、监事、高级管理人员应当承担赔偿责任”（第 211 条）。股东会或者董事会违反《公司法》第 210 条的规定，在公司弥补亏损和提取法定公积金之前向股东分配利润的，股东必须将违反规定分配的利润退还公司。前已述及，分配利润之前，要弥补公司亏损和提取法定公积金，违反此项要求分配的利润，要退还公司。给公司造成损失的，股东及负有责任的董事、监事、高级管理人员应当承担赔偿责任。例如，某有限责任公司的注册资本是100万元，某年税后盈利是100万元。历年留存的公积金为40万元。公司未留法定公积金（未达50%），就将该100万元分给股东。此时，股东应当退回10万元作为公司的法定公积金。

违法分配利润的法律责任判例要点

（六）利润分配的禁止

“公司持有的本公司股份不得分配利润”（第210条第5款）。公司由于某种原因可能持有本公司的股份（如依据《公司法》第162条的规定收购本公司股份），但公司持有本公司股份是暂时的现象，公司不能成为本公司的股东。只有股东才有权分取利润，如果公司分配了利润，就等于侵占了股东的利益。

【引例分析】

甲公司在财务、会计方面明显存在违法行为。《公司法》第217条第1款规定：“公司除法定的会计账簿外，不得另立会计账簿。”故甲公司设两本不同账簿的行为违法。甲公司更加严重的问题则是做假账。做假账肯定有非法的目的，或者为逃避税收，或者为侵占公司财产等。

【练习题】

1. 名词解释

外部审计　法定公积金　任意公积金　资本公积金

2. 思考题

（1）健全公司财务、会计制度的意义是什么？

（2）法定公积金如何提取？其法定用途如何？

（3）简述公司弥补损失、提取法定公积金和分配利润的顺序。

3. 选择题

下列关于公司财务、会计制度的说法，不正确的有哪些？（　　）

A.《公司法》规定公司有提取法定公积金的义务

B.《公司法》规定公司解聘承办公司审计业务的会计师事务所，必须要由股东会决定

C. 公司持有的本公司股份不得分配利润

D. 所有公司都需要在每一会计年度终了时编制财务会计报告，但并非所有公司的财务会计报告都需要经会计师事务所审计

4. 案例分析题

某有限责任公司董事会决定，将全部100万元法定公积金按人头平均增加股东的注册资本。

问题：

公司董事会的这项决议存在什么问题？

分析要点提示：

（1）增加注册资本，包括用公积金增加注册资本，属于股东会的职权。董事会无权作

出决定。

（2）增加注册资本就是增加股东的出资，用公积金增加注册资本，无须股东再出资。但除非全体股东一致同意，不能按人头分配，只能按原股东的持股比例分配。

（3）以法定公积金转增注册资本时，所留存的该项公积金不得少于转增前注册资本的25％。本案例中把全部法定公积金都用来增资，是违法的。

第十章　公司的合并、分立、增资、减资及类型变更

【本章引例】

2023 年 7 月，甲公司的股东是 A、B，甲公司一部分资产被分出，另成立一家乙公司，乙公司的股东仍然为 A、B。同年 8 月，甲公司趁丙公司增资之机，投资 1 000 万元于丙公司，获得对丙公司的部分股权。甲公司于 2023 年 1 月欠丁公司买卖合同货款 100 万元，2024 年 1 月履行期限届至，丁公司向甲公司要求清偿，甲公司以各种理由拖延，丁公司遂要求乙、丙公司偿还，乙、丙公司均主张：自己并非合同当事人，没有义务替他人清偿债务。

问题：

乙、丙公司的主张能否成立？

【本章学习目标】

通过本章的学习，你应该能够：

1. 掌握公司合并、分立的含义和种类；
2. 了解公司增资、减资的含义；
3. 了解公司类型变更的含义；
4. 了解公司合并、分立、增资、减资的程序性要求。

第一节　公司的合并和分立

一、公司的合并

（一）公司合并的含义、种类

1. 公司合并的含义

公司合并，是指两个以上的公司合并为一个公司的法律行为。

公司合并，通常是为了提高公司的竞争力，提高市场的占有份额。公司合并，是实现

公司扩张的一种途径。

提问：《国信证券股份有限公司第五届董事会第三十一次会议（临时）决议公告》提出："公司拟通过发行A股股份的方式向深圳资本、鲲鹏投资、深业集团、深创投、远致富海十号、成都交子、海口金控购买万和证券96.08%股份。"请问，这是公司合并吗？

答：不是。如果此次交易成功，国信证券股份有限公司只是从上述七家公司取得对万和证券股份有限公司的绝大部分股权，成为万和证券的母公司，标的公司万和证券的主体资格并不消灭。实务中有人把这种交易称为"并购"，其实不符合公司合并的基本特征。

2. 公司合并的种类

"公司合并可以采取吸收合并或者新设合并。一个公司吸收其他公司为吸收合并，被吸收的公司解散。两个以上公司合并设立一个新的公司为新设合并，合并各方解散"（第218条）。

（1）吸收合并在实践中被称为兼并或并购，是指两个或两个以上的公司合并时，其中一个公司吸收其他公司后继续存在，被兼并的公司消灭的法律行为。例如，甲公司吸收乙公司，甲公司的法人资格仍然保持，乙公司解散，办理注销登记，法人资格终止。这样，只剩下一个甲公司了。

提问：《国泰君安证券股份有限公司关于筹划重大资产重组的停牌公告》称："国泰君安证券股份有限公司（以下简称'公司'）与海通证券股份有限公司（以下简称'海通证券'）正在筹划由公司通过向海通证券全体A股换股股东发行A股股票、向海通证券全体H股换股股东发行H股股票的方式换股吸收合并海通证券并发行A股股票募集配套资金。鉴于上述事项存在重大不确定性，为保证公平信息披露，维护投资者利益，避免造成公司股价异常波动，根据上海证券交易所的相关规定，经公司申请，公司A股股票（证券简称：国泰君安，证券代码：601211）将于2024年9月6日（星期五）开市时起开始停牌。"请问，本案吸收合并中的换股是什么意思？

答：换股是合并的方式之一。国泰君安与海通证券都是上市公司，都发行A股和H股（在我国香港上市的股票）。国泰君安是吸收合并的吸并方，海通证券是被吸并方。吸收合并完成后，国泰君安保留法人资格，海通证券解散并注销，失去法人资格。海通证券的股东持有的股票转换成国泰君安的股票，这些股票是国泰君安新发行的股票，不能用原来的股票换股，因为又发行一部分股票，国泰君安的总股本增加了。如果股民的股票账户里有海通证券公司的股票，届时会自动换成国泰君安的股票。

（2）新设合并，是指两个或两个以上的公司合并成立一个新公司，合并的各个公司同时消灭，新公司成立的法律行为。例如，甲、乙、丙三家公司合并为丁公司，甲、乙、丙公司解散，办理注销登记，法人资格终止，新的法人丁公司独存。

3. 公司合并的登记

（1）公司吸收合并，继续存在的公司在合并后，在股东、公司章程、资本结构等方面发生了重大变化，应办理变更登记。

（2）公司新设合并导致新的公司成立，应办理设立登记。

（3）无论公司是吸收合并还是新设合并，都导致其中一方或多方当事公司解散，因此应办理注销登记。

（二）简易合并

公司合并，应经股东会作出决议，但简易合并例外。简易合并只须董事会作出决议即可，简化了公司内部的决策程序，提高了合并的效率。“公司与其持股百分之九十以上的公司合并，被合并的公司不需经股东会决议，但应当通知其他股东，其他股东有权请求公司按照合理的价格收购其股权或者股份。公司合并支付的价款不超过本公司净资产百分之十的，可以不经股东会决议；但是，公司章程另有规定的除外。公司依照前两款规定合并不经股东会决议的，应当经董事会决议”（第 219 条）。简易合并包括母、子公司合并和小规模合并。

（1）这里的母、子公司合并，特别要求母公司持有子公司 90%以上股份。例如，甲公司持有乙公司 92%的股份，张某持有乙公司 8%的股份，甲、乙公司合并为甲公司（吸收合并），甲公司需要股东会就此作出决议，乙公司作为被合并方由董事会作出决议就可以了。即甲公司适用合并的一般程序，乙公司适用简易合并程序。乙公司应通知张某，张某有回购请求权。

（2）这里的小规模合并，特别要求支付的价款不超过本公司净资产的 10%。例如，丙公司要收购丁公司（吸收合并），丁公司是一人公司，丙公司支付给丁公司股东的价款不超过本公司净资产的 10%，丙公司不需要股东会作出决议，由董事会作出决议即可。

对小规模合并的简易程序，可以通过公司章程排除适用。

（三）公司合并的程序及合并后的债权、债务

1. 公司合并的程序和相关要求

“公司合并，应当由合并各方签订合并协议，并编制资产负债表及财产清单。公司应当自作出合并决议之日起十日内通知债权人，并于三十日内在报纸上或者国家企业信用信息公示系统公告。债权人自接到通知之日起三十日内，未接到通知的自公告之日起四十五日内，可以要求公司清偿债务或者提供相应的担保”（第 220 条）。

（1）合并协议是要式法律行为，应当采取书面形式。

（2）公司合并，合并各方须编制资产负债表及财产清单。资产负债表和财产清单是确定合并各方权利义务的依据，同时涉及公司债权人的利益。

（3）公司在股东会作出合并决议（或简易合并一方董事会作出合并决议）之日起 10 日内通知债权人，并于 30 日内在报纸上或者国家企业信用信息公示系统公告。债权人自接到通知之日起 30 日内，未接到通知的自公告之日起 45 日内，可以要求公司清偿债务或者提供相应的担保。债权人超过以上期限未向公司提出要求的，并不丧失债权，但视为承认公司合并。

2. 公司合并后的债权、债务

“公司合并时，合并各方的债权、债务，应当由合并后存续的公司或者新设的公司承

继”（第 221 条）。公司合并发生债的承继，承继的可以是金钱之债，也可以是非金钱之债。

例如，甲公司欠乙公司 100 万元货款，甲公司被丙公司吸收合并，此时债务人甲公司不复存在，应当由丙公司向乙公司偿还该 100 万元货款。再如，A 公司应当向 B 公司发货（50 吨铝材），A 公司被 C 公司吸收合并，则应当由 C 公司向 B 公司发货。这两个例子，前一个是金钱债务；后一个是非金钱债务。

二、公司的分立

（一）公司分立的含义和种类

1. 公司分立的含义

公司分立，是指一个公司分立成两个以上公司的法律行为。公司分立的原因很多，但多为竞争的需要。公司分立时，登记事项发生变更的，应当依法向公司登记机关办理变更登记；公司解散的，应当依法办理公司注销登记；设立新公司的，应当依法办理公司设立登记。

2. 公司分立的种类

关于公司的分立，多数国家立法都没有明确规定法定方式。从实践和原理上，通常将公司的分立分为新设分立和派生分立两种方式。

新设分立又称为分解分立，是指将公司打散，分解成两个公司，原公司解散、注销。例如，甲公司分解为乙、丙、丁公司，甲公司的法人资格消灭，同时又诞生了乙、丙、丁三个法人。

派生分立又称为分支分立，是指公司法人资格保持，划出一部分成立新的公司。例如，甲公司的三个股东 A、B、C 决议将销售分公司（无法人资格）分离出去成立乙公司（法人），这样，就有甲、乙两个法人了。甲公司并不是乙公司的股东，两个公司是平行的。A、B、C 既是甲公司的股东，又是乙公司的股东。如果甲公司出资 100 万元设立乙公司，则不是分立，而是转投资的行为，甲公司是乙公司的股东。

（二）公司分立时的财产分割及债权、债务

“公司分立，其财产作相应的分割”（第 222 条第 1 款）。财产分割，注册资金相应减少，在办理登记时，注册资金的数额等会有相应变化。

“公司分立，应当编制资产负债表及财产清单。公司应当自作出分立决议之日起十日内通知债权人，并于三十日内在报纸上或者国家企业信用信息公示系统公告”（第 222 条第 2 款）。公司分立的通知、公告的期限与公司合并相同。

“公司分立前的债务由分立后的公司承担连带责任。但是，公司在分立前与债权人就债务清偿达成的书面协议另有约定的除外”（第 223 条）。在分立前公司负担的债务，由分立后的公司承担连带责任，这是债务的继受。原来甲公司对乙公司债务的履行，是以甲公司的全部财产作为责任财产的，甲分立成丙、丁两个公司（新设分立），甲公司的全部财产转为丙公司和丁公司分别享有，自然应当由丙公司和丁公司对乙公司承担连带责任。

当事人可以处分自己的财产权利。例如，A 公司要分立成 A、B 两个公司（派生分立），在分立前 A 公司与债权人张某达成协议，张某在协议中承诺，A 公司分立成 A、B

两个公司后，张某仅要求A公司履行债务。张某实际是处分了自己的财产权利，其承诺是有效的。

提问：甲公司分立成甲、乙两个公司（派生分立），甲公司对丙公司有100万元的债务，分立后的甲、乙公司达成协议各承担50万元。该协议的效力如何？

答：甲公司与乙公司之间的协议称为债务承担协议，该协议的效力分为内部效力和外部效力。内部效力，是指甲公司、乙公司之间的效力，这是有效的；外部效力是指对债权人丙公司的效力，不产生效力，丙公司可以要求甲公司清偿100万元，也可以要求乙公司清偿100万元。债务承担协议只有取得了债权人丙公司的同意，才对丙公司产生效力。

第二节　公司的增资和减资

一、公司的增资

（一）增资的含义

增资是指既存的公司（包括有限责任公司和股份有限公司）增加注册资本。如甲公司的注册资本由100万元增至200万元。公司的合并也可导致增资，如乙公司的注册资本为300万元，将注册资本为100万元的丙公司吸收合并，就会引起增资。公司增加注册资本，应当依法向公司登记机关办理变更登记。

（二）增资的决议

有限责任公司的增资，由股东会作出决议。决议必须经代表2/3以上表决权的股东通过。股份有限公司的增资，由股东会作出决议。决议必须经出席会议的股东所持表决权的2/3以上通过。

（三）增资时股东的优先认购权

“有限责任公司增加注册资本时，股东在同等条件下有权优先按照实缴的出资比例认缴出资。但是，全体股东约定不按照出资比例优先认缴出资的除外”（第227条第1款）。有限责任公司股东在增资时享有法定的优先认购权。所谓优先，是指优先于股东以外的人。优先认购权按照实缴的出资比例行使，除非全体股东另有约定。例如，全体股东约定优先购买权按认缴的出资比例行使，该约定有效。

“股份有限公司为增加注册资本发行新股时，股东不享有优先认购权，公司章程另有规定或者股东会决议决定股东享有优先认购权的除外”（第227条第2款）。股份有限公司股东在增资时默认不享有优先认购权，除非公司章程另有规定或股东会决议决定。

参考案例10－1

甲有限责任公司经营势头良好，股东A提出增加注册资本的建议，股东B、C均表示同意，唯独股东D（出资比例为20%）以自己资金不足、无法增资为由表示不同意。但股东会还是通过了增加资本50%的决议，并将E吸纳为新股东。股东D表示反对，他认为：在他不同意增资的情况下，公司不可以增资，更不可以将公司原股东之外的E吸纳入公司。

——公司增资需要以股东会决议的方式作出，必须经代表 2/3 以上表决权的股东通过。本案中，增资在程序上不存在问题。股东 D 不同意增资是他自己放弃增加出资的权利，但不能阻止其他股东增加出资。

增资分为内部增资和外部增资。外部增资，是由股东之外的投资者认购新增的公司资本，从而成为新股东。由于增资可能改变股权结构和现有股东的利益，因此《公司法》规定了现有股东在公司增资时享有优先增加自己出资的权利（优先认购权）。在本案中，D 放弃了这一优先增资权，但他不得阻止公司外部增资。因此，D 的主张不能成立。

（四）增资的方式

（1）有限责任公司股东认缴新增资本。例如，甲公司注册资本为 500 万元，A、B、C 三个股东每人再各拿出 100 万元，使公司的注册资本在原有资本的基础上增加 300 万元，达到 800 万元。

（2）有限责任公司增加新的股东。例如，A、B、C 三个股东各出资 100 万元成立了乙公司，后增加 D 为新股东，D 出资 100 万元。这样公司的注册资本就增加了 100 万元，注册资本为 400 万元。

（3）股份有限公司发行新股以增加注册资本。

（4）以公积金转为增加注册资本。

（五）增资的出资要求

1. 有限责任公司增资的出资要求

“有限责任公司增加注册资本时，股东认缴新增资本的出资，依照本法设立有限责任公司缴纳出资的有关规定执行”（第 228 条第 1 款）。例如，要按期实际缴纳注册资本。再如，股东以货币出资的，应当将货币出资足额存入有限责任公司在银行开设的账户；以非货币财产出资的，应当依法办理其财产权的转移手续。

2. 股份有限公司增资的出资要求

“股份有限公司为增加注册资本发行新股时，股东认购新股，依照本法设立股份有限公司缴纳股款的有关规定执行”（第 228 条第 2 款）。

二、公司的减资

（一）减资的含义

减资是指既存的公司（包括有限责任公司和股份有限公司）减少注册资本。例如，甲有限责任公司将 100 万元注册资金减少到 50 万元。公司分立要分割公司财产，也会引起减资的效果。公司减少注册资本，应当依法向公司登记机关办理变更登记。

减资的原因多种多样。例如，有的公司注册资本上千万元，多年营业额才几百万元。“用大铁锅炒耳勺饭”，显然是一种浪费，此时减资是明智之举。再如，公司亏损严重，注册资本与实有财产相距很大，这时仍保持原注册资本，名不副实，同时也会对公司债权人造成误导或欺骗，此时也应当减资。

（二）减资的决议

有限责任公司的减资，由股东会作出决议。决议必须经代表 2/3 以上表决权的股东通过。股份有限公司的减资，由股东会作出决议。决议必须经出席会议的股东所持表决权的2/3以上通过。

（三）减资的程序和方式

“公司减少注册资本，应当编制资产负债表及财产清单。公司应当自股东会作出减少注册资本决议之日起十日内通知债权人，并于三十日内在报纸上或者国家企业信用信息公示系统公告。债权人自接到通知之日起三十日内，未接到通知的自公告之日起四十五日内，有权要求公司清偿债务或者提供相应的担保。公司减少注册资本，应当按照股东出资或者持有股份的比例相应减少出资额或者股份，法律另有规定、有限责任公司全体股东另有约定或者股份有限公司章程另有规定的除外”（第224条）。

公司的责任财产，是以注册资本形成的，注册资本减少，责任财产随之减少，这就可能损害公司债权人的利益，因此公司减资，应当启动保护债权人的程序。一是要通知已知的债权人；二是应发布公告，使全体债权人及利害关系人知晓减资的事实。债权人因公司履行债务的责任财产减少，有权要求公司清偿债务或者提供担保，对未到期的债务，一般采用提供担保的方式。

减资的方式有同比例减资和非同比减资。一般是同比例减资，即按照股东出资或者持有股份的比例相应减少出资额或者股份。非同比减资是例外规则，即法律另有规定（如异议股份回购、催缴失权等）、有限责任公司全体股东另有约定或者股份有限公司章程另有规定的，可以不同比减资。

公司非同比减资判例要点

（四）简易减资

公司使用任意公积金、法定公积金以致使用了资本公积金弥补亏损后，仍有亏损的，可以减少注册资本弥补亏损。减少注册资本弥补亏损的，公司不得向股东分配，也不得免除股东缴纳出资或者股款的义务（见第225条第1款）。这是简易减资的适用情形。

简易减资，无须通知债权人，即简化了一般减资的债权人保护程序，但应当自股东会作出减少注册资本决议之日起30日内在报纸上或者国家企业信用信息公示系统公告。

简易减资的情形下，虽减少注册资本，但并不将公司资产向股东返还，也不减免股东的出资义务，不会削弱公司的偿债能力。债权人不能因简易减资请求清偿或者请求担保。

简易减资后，在法定公积金和任意公积金累计额达到公司注册资本50%前，不得分配利润。

（五）违法减资的法律后果

“违反本法规定减少注册资本的，股东应当退还其收到的资金，减免股东出资的应当恢复原状；给公司造成损失的，股东及负有责任的董事、监事、高级管理人员应当承担赔偿责任”（第226条）。违法减资的法律后果，一是股东应将已收到的抽回资金，退还给公司；二是股东被减免出资义务的，应恢复原出资义务；三是负有责任的董事、监事、高级管理人员对公司的损失应当承担赔偿责任。前两项是无过错责任，股东即使无过错也应退还资金或恢复原状。第三项是过错责任，“董监高”有过错的才承担责任。

违法减资的法律后果相关案例

第三节　公司类型的变更

一、公司类型变更的含义

公司类型变更，也称为公司组织形式的变更，是指有限责任公司变更为股份有限公司，以及股份有限公司变更为有限责任公司。公司类型的变更是基于经营者需求的变化。例如，某有限责任公司事业蒸蒸日上，欲上市发行股票，就须先将有限责任公司变更为股份有限公司，因为有限责任公司不能发行股票。再如，某股份有限公司经营规模并不大，但机构较多、互相牵制，很不灵活，其变更为有限责任公司后，有些公司机构可以缩减，这样就可以摆脱公司运行不畅的局面。

有限责任公司一般是中小企业的组织形式，股份有限公司特别是股份公司中的上市公司，是大企业的组织形式。所以公司类型的变更往往也反映了公司规模的变化。

二、公司类型变更的法定要求及债权、债务的承继

（一）公司类型变更的法定要求

“有限责任公司变更为股份有限公司，应当符合本法规定的股份有限公司的条件。股份有限公司变更为有限责任公司，应当符合本法规定的有限责任公司的条件”（第 12 条第 1 款）。例如，股东 60 人的股份有限公司变更为有限责任公司，应当把股东减少到 50 人以下。

公司类型变更后，应当到公司登记机关办理变更登记。

“有限责任公司变更为股份有限公司时，折合的实收股本总额不得高于公司净资产额。有限责任公司变更为股份有限公司，为增加注册资本公开发行股份时，应当依法办理”（第 108 条）。公司净资产额，是资产总额减去负债。有限责任公司在存续时，既有资产，也会有负债。有限责任公司在变更为股份有限公司时，有限责任公司的股东，因有限责任公司资产向股份有限公司资产的过渡而持有股份有限公司的股份，如不减去负债，则会产生注册资本虚高的情况。有限责任公司的资本一般低于股份有限公司的资本，在有限责任公司变更为股份有限公司时，有时为增加注册资本而公开发行股份。此时，自应按法律规定办理。

（二）公司类型变更后债权、债务关系的承继

“有限责任公司变更为股份有限公司的，或者股份有限公司变更为有限责任公司的，公司变更前的债权、债务由变更后的公司承继”（第 12 条第 2 款）。这种变更后的债权、债务承继，是民法中所说的法定概括承受。所谓“法定”是指法律规定；所谓“概括承受”，是指债权、债务一并承受。

例如，甲股份有限公司变更为甲有限责任公司，甲股份有限公司对乙公司的 100 万元货款债权、对丙公司（商业银行）的 200 万元贷款债务，都由甲有限责任公司一并承受。

【引例分析】

本案中，甲公司的一部分资产被分出而另成立一家乙公司，属于公司的派生分立。尽管乙公司并非当初的合同当事人，但是，它仍然要为派生它的公司在分立之前的债务

承担清偿责任。严格地说，甲、乙公司对丁公司应当承担连带责任。因此，乙公司的主张不能成立。甲公司投资于丙公司，以货币出资，相应地获得了股权，是一种转投资行为，不同于公司的分立。因此，丁公司不能要求丙公司清偿甲公司的债务。

【练习题】

1. 名词解释

公司合并　公司分立　公司增资　公司减资　公司类型变更

2. 思考题

（1）公司合并后的债权、债务应当如何承继？

（2）公司分立后的债权、债务应当如何处理？

（3）公司增资的方式有哪些？

3. 选择题

在下列哪些情形下，债权人可以要求公司清偿债务或者提供相应担保？（　　）

A. 公司合并　　B. 公司分立

C. 公司减少注册资本　　D. 公司增加注册资本

4. 案例分析题

2023 年，甲公司分立为乙、丙两个公司，分立时乙、丙双方达成协议，双方各自承担原企业债务的 1/2。2024 年 2 月，甲公司的债权人丁公司向乙公司和丙公司发出债务催收函，要求双方连带清偿债务。乙公司主张，该债务应由丙公司清偿，理由是：分立协议达成的“双方各自承担原企业债务的 1/2”并非是指每一笔债务由双方分担，而是指将甲企业的所有债务一分为二，半数的债务由乙承担，另一半的债务由丙承担，而甲公司对丁公司的债务恰属于应由丙公司承担的那一部分。丙公司则坚持：分立协议达成的“双方各自承担原企业债务的 1/2”就是指每一笔债务均由双方分担，因此应由双方各自对丁公司承担一半债务。丁公司认为：不管你们双方当初怎么约定，我有权要求你们双方承担连带清偿责任。

问题：

丁公司是否可以向乙公司、丙公司主张连带清偿责任？

分析要点提示：

《公司法》第 223 条规定：“公司分立前的债务由分立后的公司承担连带责任。但是，公司在分立前与债权人就债务清偿达成的书面协议另有规定的除外。”因此，乙、丙双方的协议，在获得债权人同意之前，不对债权人生效，债权人可以要求任何一个分立后的公司承担全部债务。丁公司可向乙公司、丙公司主张连带清偿责任。

第十一章　公司解散和清算

【本章引例】

某公司在解散时，其财产在分别支付了清算费用、职工工资及社会保险费用，缴纳了所欠税款，清偿了公司债务后还有剩余，公司就将这些剩余财产分配给了公司股东。

问题：

该公司的做法是否正确？

【本章学习目标】

通过本章的学习，你应该能够：

1. 了解公司解散的含义及公司解散与公司终止的关系；
2. 了解在哪些情况下公司主动解散，哪些情况下公司被强制解散；
3. 了解清算的程序和意义；
4. 了解清算时如何对剩余财产进行分配；
5. 了解简易注销制度与强制注销制度。

第一节　公司解散

一、公司解散概述

（一）公司解散的含义

公司解散是终止公司法人资格的一种程序。在解散阶段，公司的法人资格并未消灭。公司解散必须依照法定的程序进行。除因合并、分立而解散公司外，公司解散必须经过清算程序。公司解散与公司破产，是公司消灭的两种并列的程序，也是公司消灭的两种原因。

（二）公司解散与公司终止

公司终止的标志是注销公司的法人营业执照。公司解散是公司终止的原因，是办理注销登记前的一种程序。公司终止，除了主动解散以外，还包括公力机关（人民法院、公司登记机关等）对公司的强制解散。公司被强制解散之后，也要经过清算、注销法人登记的程序。

二、公司解散的原因

（一）主动解散

主动解散是在没有外力强制的情况下，公司自己决定解散。公司因下列原因主动解散：

1. 公司章程规定的营业期限届满或者公司章程规定的其他解散事由出现

公司章程规定的营业期限届满或者公司章程规定的其他解散事由出现，公司解散。如公司出现章程规定的解散事由但尚未向股东分配财产，可以通过修改章程使公司存续。道理很简单，章程是股东们制定的，当然可以由股东们进行修改。但通过修改章程使公司继续存在，有限责任公司须经持有 2/3 以上表决权的股东通过，股份有限公司须经出席股东会会议的股东所持表决权的 2/3 以上通过。

2. 股东会决议解散

虽然没有公司章程规定的解散事由出现，但股东会认为公司没有存续的必要，也可以决议解散。有限责任公司解散的决议，必须经代表 2/3 以上表决权的股东通过。股份有限公司解散的决议，必须经出席会议的股东所持表决权的 2/3 以上通过。

3. 因公司合并或者分立需要解散

吸收合并，被吸收的公司解散，如甲公司兼并了乙公司，乙公司解散，并办理注销登记。新设合并，合并的各方解散，如甲、乙公司合并为丙公司，甲、乙公司解散，并办理注销登记。分解分立，原公司解散，如甲公司分解为乙、丙两个公司，甲公司解散并办理注销登记。

（二）强制解散

强制解散，是公力机关决定解散公司，是公司被动地解散。

1. 公司依法被吊销营业执照、责令关闭或者被撤销

这属于行政强制解散。强制解散的决定下达后，公司的法人资格并未消失。清算以后，办理注销登记，公司的法人资格才消失。

提问：公司被吊销营业执照后，还能当原告、被告吗？

答：可以当原告、被告。因为公司营业执照被吊销，公司丧失了经营主体资格，但法人资格仍然存在。公司注销，法人资格才终止；吊销，法人资格不终止。例如，甲公司被吊销营业执照，不影响乙银行起诉甲公司，要求其归还贷款。

2. 公司的司法强制解散

司法强制解散简称为司法解散，是公司陷入僵局时，部分股东请求人民法院强制解散公司。公司僵局，是指公司经营管理发生严重困难，继续存续会使股东利益受到重大损失的情形。“公司经营管理发生严重困难，继续存续会使股东利益受到重大损失，通过其他途径不能解决的，持有公司百分之十以上表决权的股东，可以请求人民法院解散公司”（第 231 条）。

提问： 以上“持有公司百分之十以上表决权的股东”是什么意思？

答： 下面我们分别就有限责任公司、股份有限公司各举一例进行说明。

例 1：甲有限责任公司有 A、B、C 三位股东，注册资本为 100 万元，其中 A 出资 51 万元，B 出资 8 万元，C 出资 41 万元。在公司经营管理发生严重困难，继续存在会使股东利益受到重大损失，股东会不能就公司解散形成决议，其他途径也不能解决时，A 股东和 C 股东可以请求人民法院解散公司，而 B 股东由于只享有 8%的表决权，则无权单独请求人民法院解散公司。

例 2：股份有限公司是根据所持股份享有表决权。具体计算时是根据股东所持股份数与公司总股份的比例确定，如乙公司的股份共计 1 000 万股，股东 A 持有 100 万股，则 A 持有公司 10%的表决权，有权单独请求人民法院解散公司。

下列情形可以认为公司陷入僵局：其一，公司持续两年以上无法召开股东会，公司经营管理发生严重困难；其二，股东表决时无法达到法定或者公司章程规定的比例，持续两年以上不能做出有效的股东会决议，公司经营管理发生严重困难；其三，公司董事长期冲突，且无法通过股东会解决，公司经营管理发生严重困难；其四，经营管理发生其他严重困难，公司继续存续会使股东利益受到重大损失。

公司僵局司法解散判例要点

股东的知情权、利润分配请求权等权益受到损害，或者公司亏损、财产不足以偿还全部债务，以及公司被吊销企业法人营业执照未进行清算，不属于陷入公司僵局。

第二节　公司清算

一、公司清算的含义

公司清算，是指公司主动解散或者强制解散之后，依照一定程序，了结公司事务，清偿债务，收回债权，分配财产，最终使公司终止的行为。并非所有的公司解散都需要清算。因公司合并、分立需要解散公司的，不需要进行清算。

公司清算，涉及公司债权人、债务人、股东、职工等多方面的利益，故《公司法》对公司清算作了较严格的规定，通过制度化的设计，兼顾了各方面的利益。

提问： 公司清算时，法人资格终止了吗？

答： 没有。清算是终止前的程序。

二、清算义务人

公司因公司章程规定的解散事由出现、股东会决议解散、依法被吊销营业执照、责令关闭或者被撤销以及因陷入僵局被人民法院予以解散的，应当清算。董事为公司清算义务人，应当在解散事由出现之日起 15 日内组成清算组进行清算。清算组由董事组成，但是公司章程另有规定或者股东会决议另选他人的除外。清算义务人未及时履行清算义务，给公司或者债权人造成损失的，应当承担赔偿责任（见第 232 条）。①

清算义务人未履行清算责任判例要点

董事为清算义务人。需要指出的是，“清算义务人”与“清算组成员”是两个有区别的概念，不应混淆。清算义务人是指在公司解散后依法负有清算责任的主体；清算组是由作为清算义务人的董事在解散事由出现之日起 15 日内为进行清算而组成的机构。② 董事一般也是清算组成员，但按照公司章程规定或者股东会决议可以另选他人。无论清算组由何人组成，作为清算义务人的董事都应当对未及时履行清算义务而给公司或者债权人造成的损失承担赔偿责任。

三、强制清算

强制清算是指公司应当清算而怠于清算时，利害关系人可申请人民法院指定有关人员组成清算组进行清算。

公司出现解散事由（因公司合并或者分立需要解散除外）应当清算，逾期不成立清算组进行清算或者成立清算组后不清算的，利害关系人可以申请人民法院指定有关人员组成清算组进行清算。人民法院应当受理该申请，并及时组织清算组进行清算。公司因依法被吊销营业执照、责令关闭或者被撤销而解散的，作出吊销营业执照、责令关闭或者撤销决定的部门或者公司登记机关，可以申请人民法院指定有关人员组成清算组进行清算（见第 233 条）。

（1）原则上，公司解散清算的，应该由公司清算义务人自行组织清算。怠于清算，是公司应当清算，但清算义务人逾期不成立清算组进行清算或者成立清算组后不进行清算。对怠于清算，利害关系人可以申请人民法院指定有关人员组成清算组进行清算（强制清算）。利害关系人包括债权人、股东、董事、职工等。

（2）公司因依法被吊销营业执照、责令关闭或者被撤销而解散的，作出吊销营业执照、责令关闭或者撤销决定的部门或者公司登记机关作为利害关系人，可以申请人民法院指定有关人员组成清算组进行清算。例如，某市场监督管理局吊销了 A 公司的营业执照，A 公司的“前途”，是经过清算以后办理注销登记，终止法人资格。但 A 公司“躺平摆烂”，不在 15 日内成立清算组进行清算，某市场监督管理局可以申请人民法院强制清算。

---

① 《民法典》第 70 条规定：“法人解散的，除合并或者分立的情形外，清算义务人应当及时组成清算组进行清算。法人的董事、理事等执行机构或者决策机构的成员为清算义务人。法律、行政法规另有规定的，依照其规定。清算义务人未及时履行清算义务，造成损害的，应当承担民事责任；主管机关或者利害关系人可以申请人民法院指定有关人员组成清算组进行清算。”

② 《市场主体登记管理条例》第 32 条规定：“市场主体注销登记前依法应当清算的，清算组应当自成立之日起 10 日内将清算组成员、清算组负责人名单通过国家企业信用信息公示系统公告。清算组可以通过国家企业信用信息公示系统发布债权人公告。清算组应当自清算结束之日起 30 日内向登记机关申请注销登记。市场主体申请注销登记前，应当依法办理分支机构注销登记。”

四、清算组

（一）清算组的职权

清算组是执行清算事务的机构。在公司决定主动解散或者被强制解散之后，进入清算程序。在清算完毕之前，公司的法人人格仍然存在。此阶段，由清算组替代公司的代表机构和公司的执行机构，负责有关事务的处理。根据《公司法》第 234 条的规定，清算组在清算期间行使下列职权：

（1）清理公司财产，分别编制资产负债表和财产清单；

（2）通知、公告债权人；

（3）处理与清算有关的公司未了结的业务；

（4）清缴所欠税款以及清算过程中产生的税款；

（5）清理债权、债务；

（6）分配公司清偿债务后的剩余财产；

（7）代表公司参与民事诉讼活动。

（二）清算组成员的忠实义务、勤勉义务和赔偿责任

“清算组成员履行清算职责，负有忠实义务和勤勉义务。清算组成员怠于履行清算职责，给公司造成损失的，应当承担赔偿责任；因故意或者重大过失给债权人造成损失的，应当承担赔偿责任”（第 238 条）。清算组成员的忠实义务、勤勉义务的内容，与“董监高”的这两项义务类似，但其所负担的义务是在履行清算职责过程中对公司和债权人的义务，换句话说，公司债权人也可以要求清算组成员履行忠实义务、勤勉义务。

清算组的工作关系到公司股东、债权人、职工等各方面的利益。因此《公司法》专门规定清算组成员的忠实义务、勤勉义务很有必要的。同时，规定赔偿责任也是很有必要的。

这里规定了两个赔偿责任：其一，对公司的赔偿责任。清算组成员怠于履行清算职责，给公司造成损失是过错责任，“怠于”是一种过失，有过失的，应对公司的损失进行赔偿。其二，对公司债权人的赔偿责任。清算组成员在清算工作中因故意或者重大过失给债权人造成损失的，应当承担赔偿责任，这种赔偿也是过错责任，但清算组成员对债权人的损害仅有一般过失（轻过失）的，免责。

五、清算程序

（一）通知、公告与债权申报

清算的目的之一，就是要了结公司对外债务。“清算组应当自成立之日起十日内通知债权人，并于六十日内在报纸上或者国家企业信用信息公示系统公告。债权人应当自接到通知之日起三十日内，未接到通知的自公告之日起四十五日内，向清算组申报其债权”（第 235 条第 1 款）。

（1）应当“一对一”地通知和公告并举。

（2）对未在法定期限内申报债权的后果，法律未作规定。债权人并不因此而丧失债权，但肯定会对债权的清偿带来障碍。例如，债权人没有在法定期限内申报债权，清算组就可能未将该债权人列入清算支付的名单，该债权人就可能仅以对其他债权人清偿的剩余

财产获得清偿了。所以，公司的债权人接到通知或者看到公告后，应当及时申报债权，以避免不必要的麻烦和损失。

（3）“债权人申报债权，应当说明债权的有关事项，并提供证明材料。清算组应当对债权进行登记”（第 235 条第 2 款）。所谓“有关事项”，包括债权的数额、债权发生的原因、债权有无担保、是否进入诉讼程序等。所谓“证明材料”，包括合同书、收货凭证、借款凭证、抵销通知书等。

（4）在申报债权期间，清算组不得对债权人进行清偿。因为，清算的结果很可能是资不抵债，资不抵债要进入破产程序。如果在申报债权阶段，就对某一个或者某些债权人进行清偿，那么，其他债权人就不能得到同比例的清偿了，这显然是不公平的。

（二）清理、清偿及剩余财产分配

1. 清理工作

“清算组在清理公司财产、编制资产负债表和财产清单后，应当制订清算方案，并报股东会或者人民法院确认”（第 236 条第 1 款）。清算组在成立后就可以清理公司的财产，登记造册。但因资产负债表要反映公司对外债务，所以在公司债权人申报期限届满后才能完成资产负债表的编制。在编制资产负债表和财产清单后，才能制定清算方案。清算方案要提出清偿债务、收回债权以及分配财产的具体安排。

公司解散分为不经过人民法院的解散和经过人民法院的解散两种。不经过人民法院的解散，清算方案要经过股东会通过。经过人民法院的解散是强制解散，清算方案要经过人民法院的确认。

2. 清偿与剩余财产的分配

“公司财产在分别支付清算费用、职工的工资、社会保险费用和法定补偿金，缴纳所欠税款，清偿公司债务后的剩余财产，有限责任公司按照股东的出资比例分配，股份有限公司按照股东持有的股份比例分配。清算期间，公司存续，但不得开展与清算无关的经营活动。公司财产在未依照前款规定清偿前，不得分配给股东”（第 236 条第 2、3 款）。由此可见，《公司法》对于清算后的公司财产采取的是先清偿（第一顺序），有剩余财产才分配给股东（第二顺序）的原则。

提问：清偿的第一顺序有“清算费用”“职工的工资”“社会保险费用”“法定补偿金”“所欠税款”“公司债务”六项内容，公司财产不够时，如何分配？

答：如果公司财产对第一顺序的清偿不够足额分配，公司就要转入破产程序了（参见《公司法》第 237 条）。而《公司法》第 236 条所规定的清偿和剩余财产分配，是指非破产程序的清偿和分配。公司财产能够满足第一顺序的清偿，不能满足第二顺序（分配给股东），是股东应当承担的风险，与破产无关。

六、公司的注销登记

公司注销登记是公司终止的最后一步，只有办理了公司注销登记，公司法人资格才被消灭。完整的公司注销制度包括普通注销制度、简易注销制度和强制注销制度。

（一）公司的普通注销

普通注销是履行一般程序（先解散，再清算，最后注销）的公司注销登记，是相对于简易注销制度和强制注销制而言的。“公司清算结束后，清算组应当制作清算报告，报股东会或者人民法院确认，并报送公司登记机关，申请注销公司登记”（第 239 条）。公司登记机关接到注销申请和清算报告等文件后，经审核认为符合条件后，办理注销公司登记，公司法人资格由此消灭。①

（二）公司的简易注销

新修订的《公司法》引入了公司的简易注销制度。当公司财产和债权债务关系已经得到妥善处理，无利害关系人合法权益受损之虞，确无清算必要时，可以允许省略形式上的清算程序，简化公司应提交的注销材料，由公司直接申请注销登记，以便公司快速退出市场，此即简易注销制度。

“公司在存续期间未产生债务，或者已清偿全部债务的，经全体股东承诺，可以按照规定通过简易程序注销公司登记”（第 240 条第 1 款）。该条款规定了简易注销的适用情形，即简易注销适用于“未产生债务，或者已清偿全部债务”的公司。

所谓“经全体股东承诺”，是指全体股东书面承诺本公司“在存续期间未产生债务”或“已清偿全部债务”。如果承诺不实且公司已经注销，则全体股东应当对在公司注销登记前的债务承担连带责任。

“通过简易程序注销公司登记，应当通过国家企业信用信息公示系统予以公告，公告期限不少于二十日。公告期限届满后，未有异议的，公司可以在二十日内向公司登记机关申请注销公司登记”（第 240 条第 2 款）。通过简易程序注销的公司应当按照上述法定要求，先履行公告程序，然后再申请公司注销。在异议期有债权人提出自己的债权未得到清偿，如果异议属实，就不能适用简易程序办理注销公司登记。

公司的简易注销判例要点

（三）公司的强制注销

强制注销，是指当公司应当注销但不主动申请注销，由公司登记机关依职权注销公司。强制注销改变了以往以清算为前提的注销程序，使无法清算或者怠于清算的“僵尸公司”退出市场，具有净化市场环境的积极作用。强制注销不免除通过该程序退出市场的公司的股东、清算义务人对相应责任的承担。

“公司被吊销营业执照、责令关闭或者被撤销，满三年未向公司登记机关申请注销公司登记的，公司登记机关可以通过国家企业信用信息公示系统予以公告，公告期限不少于六十日。公告期限届满后，未有异议的，公司登记机关可以注销公司登记。依照前款规定注销公司登记的，原公司股东、清算义务人的责任不受影响”（第 241 条）。本条规定了强制注销的适用范围、注销程序以及强制注销后的法律责任。

（1）强制注销适用于公司被吊销营业执照、责令关闭或者被撤销，满 3 年未向公司登记机关申请注销登记的公司。被吊销营业执照、责令关闭或者被撤销的公司仍有法人资格，但已经丧失了经营的资格，应当清算并办理注销登记，如果公司经过 3 年都不申请注

① 《市场主体登记管理条例》第 32 条第 2 款规定：“清算组应当自清算结束之日起 30 日内向登记机关申请注销登记。市场主体申请注销登记前，应当依法办理分支机构注销登记。”《市场主体登记管理条例实施细则》第 44 条规定：“市场主体因解散、被宣告破产或者其他法定事由需要终止的，应当依法向登记机关申请注销登记。依法需要清算的，应当自清算结束之日起 30 日内申请注销登记。依法不需要清算的，应当自决定作出之日起 30 日内申请注销登记。市场主体申请注销后，不得从事与注销无关的生产经营活动。自登记机关予以注销登记之日起，市场主体终止。”

销登记，就需要公司登记机关主动介入，启动强制注销程序。

（2）公司登记机关启动强制注销程序，通过国家企业信用信息公示系统予以公告。公告期限不少于 60 日，在公告确定的期限内，没有人提出异议的，公司登记机关可以注销公司登记。在期限内，利害关系人或者被公告的公司提出异议的，应当终止强制注销程序。

公司强制注销社会热点与相关案例

（3）强制注销后的原公司股东、清算义务人的责任不受影响。例如，原公司股东未履行出资义务，在强制注销登记后，在未出资的范围内仍对公司的债权人承担责任。再如，董事为公司清算义务人，其不履行清算义务，给公司债权人造成了损失的，在强制注销登记后，债权人仍可请求董事承担赔偿责任。

七、破产程序的转入和破产清算

（一）破产程序的转入

当公司资不抵债时，不能按一般解散的程序清算并终止公司，而应转入破产程序，依照企业破产的相关法律规定处理。“清算组在清理公司财产、编制资产负债表和财产清单后，发现公司财产不足清偿债务的，应当依法向人民法院申请破产清算。人民法院受理破产申请后，清算组应当将清算事务移交给人民法院指定的破产管理人”（第 237 条）。

公司破产案件，适用《企业破产法》。对于破产案件审理程序，《企业破产法》没有规定的，适用《民事诉讼法》的有关规定。

人民法院受理公司（债务人）破产案件后，公司的前途命运并不一定是破产清算、终止法人资格，公司还可能重整、和解。重整，是在人民法院的主持和利害关系人的参与下，债务人进行业务上的重组和债务调整。和解，是债务人向人民法院提出和解申请，由债务人和债权人之间就债务人延期清偿债务、减少债务数额等事项达成和解协议。重整与和解都可以帮助被申请破产的公司（债务人）摆脱财务困境，避免破产清算，最终保留法人资格。

（二）破产清算

1. 破产清算的开始

公司被依法宣告破产的，依照有关企业破产的法律实施破产清算。《企业破产法》第 10 章规定了破产清算。

破产清算始于人民法院作出的宣告债务人破产的裁定。公司（债务人）被宣告破产后，债务人称为破产人，债务人财产称为破产财产，人民法院受理破产申请时，对债务人享有的债权称为破产债权。

2. 破产财产的清偿顺序

根据《企业破产法》第 113 条的规定，破产财产在优先清偿破产费用和共益债务后，依照下列顺序清偿：

（1）破产人所欠职工的工资和医疗、伤残补助、抚恤费用，所欠的应当划入职工个人账户的基本养老保险、基本医疗保险费用，以及法律、行政法规规定应当支付给职工的补偿金；

（2）破产人欠缴的除前项规定以外的社会保险费用和破产人所欠税款；

（3）普通破产债权。

破产财产不足以清偿同一顺序的清偿要求的，按照比例分配。破产企业的董事、监事和高级管理人员的工资按照该企业职工的平均工资计算。

3. 破产程序的终结

在以下两种情况下，破产程序终结：

（1）破产人无财产可供分配的，人民法院裁定终结破产程序。

（2）最后分配完结后，人民法院裁定终结破产程序。

人民法院的破产程序终结后，公司的管理人应当自破产程序终结之日起 10 日内，持人民法院终结破产程序的裁定，向破产人（破产的公司）的原登记机关办理注销登记。

【引例分析】

该公司的做法不正确。该公司只有在支付职工的法定补偿金后，有剩余财产，才能够分给股东。

【练习题】

1. 名词解释

公司解散　清算义务人　清算组　强制注销　破产

2. 思考题

（1）公司解散与公司终止有什么区别？

（2）公司解散的原因有哪些？对这些原因如何进行分类？

（3）简述公司的简易注销。

3. 选择题

（1）公司因下列哪项原因而解散的，不需要清算？（　　）

A. 依法被责令关闭

B. 公司章程规定的营业期限届满

C. 股东会会议通过解散公司的决议

D. 公司分立

（2）下列哪些表述是正确的？（　　）

A. 清算组成员履行清算职责，负有忠实义务和勤勉义务

B. 清算组成员怠于履行清算职责，给公司造成损失的，应当承担赔偿责任

C. 清算组成员因故意或者重大过失给债权人造成损失的，应当承担赔偿责任

D. 清算组成员因故意或者过失给债权人造成损失的，应当承担赔偿责任

4. 案例分析题

甲有限责任公司未经清算就办理了注销登记。后甲公司的债权人乙公司以甲公司为被告提起诉讼，要求赔偿由此造成的损失。人民法院驳回了乙公司的起诉。

问题：

乙公司应如何保护自己的权利？

分析要点提示：

公司决定解散后，应当进行清算。依据《公司法》第 232 条的规定，清算义务是由董事承担的。本案中，甲公司未经清算就办理了注销登记，乙公司有权以甲公司的董事为被告提起诉讼，要求赔偿相应的损失。

第十二章　外国公司的分支机构

【本章引例】

2018 年 1 月，美国 KY 公司在北京开设了一家分公司，2 月，该分公司从中国甲公司采购了 300 万元的钢材（已交付），约定 4 月 1 日前付款。3 月，由于美国 KY 公司业务转型，不再需要这批钢材，其北京分公司遂欲解除该钢材买卖合同，退回钢材。甲公司不同意，并以违约为由将该分公司起诉至法院，请求强制执行该分公司的下列财产：账户上的 150 万元的流动资金，该分公司所有的价值 50 万元的轿车一辆。该分公司主张：自己并非法人，所以不具备当被告的资格，而且分公司的债务应由其美国总公司承担，因此不能强制执行该分公司名下的财产。

问题：

该分公司的主张能否成立？

【本章学习目标】

通过本章的学习，你应该能够：

1. 掌握外国公司分支机构的概念和法律特征；
2. 了解外国公司分支机构与相关概念的区别；
3. 了解外国公司分支机构设立的条件和程序；
4. 了解外国公司在我国境内活动的法律管辖；
5. 了解外国公司分支机构的民事责任。

第一节　外国公司分支机构概述

一、外国公司及其分支机构的含义

（一）外国公司的含义

我国公司法所称外国公司，是指依照外国法律在中华人民共和国境外设立的公司。外国公司是相对于本国公司而言的。外国公司具有外国国籍，设立在本国以外；本国公司具有本国国籍，设立在本国境内。

外国公司与本国公司是按照国籍进行的一种分类。现在大部分国家对公司国籍的认定，采用公司注册登记地标准，即一个公司在哪个国家注册登记，其国籍国就是哪个国家。

（二）外国公司分支机构的含义

外国公司在中国境内设立的不具有法人资格的常驻经营机构（如分公司、办事处、代办处、代表处、分行等），概括称为外国公司的分支机构。外国公司在我国设立分支机构，是该外国公司在我国进行经营活动的重要方式。

外国公司在我国境内设立的分支机构，受我国管辖，适用我国法律。

二、外国公司分支机构的法律特征

（一）外国公司分支机构是外国公司派驻我国的经常性机构

外国公司的分支机构，隶属于外国公司，以外国公司的存在为基础，但在我国境内设立，受中国法律管辖，受中国法律保护。这种机构是在中国注册登记的经常性机构。

（二）外国公司分支机构是在我国境内从事经营活动的机构

外国公司的分支机构，是在我国境内设立，在我国从事经营活动的机构。外国公司通过在我国设立分支机构，将其经营业务活动延伸到了我国境内。

（三）外国公司分支机构不具有中国法人资格

外国公司的分支机构，不具有中国法人资格。

外国公司在中国境内设立的分支机构，不同于在中国境内设立的子公司。在中国境内设立的子公司具有中国法人资格，而外国公司的分支机构没有法人资格，只是其所属外国公司的一个组成部分。

外国公司在中国境内设立的分支机构，隶属于外国公司，以外国公司的名义进行活动，遵守该外国公司的章程。但它在中国境内的活动，应当遵守中国的法律。

外国公司的分支机构在法律上没有自己的独立财产，经营活动的财产后果由其隶属的外国公司承担，最终民事责任由其所属的外国公司承担。外国公司的分支机构在中国境内占有的财产，是其隶属的外国公司的财产。因分支机构的经营活动所产生的民事责任，可先行用分支机构所占有的财产承担。

提问：外国公司在我国设立的分支机构不具有法人资格，能否作为民事诉讼的当事人？

答：《民事诉讼法》第51条第1款规定：“公民、法人和其他组织可以作为民事诉讼的当事人。”该法律条文中的“其他组织”，是指合法成立、有一定组织机构和财产，但又不具备法人资格的组织。外国公司在我国境内设立的分支机构，属于条文中的“其他组织”，可以作为民事诉讼的主体。

三、外国公司分支机构与外资企业的区别

外资企业是指依照中国有关法律在中国境内设立的，全部资本由外国投资者投资的企业，不包括外国的企业和其他经济组织在中国境内的分支机构。外资企业是外商投资企业的一种。

外国公司分支机构与外资企业的区别表现在以下几个方面：

（1）在中国境内设立的外资企业具有中国国籍，符合中国法人的条件，为中国法人。而外国公司在中国设立的分支机构，是外国公司的组成部分，属于外国企业，不具有中国国籍（因在中国境内活动，须遵守中国法律），不具有中国法人资格。外国公司的分支机构虽然设立在中国境内，但该分支机构仍属外国公司的组成部分，或者说其仍为该外国公司的成分。

（2）外资企业具有独立的法律地位，是以自己的名义独立进行经营活动的，其中多数为有限责任公司的形式，能够以自己的财产独立地承担责任。而外国公司的分支机构，不具有独立的法律地位，是以外国公司的财产承担最终责任。

（3）外资企业具有公司的形式，其组织机构按中国公司法的规定构建。外国公司的分支机构，法律只要求其设代表人或者代理人，并不要求其有公司的组织机构。

第二节 外国公司分支机构的设立、义务、保护及清算

一、外国公司分支机构的设立程序

“外国公司在中华人民共和国境内设立分支机构，应当向中国主管机关提出申请，并提交其公司章程、所属国的公司登记证书等有关文件，经批准后，向公司登记机关依法办理登记，领取营业执照。外国公司分支机构的审批办法由国务院另行规定”（第 244 条）。

（一）向中国主管机关提出申请

申请是启动设立程序的第一步，申请应当提交书面申请书。申请书要载明申请人（外国公司）的基本情况，如该外国公司的名称、种类、国籍、经营业务等；申请书还要载明欲设立分支机构的基本情况，如该分支机构的名称、负责人、在中国何地设立分支机构、从事何种业务活动等。在提交申请书的同时，还要提交申请人（外国公司）的公司章程、所属国的公司登记证书等有关文件。

（二）审批

对外国公司在中国境内设立分支机构申请的审批，属于行政许可。主管机关对于设立分支机构的申请，应当在法定期间内作出批准或者不批准的决定。

（三）设立登记

外国公司在中国境内设立分支机构的申请得到批准以后，还需到中国公司登记机关（市场监督管理部门）办理设立注册登记手续。申请设立时，要向登记机关提交批准证书、验资报告和其他有关文件。中国公司登记机关对符合条件的，给予登记注册，发给营业执照。登记机关签发营业执照的日期，是分支机构成立的日期。

二、对外国公司设立分支机构的具体要求

（一）对代表人、代理人和资金的要求

“外国公司在中华人民共和国境内设立分支机构，应当在中华人民共和国境内指定负责该分支机构的代表人或者代理人，并向该分支机构拨付与其所从事的经营活动相适应的资金。对外国公司分支机构的经营资金需要规定最低限额的，由国务院另行规定”（第 245 条）。

分支机构对外进行活动，须有代表人或者代理人代表或者代理进行。为了保障交易安全，代表人、代理人应具有稳定性，而且按照我国法律的精神，代表人、代理人应为自然人。

（二）对名称标注和章程置备的要求

“外国公司的分支机构应当在其名称中标明该外国公司的国籍及责任形式。外国公司的分支机构应当在本机构中置备该外国公司章程”（第 246 条）。置备章程的目的是便于我国主管机关及公司债权人查阅，从而有利于管理和保护债权人的利益。

外国公司分支机构的名称应当真实反映最基本的信息——外国公司的国籍和责任形式。我国公司法规定的公司类型是有限责任公司和股份有限公司，这两种公司的股东都是承担有限责任。而外国的公司，除有限责任公司和股份有限公司外，还可能是无限公司，即股东对公司的债务承担无限责任。外国的无限公司类似于我国的合伙企业。外国的无限公司也可以在我国设立分支机构，只不过要标明“无限”的字样。

三、外国公司分支机构的法律地位与责任承担

“外国公司在中华人民共和国境内设立的分支机构不具有中国法人资格。外国公司对其分支机构在中华人民共和国境内进行经营活动承担民事责任”（第 247 条）。外国公司的分支机构是外国公司（外国法人）的组成部分，不具有中国法人资格。外国公司分支机构的法律地位可以参照我国公司法对分公司法律地位的定位。外国公司的分支机构在中国境内从事经营活动产生的债务，是外国公司的债务，不是分公司的独立债务，但一般先由该分支机构进行清偿，当分支机构不能清偿时，再由所属外国公司来进行清偿，所属外国公司也可以直接进行清偿。

四、外国公司分支机构的基本义务及合法权益受保护原则

“经批准设立的外国公司分支机构，在中华人民共和国境内从事业务活动，应当遵守中国的法律，不得损害中国的社会公共利益，其合法权益受中国法律保护”（第 248 条）。

（一）外国公司分支机构的基本义务

外国公司分支机构的基本义务，就是遵守中国法律，不得损害中国的社会公共利益。

遵守中国法律，体现了主权原则。遵守中国法律，就是要尊重中国的主权。在市场经济中公平地竞争，服从中国的市场管理、财务与会计管理、税务管理等，设立账簿，正常纳税。

社会公共利益，从特定的角度来说就是“公序良俗”。“公序”是指公共秩序；“良俗”是指善良风俗，体现为一般人的道德观念。外国公司的分支机构，自然要承担不损害中国社会公共利益的法定义务，或者说不能违背公序良俗。

（二）外国公司分支机构的合法权益受中国法律保护

外国公司分支机构的合法权益受我国法律保护，实际上就是外国公司在我国的利益受我国法律保护。外国公司分支机构的合法权益受侵害时，可以向有关机关寻求保护。例如，向人民法院起诉，向行政机关投诉、反映问题、请求复议等。

参考案例 12-1

德国A有限责任公司在北京设立了一家分公司，2018年1月，该分公司与中国B有限责任公司签订了一份买卖1 000吨大蒜的合同。由于天公不作美，当年中国大蒜产量骤减，B公司不仅未能采购到足够数量的大蒜，而且采购成本翻番，B公司遂致电对方，称不能按期履行，而且要求修改合同，提高单价。德国A有限责任公司北京分公司认为B公司违约，起诉至我国法院。问：我国法院是否应当受理？

——我国法院应当受理。《民事诉讼法》规定，公民、法人和其他组织可以作为民事诉讼的当事人。这里的“其他组织”是指合法成立、有一定的组织机构和财产，但不具备法人资格的组织。对于营利性的其他组织而言，领取营业执照是其获得诉讼主体资格的前提。

虽然外国公司在我国设立的分公司不具有我国法人资格，但它是合法成立的，有一定的组织机构和财产，而且它已领取了营业执照，也就是说，它适合而且被允许在中国境内进行营业活动，那么它的合法权益就应当得到保护，相应地，它当然应被赋予诉讼主体资格，享有诉讼权利。

五、外国公司分支机构撤销时的清算

“外国公司撤销其在中华人民共和国境内的分支机构时，应当依法清偿债务，依照本法有关公司清算程序的规定进行清算。未清偿债务之前，不得将其分支机构的财产转移至中华人民共和国境外”（第249条）。

外国公司分支机构的撤销，分为主动撤销和强制撤销。强制撤销是在发生严重违法的情况下，由中国的有关机构吊销营业执照、责令关闭等。不管是主动撤销还是强制撤销，都要进行清算。外国公司的分支机构，虽然不具有法人资格，但仍按公司（法人）的清算程序进行清算。其程序包括：成立清算组，通知、公告债权人，债权人申报债权，编制资产负债表和财产清单，进行债务清偿，最终办理注销登记等。

外国公司分支机构的财产，是指分支机构在中国境内的财产。这些财产构成了债务清偿的一般担保。如果允许擅自转移，势必影响债权人的利益，因此，在分支机构未清偿债务之前，不得将其分支机构的财产移至中国境外。例如，某分支机构已经被其所属的外国公司决定解散，该分支机构在存在债务的情况下，立即将流动资金划拨到国外，这种做法是不允许的。

提问：外国公司在中国境内的分支机构不具有法人资格，其债务由外国公司承担，该分支机构被外国公司撤销时，清算的意义是什么？

答：此时的清算对分支机构的财产去留具有重要意义。

【引例分析】

首先，合法成立、有一定的组织机构和财产，并获得由我国市场监督管理机关颁发的营业执照的组织，就具备诉讼主体资格，可以被诉，也可以起诉。因此，甲公司将该分公司作为被告的做法是合法的。

其次，外国公司的分支机构在自己经营管理的财产不足以偿付其全部债务的，设立该分支机构的外国公司应以其全部财产负清偿责任。虽然承担最终清偿责任的是设立该分支机构的外国公司，但这并未剥夺债权人申请执行外国公司分支机构的财产的权利，二者并不矛盾。因此该分公司的主张均不能成立。

【练习题】

1. 名词解释

外国公司　外国公司分支机构

2. 思考题

（1）外国公司在我国设立的分支机构与外国公司在我国境内设立的子公司有什么区别？

（2）外国公司在我国境内设立分支机构应当履行什么程序？

（3）外国公司在我国境内设立的分支机构能否作为民事诉讼的当事人？

（4）外国公司在我国境内设立的分支机构如何清算？

3. 选择题

下列表述哪些是正确的？（　　）

A. 外国公司在我国设立分支机构进行营业，要经过两道程序，一是要获得我国政府业务主管部门的批准；二是要经过我国公司登记机关登记，取得营业执照

B. 外国公司在我国境内设立的分支机构不具有中国法人资格，我国也不承认其有外国法人资格

C. 外国公司对其分支机构在中国境内进行的经营活动承担连带民事责任

D. 经合法程序在我国设立的外国公司分支机构，其合法权益受我国法律保护

4. 案例分析题

A 国某公司在北京设有办事处。2024 年，该公司决定撤销在北京设立的办事处，欲先将资金汇往境外，然后再办理清算手续。办事处员工王某要求支付最后一个月的工资并报销差旅费，共计人民币 5 万元。办事处负责人让王某去找总公司结算，王某不知所措。

问题：

王某应如何维护自己的合法权益？

分析要点提示：

A 国某公司在北京所设办事处，属于在中国设立的分支机构。王某可以以办事处为被告提起诉讼，并可请求人民法院冻结办事处与债务数额相应的财产。

第十三章　违反公司法的法律责任

【本章引例】

某市甲公司欠乙公司200万元货款，甲公司不想偿还债务，于是甲公司的董事长王某找到在该市市场监督管理局任局长的舅舅方某，在未经清算的情况下，将甲公司在市场监督管理局进行了注销登记。乙公司找到王某，要求甲公司还债，王某表示："甲公司早已不存在，怎么还债？不信你们可以去查。"乙公司经查询发现，甲公司果然已被注销，乙公司气愤难平，欲追究相关人员的法律责任。

问题：

对于甲公司被注销的法律事实，某市市场监督管理局是否存在违法行为并要负法律责任？

【本章学习目标】

通过本章的学习，你应该能够：

1. 理解法律责任的含义；
2. 了解哪些人可能承担违反公司法的法律责任；
3. 了解违反公司法行为的主要表现；
4. 了解违反公司法的法律责任形式。

第一节　违反公司法的法律责任概述

一、违反公司法的法律责任的含义

责任有时与义务同义，有时是指违反义务的后果。违反公司法的法律责任，是指违反公司法强制性规定应当承担的法律后果。这种法律后果，可以是行政责任（行政处分和行政处罚），也可以是民事责任，还可以是刑事责任。

《公司法》第14章主要规定了行政法律责任。公司登记机关等行政机关对公司违法行为处罚程序的发动，可能是由于其主动对公司进行检查，也可能是由于有关当事人对公司的举报。

二、违反公司法的法律责任的分类

（一）根据承担责任主体进行的分类

我国公司法规定的责任主体有：

（1）公司；

（2）发起人、股东；

（3）公司实际控制人、董事、监事、高级管理人员；

（4）清算人；

（5）中介机构（资产评估、验资、验证机构）及其工作人员；

（6）公司登记机关（行政机关）。

由于责任主体的属性不同，其违法表现也就各有不同。

（二）根据责任形式进行的分类

违反公司法的法律责任根据责任形式的不同进行分类，可以分为民事责任、行政责任和刑事责任。其中行政责任又可分为行政处罚和行政处分。

1. 民事责任

（1）公司的民事责任。“公司以其全部财产对公司的债务承担责任”，公司的全部财产是承担债务的责任财产。公司的民事责任为民法中债的责任。公司的民事责任更多地是由其他民事法律规定的，如《民法典》规定的侵权责任、违约责任等，对公司同样是适用的。

（2）发起人、股东的民事责任。《公司法》规定的发起人、股东出资不足的补交责任、损害赔偿责任、设立不能责任等，属于民事责任。股东在公司解散后，未经清算分配了财产，负有返还财产的责任。

（3）公司实际控制人、董事、监事、高级管理人员的民事责任。如公司实际控制人利用关联关系损害公司利益的赔偿责任等。“董监高”执行公司职务时违反法律、行政法规或者公司章程的规定，给公司造成损失的，应当承担赔偿责任。“董监高”违反忠实义务获得了收入，对公司负有返还财产的责任等。

（4）中介机构的民事责任。如资产评估、验资或者验证机构因出具的评估结果、验资或者验证证明不实，给公司债权人造成损失的，除能证明自己没有过错的以外，应当承担赔偿的责任。

2. 行政责任

《公司法》在第 14 章“法律责任”中，主要规定了行政责任。行政责任包括行政处罚和行政处分。罚款（分为比例罚款和数额罚款）、吊销营业执照、没收违法所得等属于行政处罚。单位对自己的工作人员给予惩戒属于行政处分。行政处分主要有警告、记过、记大过、降级、撤职、开除六种。

进行行政处罚的机关主要是公司登记机关（市场监督管理部门），也有政府财政部门等机关。对行政处罚不服的，可以以处罚机关为被告，提起行政诉讼。

根据《中华人民共和国行政诉讼法》第 12 条的规定，人民法院受理自然人、法人或者非法人组织提起的下列诉讼：

（1）对行政拘留、暂扣或者吊销许可证和执照、责令停产停业、没收违法所得、没收非法财物、罚款、警告等行政处罚不服的；

（2）对限制人身自由或者对财产的查封、扣押、冻结等行政强制措施和行政强制执行不服的；

（3）申请行政许可，行政机关拒绝或者在法定期限内不予答复，或者对行政机关作出的有关行政许可的其他决定不服的；

（4）对行政机关作出的关于确认土地、矿藏、水流、森林、山岭、草原、荒地、滩涂、海域等自然资源的所有权或者使用权的决定不服的；

（5）对征收、征用决定及其补偿决定不服的；

（6）申请行政机关履行保护人身权、财产权等合法权益的法定职责，行政机关拒绝履行或者不予答复的；

（7）认为行政机关侵犯其经营自主权或者农村土地承包经营权、农村土地经营权的；

（8）认为行政机关滥用行政权力排除或者限制竞争的；

（9）认为行政机关违法集资、摊派费用或者违法要求履行其他义务的；

（10）认为行政机关没有依法支付抚恤金、最低生活保障待遇或者社会保险待遇的；

（11）认为行政机关不依法履行、未按照约定履行或者违法变更、解除政府特许经营协议、土地房屋征收补偿协议等协议的；

（12）认为行政机关侵犯其他人身权、财产权等合法权益的。

除上述规定外，人民法院受理法律、法规规定可以提起诉讼的其他行政案件。

上述 12 类行政案件，除按性质只能针对自然人的以外，针对公司作出的具体行政行为，公司都可以作为原告提起行政诉讼。

3. 刑事责任

刑事责任是其行为构成犯罪的人应当承担的法律责任。“违反本法规定，构成犯罪的，依法追究刑事责任”（第 264 条）。与公司有关的犯罪，由《刑法》作具体规定的主要有：虚报注册资本罪；虚假出资、抽逃出资罪；欺诈发行证券罪；违规披露、不披露重要信息罪；虚假破产罪；妨害清算罪；提供虚假证明文件罪；徇私舞弊低价折股、出售公司、企业资产罪；等等。

三、民事责任优先的规则

金钱赔偿的民事责任优先于行政责任、刑事责任适用。“公司违反本法规定，应当承担民事赔偿责任和缴纳罚款、罚金的，其财产不足以支付时，先承担民事赔偿责任”（第 263 条）。罚款，是行政处罚，属于行政责任；罚金是刑事责任。民事责任优先适用的规则，是为了保护市场交易的安全，即保护平等主体之间的交易关系的安全。

提问： 甲公司因违约欠乙公司 50 万元（民事责任），又因另一违法行为被罚款 50 万元（行政责任），甲公司只有 50 万元，是否可适用民事责任优先的规则？

答： 此时应适用民事责任优先的规则，即甲公司应当先承担 50 万元的民事责任。

第二节 《公司法》对法律责任的具体规定

《公司法》从责任主体和行为表现两个方面对法律责任作出了具体规定。

一、以虚报注册资本等欺诈手段注册的法律责任

“违反本法规定，虚报注册资本、提交虚假材料或者采取其他欺诈手段隐瞒重要事实取得公司登记的，由公司登记机关责令改正，对虚报注册资本的公司，处以虚报注册资本金额百分之五以上百分之十五以下的罚款；对提交虚假材料或者采取其他欺诈手段隐瞒重要事实的公司，处以五万元以上二百万元以下的罚款；情节严重的，吊销营业执照；对直接负责的主管人员和其他直接责任人员处以三万元以上三十万元以下的罚款”（第 250 条）。

以欺诈手段取得公司登记是以不真实的情况申报，欺骗公司登记机关，取得公司注册的行为。欺诈手段有：

（1）虚报注册资本。注册资本，是登记注册中最具有实质意义的事项。有限责任公司的注册资本为在公司登记机关登记的全体股东认缴的出资额。股份有限公司采取发起设立方式设立的，注册资本为在公司登记机关登记的全体发起人认购的股本总额。股份有限公司采取募集方式设立的，注册资本为在公司登记机关登记的实收股本总额。对虚报注册资本，有人认为包括以少报多和以多报少两种行为。但从虚报注册资本的行为本质来看，只能包括以少报多和以无报有（无中生有）的行为。

（2）提交虚假材料。提交虚假材料是指向公司登记机关提交虚假证明文件等。

（3）以其他欺诈手段隐瞒重要事实。包括虚报股东发起人人数、虚报公司住所等。

对以上违法行为的行政处罚采取两种方法：其一，对虚报注册资本的，以虚报的注册资本为基数，处以 5%以上 15%以下的罚款。其二，对提交虚假材料或者以其他欺诈手段隐瞒重要事实的，处以 5 万元以上 200 万元以下的罚款。欺诈取得登记的行为情节严重的，吊销营业执照；对直接负责的主管人员和其他直接责任人员处以 3 万元以上 30 万元以下的罚款。罚款与吊销营业执照可以并用。

二、未按规定公示信息的法律责任

未按规定公示的责任相关案例

公司应当真实、准确、完整地履行公示相关事项的义务。“公司未依照本法第四十条规定公示有关信息或者不如实公示有关信息的，由公司登记机关责令改正，可以处以一万元以上五万元以下的罚款。情节严重的，处以五万元以上二十万元以下的罚款；对直接负责的主管人员和其他直接责任人员处以一万元以上十万元以下的罚款”（第 251 条）。公司应当公示的信息有四类，公示的途径是国家企业信用信息公示系统。① 信息公示制度对强化公司信用

① 《公司法》第 40 条规定：“公司应当按照规定通过国家企业信用信息公示系统公示下列事项：（一）有限责任公司股东认缴和实缴的出资额、出资方式和出资日期，股份有限公司发起人认购的股份数；（二）有限责任公司股东、股份有限公司发起人的股权、股份变更信息；（三）行政许可取得、变更、注销等信息；（四）法律、行政法规规定的其他信息。公司应当确保前款公示信息真实、准确、完整。”

监管，发挥信用在维护市场秩序中的作用，防止第三人的不测之损害，具有重要作用。

未按规定公示有关信息或者不如实公示有关信息的，承担行政责任的主体有公司、直接负责的主管人员和其他责任人员。

三、虚假出资的法律责任

“公司的发起人、股东虚假出资，未交付或者未按期交付作为出资的货币或者非货币财产的，由公司登记机关责令改正，可以处以五万元以上二十万元以下的罚款；情节严重的，处以虚假出资或者未出资金额百分之五以上百分之十五以下的罚款；对直接负责的主管人员和其他直接责任人员处以一万元以上十万元以下的罚款”（第 252 条）。

（1）虚假出资的行为人是公司发起人、股东。“发起人”是创办公司的人，是原始股东，是设立阶段的股东，对公司有出资义务。《公司法》第 252 条在“发起人”之后又列出了“股东”。在公司成立之后，有些股东有可能成为虚假出资人的主体，例如有限责任公司增加注册资本时，认缴的股东可能有虚假出资的行为，此时与发起人设立公司无关。

（2）虚假出资的行为表现是未交付或者未按期交付作为出资的货币或者非货币财产。出资不足和出资不实都可以构成虚假出资。例如，在出资时，授意估价机构高估非货币财产价格，就具有虚假出资的目的。

（3）虚假出资的行政责任是责令改正，处以罚款（包括对公司的罚款及对相关责任人员的罚款）。罚款的额度与虚报注册资本相同，为虚假出资的 5%以上 15%以下。

四、抽逃出资的法律责任

“公司的发起人、股东在公司成立后，抽逃其出资的，由公司登记机关责令改正，处以所抽逃出资金额百分之五以上百分之十五以下的罚款；对直接负责的主管人员和其他直接责任人员处以三万元以上三十万元以下的罚款”（第 253 条）。“发起人”是创办公司的人（原始股东），履行出资义务后可能抽逃出资。其他“股东”（继受股东）也是出资人，也可能抽逃出资。

抽逃出资的时间，是在公司成立以后。抽逃资金是实务中常见的现象，因为公司是以实有财产对公司债务承担责任的，而实有财产是以注册资本为基础形成的。抽逃出资的直接目的，往往就是逃避债务。抽逃出资的行为，严重危害了交易安全。

抽逃出资的行政责任是责令改正，处以罚款。对抽逃出资的罚款额与虚报注册资本、虚假出资的额度相同，为 5%以上 15%以下。

参考案例 13－1

甲、乙两公司约定，甲公司先给乙公司发 100 万元的货物，乙公司收到货物后 1 个月内支付货款。甲公司在准备发货时，发现乙公司股东抽逃公司资金，以使公司在收到货物后丧失向甲公司支付货款的能力。问：甲公司可以采取哪些措施和行动来保障自己的利益？

——甲公司可以根据《民法典》第 527 条的规定，中止发货（行使不安抗辩权）。同时，甲公司可以请求公司登记机关（市场监督管理部门）对乙公司进行查处。甲公司也可以在行使不安抗辩权的同时，以预期违约为由，向人民法院提起诉讼，要求追究乙公司的违约责任。人民法院应当支持甲公司的诉讼请求。

五、会计行为违法的法律责任

违法的会计行为包括另立账簿和提供虚假会计报告。“有下列行为之一的，由县级以上人民政府财政部门依照《中华人民共和国会计法》等法律、行政法规的规定处罚：（一）在法定的会计账簿以外另立会计账簿；（二）提供存在虚假记载或者隐瞒重要事实的财务会计报告”（第254条）。

公司的会计账簿是公司用以记载其营业及财产状况，依法编制的账册。它全面地记载着公司的资产负债情况、财务变动情况、利润分配情况和生产经营成果。设置会计账簿是公司依法应该履行的义务。此外，公司应在每一会计年度终了时制作财务会计报告，并依法经审查验证。财务会计报告及附属明细表包括下列内容：（1）资产负债表；（2）损益表；（3）财务状况变动表；（4）财务情况说明书；（5）利润分配表。这些财务会计报告还要依法向股东和社会公众公告。

在法定的会计账簿以外另立会计账簿或者提供存在虚假记载或者隐瞒重要事实的财务会计报告的，应当由县级以上人民政府财政部门依照《中华人民共和国会计法》等法律、行政法规的规定处罚。

六、不依法履行通知、公告义务的法律责任

“公司在合并、分立、减少注册资本或者进行清算时，不依照本法规定通知或者公告债权人的，由公司登记机关责令改正，对公司处以一万元以上十万元以下的罚款”（第255条）。

（1）合并、分立、减少注册资本，因公司本身不消灭，不进行清算，但这些行为都直接影响到公司债权人的利益。例如，A公司减少注册资本，债权人收到通知或者看到公告后就要衡量A公司的责任财产是否能够满足对自己债权的清偿，如果不能满足，就需要采取相应的法律措施。

（2）公司出现章程规定的解散事由或股东会决议解散，或依法被吊销营业执照、责令关闭或者被撤销等，应当进行清算，债权人收到通知或者看到公告后，在清算程序中主张债权。

（3）履行通知、公告义务是为了保障债权人的知情权，使债权人能及时主张债权。不依法履行通知、公告义务，可能会给公司债权人带来无法挽回的损失，严重危害交易安全。因此，对不依法通知、公告的公司应责令改正，处以1万元以上10万元以下的罚款。应当指出，罚款并不以已经给公司债权人造成损失为条件。

七、妨碍清算的法律责任

“公司在进行清算时，隐匿财产，对资产负债表或者财产清单作虚假记载，或者在未清偿债务前分配公司财产的，由公司登记机关责令改正，对公司处以隐匿财产或者未清偿

债务前分配公司财产金额百分之五以上百分之十以下的罚款；对直接负责的主管人员和其他直接责任人员处以一万元以上十万元以下的罚款”（第256条）。

妨碍清算的行为，包括公司进入清算程序后的以下两种行为：

（1）隐匿财产，对资产负债表或者财产清单作虚假记载。隐匿财产，是转移、隐藏财产的行为，其目的主要是逃避公司对债权人的清偿。隐匿财产反映在账面上，就是对资产负债表或者财产清单进行虚假记载。这种行为把经营风险转嫁给公司债权人，而最终可能使股东多分剩余财产。

（2）未清偿债务前分配公司财产。这里所说的分配财产，主要是指向股东分配财产。公司解散，应当先清偿债权人，再向股东分配。对股东分配的财产，只能是公司清偿债务后的剩余财产。如果先向股东分配财产，就可能使公司无力向公司债权人清偿。这也是破坏交易安全的行为。

对以上两种行为，应当由公司登记机关责令改正。妨碍清算的行为，是清算组具体实施的行为，但罚款是分别针对公司和直接责任人员的。直接责任人员主要是清算组的人员，也包括公司的其他操纵者。对公司的罚款采用比例罚款，即5%以上10%以下；对直接责任人员的罚款是浮动数额罚款，在1万元以上10万元以下。

八、资产评估、验资、验证机构违法行为的法律责任

（一）资产评估、验资、验证机构实施欺诈行为的责任

“承担资产评估、验资或者验证的机构提供虚假材料或者提供有重大遗漏的报告的，由有关部门依照《中华人民共和国资产评估法》、《中华人民共和国注册会计师法》等法律、行政法规的规定处罚”（第257条第1款）。

资产评估是对资产价值的评估。[①] 验资是验证公司注册资本的实缴等情况。验证是为了确认某个事实或信息的真实性。

对于设立公司，可以用货币出资，也可以用实物、知识产权、土地使用权、股权、债权等可以用货币估价并可以依法转让的非货币财产作价出资。对作为出资的非货币出资应当评估作价，核实财产价值，不得高估或者低估作价。向社会公开募集设立股份有限公司，发行的股款募足后，必须经法定的验资机构验资并出具验资证明，公司在申请登记时，必须提交验资证明。

除了设立公司，在其他环节也会对公司进行资产评估、验资、验证，机构出具的评估结果、验资或验证证明文件，对公司的成立及对外交易起着重要作用。法律一方面严禁资产评估、验资、验证机构提供虚假材料，另一方面也要求提供的报告不得有重大遗漏，否则将令其承担相应的法律责任。提供虚假材料，是一种欺诈行为，主观上是故意；有重大遗漏，可能是故意（欺诈），也可能是过失，过失不构成欺诈。

（二）资产评估、验资、验证机构的赔偿责任

“承担资产评估、验资或者验证的机构因其出具的评估结果、验资或者验证证明不实，

① 《中华人民共和国资产评估法》第2条规定：“本法所称资产评估（以下称评估），是指评估机构及其评估专业人员根据委托对不动产、动产、无形资产、企业价值、资产损失或者其他经济权益进行评定、估算，并出具评估报告的专业服务行为。”第3条规定：“自然人、法人或者其他组织需要确定评估对象价值的，可以自愿委托评估机构评估。涉及国有资产或者公共利益等事项，法律、行政法规规定需要评估的（以下称法定评估），应当依法委托评估机构评估。”

给公司债权人造成损失的，除能够证明自己没有过错的外，在其评估或者证明不实的金额范围内承担赔偿责任”（第 257 条第 2 款）。

（1）评估结果和验资、验证证明通常会取得第三人的信任，并且第三人基于这种信任购买公司的债券、股票、房屋等，或者基于信任与公司建立其他交易关系。受到损害的第三人就是条文所说的公司债权人。资产评估、验资、验证机构，包括会计师事务所、资产评估师事务所和律师事务所等。

（2）本条规定的是民事责任，不是行政责任。具体而言，是侵权赔偿的民事责任，也是过错推定的民事责任。即当资产评估、验资、验证机构无法证明自己没有过错时，就应推定其有过错。

（3）应注意的是，债权人的损失与资产评估、验资、验证机构的行为要有因果关系，还要注意赔偿的范围是以评估或者证明不实的金额为限。

九、公司登记机关人员违法办理登记事务的法律责任

公司登记机关是行政机关。“公司登记机关违反法律、行政法规规定未履行职责或者履行职责不当的，对负有责任的领导人员和直接责任人员依法给予政务处分”（第 258 条）。

公司登记机关（市场监督管理部门）及其工作人员是否依法履职、秉公用权、廉洁从政从业、坚持道德操守，直接关系公司登记制度的落实、市场经济秩序的稳定和营商环境的优化程度。公司登记机关未履行职责或履行职责不当，如故意对不符合《公司法》规定条件的登记申请予以登记等，应当对负有责任的领导人员和直接责任人员依法给予政务处分。

公司登记机关人员违法行为的法律责任相关案例

十、冒用公司、分公司名义的法律责任

“未依法登记为有限责任公司或者股份有限公司，而冒用有限责任公司或者股份有限公司名义的，或者未依法登记为有限责任公司或者股份有限公司的分公司，而冒用有限责任公司或者股份有限公司的分公司名义的，由公司登记机关责令改正或者予以取缔，可以并处十万元以下的罚款”（第 259 条）。

冒用公司、分公司的名义，属于欺诈行为，自应当予以禁止。冒用的行为表现多种多样。例如，某人在交易的时候感到不被他人信任，就虚构了某公司名义进行经营活动，而该公司根本不存在。再如，某小公司冒充知名公司的分公司对外进行交易，实际该分公司根本不存在。对冒用行为，应由公司登记机关责令改正或者予以取缔。所谓取缔，是指查封其经营场所，并宣告其违法性。对此违法行为，还可以对违法行为人处以罚款。违法行为人可能是自然人，也可能是法人、非法人组织。

十一、逾期开业、超期停业及不办理变更登记的法律责任

（一）逾期开业、超期停业的法律责任

“公司成立后无正当理由超过六个月未开业的，或者开业后自行停业连续六个月以上的，公司登记机关可以吊销营业执照，但公司依法办理歇业的除外”（第 260 条第 1 款）。

从积极的方面来看，公司是营利性组织，其开业经营，不仅使股东获得利润，而且使国家获得税收，使社会获得产品和服务。如果超过了合理时间（规定为6个月）未开业或者停业超过了合理期限（规定为6个月），则公司不能发挥积极作用。此时“可以”采用吊销营业执照的压力手段促使公司积极开展经营活动，以达到造福社会的目的。从消极的方面看，公司经过合理的期限不开业或者停业超过了合理期限，可以认为该公司已经丧失了存在的理由，采取吊销营业执照的方法，使其法人资格消失（还要经过注销程序）、退出市场也属正常的事情。市场上有进有出，才有活力。

市场风云变幻，公司超期未开业，可能有正当理由。

实践中也有因客观原因造成的自行停业。例如，某公司被地方政府突然通知，其生产地作为泄洪区，需要搬迁，而搬迁的时间加上新建生产区不可能在6个月内完成，此时停业6个月就属于正常原因（实际上是不可抗力）。

提问：某公司的成立是为了等待和利用某一商机，等待的时间超过了6个月，因此6个月内未能开业，是否应当吊销其营业执照？

答：这是正常的事情，有正当理由的，不应当吊销其营业执照。

新修订的《公司法》在本条款新增了办理歇业作为逾期开业、停业行政责任的例外，一定程度上，这在法律层面上认可了地方政府或地方行政机关对特定公司歇业批复函的效力。

（二）不办理变更登记的法律责任

“公司登记事项发生变更时，未依照本法规定办理有关变更登记的，由公司登记机关责令限期登记；逾期不登记的，处以一万元以上十万元以下的罚款”（第260条第2款）。

公司登记事项发生变更，是指公司名称、住所、注册资本、经营范围、法定代表人的姓名，有限责任公司股东、股份有限公司发起人的姓名或者名称的变更。这些事项的变更都需要在公司登记机关办理变更登记。未办理变更登记的，先由公司登记机关责令限期登记，超过“限期”仍不登记的，才能给予公司1万元以上10万元以下罚款的处罚。

十二、外国公司擅自设立分支机构的法律责任

外国公司不具有中国国籍，但在中国境内活动，受中国法律管辖。“外国公司违反本法规定，擅自在中华人民共和国境内设立分支机构的，由公司登记机关责令改正或者关闭，可以并处五万元以上二十万元以下的罚款”（第261条）。

外国公司在我国设立分支机构，需要经过批准、注册登记两道程序。外国公司未经这两道法定程序，擅自在我国境内设立分支机构，冲击了我国政府对市场的监管，破坏了市场秩序，应当责令改正或者关闭，可以并处5万元以上20万元以下的罚款。

十三、利用公司名义从事危害国家安全、社会公共利益的法律责任

“利用公司名义从事危害国家安全、社会公共利益的严重违法行为的，吊销营业执照”（第262条）。

危害国家安全的行为，包括背叛国家、分裂国家、破坏国家统一的行为，资助危害国家安全的犯罪行为，资敌、间谍行为等。此时，公司成了违法犯罪行为人利用的阵地，自应吊销其营业执照。

社会公共利益，是全社会的共同利益或者不特定多数人的利益。例如，严重污染环境、销售淫秽物品等，就是违反社会公共利益的行为，市场监督管理机关可以依职权，吊销公司的营业执照，阻止其违法行为的继续实施。

【引例分析】

本案中，某市市场监督管理局在明知甲公司没有清算的情况下为其办理法人注销登记，是违法行政行为。但是现行法律没有直接规定市场监督管理局的法律责任。对于直接责任人方某（某市市场监督管理局局长），应按照《公司法》第 258 条的规定追究其法律责任："公司登记机关违反法律、行政法规规定未履行职责或者履行职责不当的，对负有责任的领导人员和直接责任人员依法给予政务处分。"

【练习题】

1. 名词解释

民事责任　行政处罚

2. 思考题

（1）违反公司法的行为类型有哪些？

（2）我国公司法是从哪些角度对违法行为者进行制裁的？

3. 选择题

下列哪些表述是不正确的？（　　）

A. 公司的发起人、股东在公司成立后，抽逃其出资的，由公司登记机关责令改正，并对公司处以罚款

B. 公司违法另立账簿的，由公司登记机关责令改正、处以罚款

C. 清算组在清算期间以公司名义开展与清算无关的经营活动的，由公司登记机关予以警告，责令其将违法所得归还公司

D. 清算组成员利用职权徇私舞弊、谋取非法收入或者侵占公司财产的，由公司登记机关责令退还公司财产，没收违法所得，并可处以罚款

4. 案例分析题

2024 年 1 月，常青藤实业有限公司股东会通过了公司分立为常青藤保健品有限公司和常青藤高科技有限公司的决议。该公司未在法定期间内通知、公告债权人，于 2024 年 2 月在市场监督管理局利用与登记主管人员的关系办理了常青藤实业有限公司的注销登记，以及常青藤保健品有限公司和常青藤高科技有限公司的设立登记。2024 年 3 月，A 公司对常青藤实业有限公司的债权到期，却发现债务人在市场监督管理局已被注销。

问题：

如何追究相关当事人的法律责任？

分析要点提示：

就已知的条件来看：第一，常青藤实业有限公司要对其未在法定期间内通知、公告债权人的行为承担法律责任。第二，对于因分立而申请对原公司注销登记，市场监督管理局要依法定程序对其是否符合注销的要件进行审查，尤其是要审查清理债务完结的证明或者清算组织清理债权债务的文件。本案中，登记主管人员未依法定程序进行审查，直接给申请人办理了注销登记，应就其违法的注销登记行为承担法律责任。①

① 学有余力者可以思考：第一，关于法律责任。虽然法律规定了登记机关的负责人或者主管人员要对违法登记行为负责，但登记机关本身是否要承担责任？有利害关系的第三人（被注销公司的债权人）能否申请行政复议或者提起行政诉讼，请求撤销违法注销行为呢？因该类登记机关的违法行为对债权人造成的损害是否应纳入国家赔偿的范围？第二，对于债权人的保护。需要考虑的是：首先，从实体法的角度，公司未经清算而从形式上注销登记，并不能使其法人资格实质消灭。因为，要使公司法人资格消灭，必须要经过清算程序，尤其是要清理完债权债务关系。本案中，常青藤实业有限公司未清理债权债务，故不可能消灭，将其从形式上注销登记并不能使其法人资格实质消灭。而该注销登记行为本身是违法的，因而是不能生效的。其次，就程序上的操作而言，债权人可以分两步来维护权利。第一步，债权人可以债务人的股东为被告（依据是《公司法》规定的股东在解散公司时的清算义务），起诉至法院，若股东不能拿出已清理完债权债务的证据，则被注销的公司的法人资格不消灭。第二步，当债权人证明法人并未实质消灭时，应追加原公司为被告。为实现对债权人的周到保护，应由未尽或故意逃避清算义务的股东对公司的债务负连带责任。

图书在版编目（CIP）数据

公司法 / 隋彭生，朱晓娟著. --7 版. --北京：
中国人民大学出版社，2025. 1. --（新编 21 世纪高等职
业教育精品教材）. --ISBN 978-7-300-33651-0

Ⅰ. D922. 291. 91

中国国家版本馆 CIP 数据核字第 2025B3S641 号

普通高等教育“十一五”国家级规划教材
新编 21 世纪高等职业教育精品教材 · 法律类
公司法（第七版）
隋彭生　朱晓娟　著
Gongsifa

出版发行	中国人民大学出版社		
社　　址	北京中关村大街 31 号	**邮政编码**	100080
电　　话	010－62511242（总编室）		010－62511770（质管部）
	010－82501766（邮购部）		010－62514148（门市部）
	010－62515195（发行公司）		010－62515275（盗版举报）
网　　址	http://www.crup.com.cn		
经　　销	新华书店		
印　　刷	北京宏伟双华印刷有限公司	**版　　次**	2003 年 2 月第 1 版
开　　本	787 mm×1092 mm　1/16		2025 年 1 月第 7 版
印　　张	13	**印　　次**	2025 年 1 月第 1 次印刷
字　　数	307 000	**定　　价**	45.00 元